RANDALL MUNROE

how to
Wie man's hinkriegt

Absurde, wirklich
wissenschaftliche Empfehlungen
für alle Lebenslagen

Aus dem Englischen von
Ralf Pannowitsch und Benjamin Schilling

 PENGUIN VERLAG

Die Originalausgabe erschien 2019 unter dem Titel
How To: Absurd Scientific Advice for Common Real-World Problems
bei Riverhead Books, Penguin Random House, New York.

Verlagsgruppe Random House FSC® N001967

1. Auflage
Penguin Verlag in der Verlagsgruppe Random House GmbH,
Neumarkter Straße 28, 81673 München
Umschlaggestaltung: Favoritbuero, München,
nach einer Vorlage von Riverhead Books
Umschlagillustrationen: Randall Munroe
Satz: Uhl + Massopust, Aalen
Druck und Bindung: CPI books GmbH, Leck
Printed in Germany
ISBN 978-3-328-60091-6
www.penguin-verlag.de

📱 Dieses Buch ist auch als E-Book erhältlich.

Die Herausforderungen ⬅

Hallo!   **8**

1. Wie man's hinkriegt, richtig hoch zu springen   **11**

2. Wie man's hinkriegt, eine Poolparty zu schmeißen   **22**

3. Wie man's hinkriegt, ein Loch zu graben   **42**

4. Wie man's hinkriegt, Klavier zu spielen   **52**

➜ *Wie man's schafft, Musik zu hören*   **65**

5. Wie man's hinkriegt, eine Notlandung zu meistern   **66**

6. Wie man's hinkriegt, über einen Fluss zu kommen   **89**

7. Wie man's hinkriegt, einen Umzug zu stemmen   **109**

8. Wie man's hinkriegt, sein Haus am Umziehen zu hindern   **129**

➜ *Wie man einen Tornado aufspürt*   **136**

9. Wie man's hinkriegt, einen Lavagraben anzulegen   **137**

10. Wie man's hinkriegt, Dinge zu werfen   **147**

11. Wie man's hinkriegt, Football zu spielen   **156**

12. Wie man's hinkriegt, das Wetter vorherzusagen   **168**

➜ *Wie man erfolgreich rumkommt*   **180**

13. Wie man's hinkriegt, Fangen zu spielen   **181**

14. Wie man's hinkriegt, Ski zu fahren   **191**

15. Wie man's hinkriegt, ein Paket zu verschicken   **206**

16. Wie man's hinkriegt, sein Haus mit Energie zu versorgen
(auf der Erde) **222**

17. Wie man's hinkriegt, sein Haus mit Energie zu versorgen
(auf dem Mars) **239**

18. Wie man's hinkriegt, Freunde zu finden **249**

➜ *Wie man Geburtstagskerzen auspustet* **255**

➜ *Wie man einen Hund Gassi führt* **255**

19. Wie man's hinkriegt, eine Datei zu senden **256**

20. Wie man's hinkriegt, sein Handy zu laden **263**

21. Wie man's hinkriegt, ein Selfie zu machen **274**

22. Wie man's hinkriegt, eine Drohne zu fangen **290**

23. Wie man rauskriegt, ob man ein Kind der Neunziger ist **299**

24. Wie man's hinkriegt, eine Wahl zu gewinnen **313**

25. Wie man's hinkriegt, einen Baum zu schmücken **324**

➜ *Wie man eine Autobahn baut* **336**

26. Wie man's hinkriegt, schnell irgendwo hinzukommen **337**

27. Wie man's hinkriegt, pünktlich zu sein **351**

28. Wie man's hinkriegt, dieses Buch zu entsorgen **363**

Dank **375**

Quellenverzeichnis **377**

➜ *Wie man's hinkriegt, eine Glühbirne zu wechseln* **384**

WARNHINWEIS

Bitte nicht zu Hause ausprobieren!
Der Autor dieses Buchs ist Zeichner von Internetcartoons, kein Gesundheits- oder Sicherheitsexperte. Er mag es, wenn etwas Feuer fängt oder explodiert, und das bedeutet, dass er nicht gerade das Beste für Sie im Sinn hat.
Verlag und Autor übernehmen keinerlei Haftung für etwaige schädliche Folgen, die direkt oder indirekt aus Informationen in diesem Buch entstehen.

Hallo!

Dies ist ein Buch voll schlechter Ideen. Jedenfalls sind die meisten von ihnen schlecht. Es kann sein, dass auch ein paar gute mit reingerutscht sind. In diesem Fall bitte ich um Entschuldigung. Manche Ideen, die lachhaft klingen, können sich als revolutionär erweisen. Schimmel auf eine infizierte Schnittwunde zu schmieren, hört sich wirklich nach einer schrecklichen Idee an, aber die Entdeckung des Penicillins hat gezeigt, dass es ein Wundermittel sein kann. Andererseits ist die Welt voll ekliger Substanzen, die man auf eine Wunde schmieren könnte, und die meisten von ihnen würden die Sache nicht besser machen. Nicht alle lachhaften Ideen sind gut. Wie können wir nun aber die guten Ideen von den schlechten unterscheiden?

Wir können sie ausprobieren und schauen, was passiert. Aber manchmal können wir auch mithilfe von Mathematik, Forschungen und Dingen, die wir bereits wissen, herausfinden, was passieren würde, wenn wir sie ausprobierten.

Als die NASA den Plan verfolgte, ihren autogroßen Rover *Curiosity* auf den Mars zu schicken, musste sie herausfinden, wie man es hinkriegt, ihn auf der Oberfläche des Planeten weich aufsetzen zu lassen. Frühere Rover waren an Fallschirmen oder mit Airbags gelandet, und so zogen die NASA-Ingenieure diese Methode auch für *Curiosity* in Betracht, aber der Rover war einfach zu groß und zu schwer, als dass ihn Fallschirme in der dünnen Mars-Atmosphäre ausreichend abgebremst hätten. Die Ingenieure dachten auch daran, Raketen an den Rover zu montieren, um ihn schweben und anschließend sanft aufsetzen zu lassen, aber die vom

Gasausstoß erzeugten Staubwolken hätten die Oberfläche verdeckt und eine sichere Landung erschwert.

Schließlich kam ihnen die Idee eines »Himmelskrans« – einer Vorrichtung, die mithilfe von Raketen hoch über der Marsoberfläche schweben und *Curiosity* an einem langen Seil sanft zu Boden lassen sollte. Das klang nach einer lachhaften Idee, aber jede andere, mit der die Ingenieure aufwarteten, war noch schlechter. Je genauer sie sich die Idee mit dem Himmelskran anschauten, desto plausibler schien sie ihnen. Am Ende probierte man sie aus, und es klappte.

Wir alle wissen am Beginn unseres Lebens nicht, wie man die Dinge richtig macht. Wenn wir etwas tun müssen, haben wir vielleicht das Glück, jemanden zu finden, der es uns zeigen kann. Manchmal aber müssen wir uns selbst eine Lösung einfallen lassen. Das bedeutet, dass wir über Ideen nachdenken und schließlich zu entscheiden versuchen, ob sie gut sind oder nicht.

Dieses Buch untersucht ungewöhnliche Herangehensweisen an alltägliche Aufgaben und schaut sich an, was wohl passieren würde, wenn man sie ausprobierte. Zu ergründen, warum sie funktionieren würden oder warum nicht, kann spaßig und informativ sein, und bisweilen führt es uns an überraschende Orte. Mag sein, dass eine Idee schlecht ist, aber genau herauszufinden, *weshalb* es eine miese Idee ist, kann uns eine Menge lehren – und vielleicht bringt es uns ja auf einen besseren Denkansatz.

Und selbst wenn Sie schon wissen, wie man alle diese Dinge richtig macht, kann es hilfreich sein, die Welt mit den Augen eines Menschen zu betrachten, der es *nicht* weiß. Immerhin lernen allein in Deutschland täglich mehr als 2000 Menschen erstmals Dinge, die »doch jeder weiß«, wenn er das Erwachsenenalter erreicht hat.

Deshalb mag ich es nicht, wenn man sich über Leute lustig macht, die zugeben, etwas nicht zu wissen oder es nie gelernt zu haben. Wenn man so vorgeht, erreicht man nämlich nur, dass sie es einem nicht mehr sagen werden, wenn sie etwas dazulernen … und am Ende lässt man sich eine Menge Spaß entgehen.

Kann sein, dass Sie aus diesem Buch nicht lernen, wie man es hinkriegt, einen Ball zu werfen, Ski zu fahren oder umzuziehen. Ich hoffe aber, Sie lernen trotzdem etwas. Wenn ja, sind Sie heute einer von den glücklichen Zweitausend.

KAPITEL 1

Wie man's hinkriegt, richtig hoch zu springen

Menschen können nicht sehr hoch springen.

Basketballspieler machen bisweilen eindrucksvolle Sprünge, um einen Korb zu erreichen, der hoch oben in der Luft aufgehängt ist, aber ihre Reichweite haben sie überwiegend der eigenen Körpergröße zu verdanken. Ein durchschnittlicher Basketballprofi kann nur etwas mehr als 60 cm aus dem Stand in die Höhe springen. Bei Nichtsportlern beschränkt sich dieser Wert wahrscheinlich auf etwa 30 cm. Wenn Sie höher springen wollen, brauchen Sie etwas Unterstützung.

Ein Anlauf vor dem Sprung kann hilfreich sein. So machen es die Athleten bei Hochsprungwettkämpfen, und der Weltrekord liegt bei 2,45 m. Das ist allerdings vom Erdboden aus gemessen. Da Hochspringer in der Regel großgewachsen sind, startet ihr Schwerpunkt schon Dutzende Zentimeter näher an der Latte, und wegen der speziellen Technik, mit der sie ihre Körper verbiegen, um drüberzukommen, ist es sogar möglich, dass ihr Schwerpunkt *unter* der Latte hindurchschlüpft. Ein 2,45-m-Sprung bedeutet also keinesfalls, dass der Sportler seinen Körperschwerpunkt um die vollen 2,45 m anhebt.

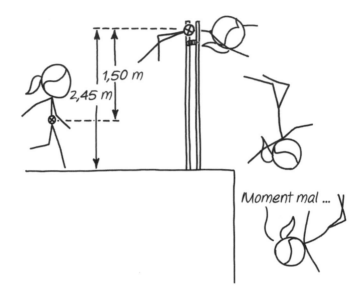

Wenn Sie einen Hochspringer schlagen wollen, haben Sie zwei Optionen:

1. Sie können Ihr Leben von früher Kindheit an dem Leichtathletiktraining weihen, bis Sie eines Tages der beste Hochspringer der Welt sind.
2. Sie können schummeln.

Option 1 ist zweifellos bewunderungswürdig, aber wenn das Ihre Wahl ist, lesen Sie gerade das falsche Buch. Lassen Sie uns also über Option 2 reden.

Beim Hochsprung können Sie auf ganz unterschiedliche Weise schummeln. So könnten Sie eine Leiter benutzen, um über die

Latte zu steigen, aber *springen* kann man das nicht mehr so recht nennen. Sie könnten versuchen, sich solche mit Federn versehenen Sprungstelzen[1] anzuschnallen, wie sie unter Extremsportlern populär sind. Das könnte, falls Sie athletisch genug sind, ausreichen, um Ihnen den entscheidenden Vorteil über einen Hochspringer ohne Hilfsmittel zu verschaffen. Aber was die reine vertikale Höhe betrifft, so haben sich die Leichtathleten bereits eine bessere Technik einfallen lassen – den Stabhochsprung.

WIE STABHOCHSPRINGEN FUNKTIONIERT

Typ 1: Standard

Typ 2: Extrem

Beim Stabhochsprung laufen die Athleten an, stecken einen biegsamen Stab vor sich in den Boden und schießen in die Luft hoch. Stabhochspringer können sich um ein Mehrfaches höher aufschwingen als die besten Hochspringer ohne Gerät.

Die Physik des Stabhochspringens ist interessant, und anders, als Sie vielleicht annehmen, geht es dabei nicht einmal so sehr um den Stab. Der Schlüssel zum Sprung ist nicht die Elastizität des Stabes, sondern die Anlaufgeschwindigkeit des Sportlers. Der Stab ist einfach nur ein effizientes Mittel, um diese Geschwindigkeit nach oben umzuleiten. Theoretisch könnten die Springer auch eine andere Methode nutzen, um ihre Richtung von *vorwärts* auf *empor*

....
[1] Oder, für die Kids aus den Neunzigern: Nickelodeon® Moon Shoes®™

zu ändern. Statt eine Stange in den Boden zu rammen, könnten sie etwa auf ein Skateboard springen, eine glatte, gekrümmte Rampe hinauffahren und ungefähr die gleiche Höhe erreichen wie der Springer.

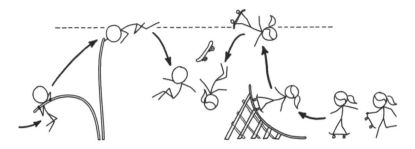

Wir können die Maximalhöhe eines Stabhochspringers berechnen, indem wir physikalisches Grundwissen anwenden. Ein Topsprinter schafft die hundert Meter in 10 Sekunden. Wenn ein Gegenstand mit dieser Geschwindigkeit nach oben geschossen wird und die Erdanziehungskraft wirkt, verrät uns eine nette kleine Gleichung, wie hoch er kommen sollte:

$$\text{Höhe} = \frac{\text{Geschwindigkeit}^2}{2 \times \text{Fallbeschleunigung}} = \frac{\left(\frac{100\,\text{Meter}}{10\,\text{Sekunden}}\right)^2}{2 \times 9{,}805\,\frac{m}{s^2}} = 5{,}10\,\text{Meter}$$

Da der Stabhochspringer vor dem Sprung anläuft, startet sein Schwerpunkt bereits ein ganzes Stück über dem Boden, was die erreichte Gesamthöhe steigert. Der Schwerpunkt eines normalen Erwachsenen liegt irgendwo im Unterleib, gewöhnlich auf etwa 55% seiner Körpergröße. Renaud Lavillenie, der Weltrekordhalter im Stabhochsprung der Männer, misst 1,77 m. Sein Körperschwerpunkt beschert ihm also ungefähr 98 Extrazentimeter, was eine errechnete Gesamthöhe von 6,08 m ergibt.

Wie lässt sich unsere Vorhersage mit der Wirklichkeit vereinbaren? Nun ja, die Weltrekordhöhe liegt gegenwärtig bei 6,16 m. Für eine schnelle Schätzung war das also ziemlich genau![2]

Wenn Sie bei einem Hochsprung-Wettbewerb mit einem Stab aufkreuzten, würde man Sie natürlich sofort disqualifizieren.[3] Allerdings würden die Kampfrichter zwar Einspruch erheben, sich Ihnen aber wohl nicht in den Weg stellen – besonders wenn Sie Ihren Stab beim Anlauf drohend umherschwenken.

....

[2] Die Physik liefert uns noch ein interessantes Stück unnützes Wissen zum Thema »Stabhochsprung-Weltrekorde«. Das Schwerefeld der Erde zieht uns von Ort zu Ort unterschiedlich stark hinab. Das ist so, weil die Form der Erde ihre Anziehungskraft beeinflusst, aber auch, weil die Rotationsbewegung die Dinge »nach außen schleudert«. Diese Effekte sind gering, wenn man das große Ganze betrachtet, und doch ist die Abweichung messbar – sie beträgt bis zu einem Prozent. Wenn Sie durch die Gegend spazieren, werden Sie nichts davon merken, aber wenn Sie eine Waage kaufen, könnte es nötig sein, sie neu einzustellen, denn die Erdanziehungskraft in der Fabrik könnte von der bei Ihnen zu Hause etwas abweichen.
Die Unterschiede in der Erdanziehungskraft sind groß genug, um Stabhochsprungrekorde zu beeinflussen. Im Juni 2004 stellte Jelena Issinbajewa mit 4,87 m einen neuen Weltrekord auf. Das gelang ihr im englischen Gateshead. Einige Wochen später bewältigte Swetlana Feofanowa die 4,88 m und übertraf den alten Rekord damit um einen Zentimeter. Sie erzielte ihren Rekord allerdings in Heraklion (Griechenland), wo die Erdanziehungskraft ein wenig geringer ist. Der Unterschied ist gerade ausreichend, damit Issinbajewa, wenn sie es denn wollte, argumentieren könnte, Feofanowa habe den alten Rekord nur wegen der geringeren Schwerkraft übertroffen, und ihr eigener Sprung in Gateshead sei der beeindruckendere von beiden gewesen.
Offensichtlich entschied sich Issinbajewa dafür, diese komplizierten physikalischen Beweisgründe nicht ins Feld zu führen. Sie wählte stattdessen eine einfachere Antwort: Ein paar Wochen darauf brach sie Feofanowas Rekord, und zwar erneut unter den Bedingungen der stärkeren britischen Schwerkraft. Noch heute, im Frühjahr 2019, ist sie die Weltrekordhalterin.
[3] Das nehme ich jedenfalls an. Möglicherweise hat es aber noch nie jemand versucht.

Ihr Rekord würde nicht offiziell registriert werden, aber das macht ja nichts – Sie selbst wissen schließlich, wie hoch Sie gesprungen sind.

Aber wenn Sie bereit sind zu schummeln, können Sie sogar höher als sechs Meter kommen. *Viel* höher. Sie müssen bloß die richtige Absprungstelle finden.

Läufer machen sich die Aerodynamik zunutze. Sie tragen glatte, eng anliegende Kleidung, um den Luftwiderstand zu reduzieren. Dadurch kommen sie auf größere Geschwindigkeit und können sich nach dem Absprung auch höher in die Luft aufschwingen.[4] Warum nicht noch einen Schritt weiter gehen?

Wenn man sich mit einem Propeller oder einer Rakete vorantreibt, zählt das natürlich nicht. So etwas kann man wirklich nicht mehr als »springen« bezeichnen.[5] Es ist kein Sprung, sondern ein *Flug*. Aber es ist doch sicher nichts Böses daran, ein bisschen zu … gleiten.

....

[4] Zum Zeitpunkt der Abfassung dieses Kapitels gab es jedenfalls noch keinen Weltrekord für den höchsten Sprung, der von einem Athleten in einem viktorianischen Reifrock ausgeführt wurde, aber wenn es einen gäbe, läge er vermutlich *unter* dem regulären Hochsprung-Weltrekord.

[5] Wir schummeln, aber wir *bescheißen* doch nicht.

Die Bahn eines jeden fallenden Gegenstands wird davon beeinflusst, wie sich die Luft in seiner Umgebung bewegt. Skispringer richten ihre Umrisse so aus, dass sie beim Sprung einen großen aerodynamischen Auftrieb gewinnen. In einem Gebiet mit den richtigen Winden können Sie es genauso machen.

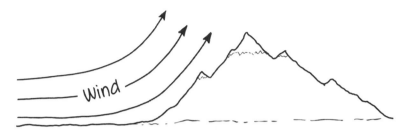

Wenn Sprinter mit Rückenwind rennen, können sie auf ein höheres Tempo kommen. Genauso gilt: Wenn Sie in einem Gebiet springen, in dem der Wind *aufwärts* bläst, können Sie eine größere Höhe erreichen.

Um Sie nach oben zu schieben, braucht es einen starken Wind – er muss stärker sein als Ihre *Endgeschwindigkeit*. Ihre Endgeschwindigkeit ist das maximale Tempo, das Sie erreichen, wenn Sie durch Luft fallen. Dabei gleicht die Kraft der vorbeirauschenden Luft die Abwärtsbeschleunigung durch die Schwerkraft aus. Genauso verhält es sich mit der Geschwindigkeit des aufsteigenden Windes, die mindestens vonnöten ist, um Sie vom Erdboden anzuheben. Da alle Bewegung relativ ist, kommt es nicht wirklich darauf an[6], ob Sie durch die Luft nach unten fallen oder ob die Luft hinter Ihnen aufwärts bläst.

Menschen sind viel dichter als Luft, und so ist unsere Endgeschwindigkeit ziemlich hoch. Die Endgeschwindigkeit einer fallenden Person liegt bei etwa 210 km/h. Damit Sie vom Wind Auftrieb bekommen, muss die Geschwindigkeit des aufsteigenden Windes mindestens im selben Bereich liegen wie Ihre Endgeschwindigkeit.

....

[6] Jedenfalls in physikalischer Hinsicht; für Sie persönlich bedeutet es wahrscheinlich eine ganze Menge.

Ist der Wind deutlich langsamer, wird er Ihre Sprunghöhe nicht groß beeinflussen.

Vögel nutzen Säulen aus warmer, aufsteigender Luft (den sogenannten thermischen Auftrieb) als Fahrstuhl. Sie steigen empor, ohne mit den Flügeln zu schlagen, und lassen sich einfach von der aufsteigenden Luft nach oben tragen. Leider sind solche Aufwinde recht schwach, und es braucht eine stärkere Quelle aufsteigender Luft, um Ihren viel schwereren Menschenkörper in die Höhe zu befördern.

Einige der stärksten Aufwinde in Bodennähe gibt es an Gebirgsrücken. Wenn der Wind auf einen Berg oder einen Höhenzug trifft, kann der Luftstrom nach oben umgeleitet werden. In manchen Gegenden sind diese Winde ziemlich schnell unterwegs.

Unglücklicherweise reichen diese senkrecht aufstrebenden Winde selbst an den besten Stellen nicht annähernd an die Endgeschwindigkeit eines Menschen heran. Man würde durch die Windunterstützung also nur ein bisschen zusätzliche Höhe gewinnen.[7]

Statt zu versuchen, die Windgeschwindigkeit zu erhöhen, könnten Sie sich vielleicht lieber daranmachen, durch aerodynamische Kleidung Ihre Endgeschwindigkeit zu verringern. Ein guter Wingsuit (ein Kleidungsstück mit Stoffflächen zwischen Armen und Beinen) kann die Fallgeschwindigkeit einer Person von 210 auf gerade mal noch 65 km/h verringern. Das ist immer noch nicht genug, um auf den Winden aufwärts zu segeln, aber es würde Ihre Sprunghöhe definitiv steigern. Andererseits müssten Sie Ihren Anlauf in voller Wingsuit-Montur ausführen, was den Vorteil durch die Windunterstützung vermutlich wieder zunichte machen würde.

Damit Ihr Sprung wirklich substanziell höher wird, müssten Sie noch über die Wingsuits hinausgehen und die Welt der Fall- und Gleitschirme betreten. Diese großen Gerätschaften reduzieren die Fallgeschwindigkeit eines Menschen so sehr, dass die Bodenwinde häufig stark genug sind, um sie anzuheben. Geübte Gleitschirm-

....

[7] Sie müssten die Kampfrichter auch davon überzeugen, den Wettkampf nahe einer Felskante auszurichten. Das könnte sich schwierig gestalten.

flieger können vom Erdboden aus starten und auf der Thermik oder auf Winden an Bergkämmen bis in eine Höhe von etlichen hundert Metern aufsteigen.

Aber wenn Sie einen *echten* Hochsprungrekord aufstellen möchten, geht es sogar noch besser.

An den meisten Orten, an denen Luft über ein Gebirge strömt, reichen die sogenannten »Leewellen« nur bis in die Troposphäre hinauf. Dadurch wird die Höhe, die ein Gleitschirmflieger erreichen kann, begrenzt. Aber es gibt auch Stellen, wo diese Störungen – wenn alle Bedingungen stimmen – mit dem Polarwirbel und dem Polarnacht-Jetstream[8] zusammenwirken können. Das erzeugt Strömungswellen, die bis in die Stratosphäre reichen.

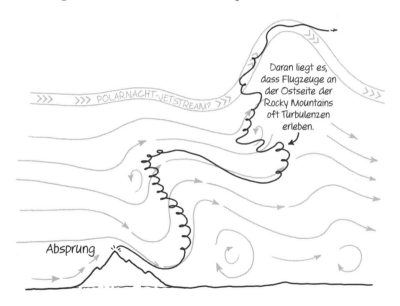

Daran liegt es, dass Flugzeuge an der Ostseite der Rocky Mountains oft Turbulenzen erleben.

POLARNACHT-JETSTREAM?

Absprung

Im Jahre 2006 ritten Steve Fossett und Einar Enevoldson diese Stratosphärenwellen mit einem Segelflugzeug bis in eine Höhe von mehr als 15 km über dem Meeresspiegel. Das ist fast die doppelte Höhe des Mount Everest, und selbst Flugzeuge des zivilen

8 Der Polarnacht-Jetstream ist eine Windströmung in großen Höhen, die zu bestimmten Jahreszeiten in der Nähe der Arktis und der Antarktis auftritt.

Luftverkehrs sind nie so hoch oben unterwegs. Dieser Flug stellte einen neuen Höhenrekord für Segelflugzeuge auf. Wie Fossett und Enevoldson berichteten, hätten sie sich von den Stratosphärenwellen sogar noch höher tragen lassen können – sie machten nur kehrt, weil der niedrige Luftdruck ihre Druckanzüge so sehr aufblähte, dass sie die Steuerung nicht mehr bedienen konnten.

Wenn Sie richtig hoch springen wollen, müssen Sie sich nur eine Montur basteln, die wie ein Segelflugzeug geformt ist (dafür gibt es schließlich Fiberglasharz und Kohlenstofffasern), und die argentinischen Berge ansteuern.

> Okay, gieß dieses Zeug einfach in der Form eines Segelflugzeugs um mich rum!

Harz

> Perfekt!

> Ich bin nicht sicher, ob das dem Reglement für Wettkampf bekleidung entspricht.

Wenn Sie die richtige Stelle finden und die äußeren Bedingungen gerade passend sind, können Sie sich in Ihren Segelflugzeug-Anzug einschließen[9], in die Luft springen, den richtigen Hang-

....

[9] In der Kabine um Sie herum müssen Sie natürlich den Luftdruck regulieren, aber das dürfte nicht zu schwer sein, oder? Machen Sie die Fiberglashülle einfach luft-

wind erwischen und dann die Winde bis in die Stratosphäre hinauf reiten. Möglicherweise kann ein Segelflieger, der auf diesen Strömungswellen unterwegs ist, in größeren Höhen herumkreuzen als jedes andere Fluggerät mit Tragflächen. Das ist gar nicht so übel für einen einzigen Sprung![10]

Wenn Sie ganz großes Glück haben, finden Sie sogar eine Stelle, die an der Luvseite des Ortes liegt, an dem die Olympischen Spiele ausgetragen werden. Springen Sie dann von der Klippe, werden die Stratosphärenwinde Sie über den Olympiaort tragen…

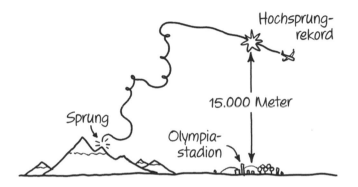

…und Sie den tollsten Hochsprungrekord der Sportgeschichte aufstellen lassen.

Man wird Ihnen vermutlich keine Medaille um den Hals hängen, aber das ist nicht weiter schlimm. Sie wissen ja, dass Sie der wahre Champion sind.

---

dicht und atmen Sie durch einen Schlauch. Wenn Sie ein paar Kilometer Höhe erreicht haben und der Außendruck merklich zu sinken beginnt, klemmen Sie den Schlauch einfach ab, so dass Sie in der Kabine versiegelt sind. Möglicherweise müssen Sie dort eine ganze Weile zubringen. Versuchen Sie also, die Kabine groß genug zu bauen, damit Ihnen unterwegs nicht die Luft ausgeht.

[10] Wir haben die Türen vergessen. Nach Ihrer Landung müssen Sie also einen Freund rufen, der mit einem Hammer vorbeikommt und Ihren Segelflieger aufbricht.

KAPITEL 2

Wie man's hinkriegt,
eine Poolparty zu schmeißen

Sie haben beschlossen, eine Poolparty zu schmeißen. Sie haben alles dafür beisammen – Snacks, Getränke, aufblasbare Schwimmenten, Handtücher und diese komischen Ringe, die man ins Wasser wirft und nach denen man dann tauchen muss. Aber am Vorabend der Party werden Sie das Gefühl nicht los, dass noch etwas fehlt. Und als Sie den Blick über Ihren Hof schweifen lassen, wird Ihnen auch klar, was es ist.

Sie haben keinen Pool.

Bloß keine Panik! Sie können dieses Problem lösen. Sie brauchen nur eine ganze Menge Wasser und einen Behälter zum Hineinfüllen. Lassen Sie uns zuerst den Behälter organisieren.

Es gibt zwei Haupttypen von Pools: solche, die in den Boden eingesenkt sind, und solche, die auf ihm stehen.

EINGESENKTER POOL

Ein in den Boden eingelassener Swimmingpool ist letztendlich nichts anderes als ein schickes Loch. Solche Becken einzurichten, ist arbeitsaufwändiger, aber dafür ist es nicht sehr wahrscheinlich, dass sie während Ihrer Party auseinanderfallen.

Wenn Sie ein eingesenktes Becken bauen wollen, sollten Sie zunächst mal Kapitel 3 *(Wie man's hinkriegt, ein Loch zu graben)* zu Rate ziehen. Buddeln Sie nach diesen Instruktionen ein Loch von 6 × 9 m Kantenlänge und 1,50 m Tiefe. Wenn Sie ein Loch von geeigneter Größe ausgehoben haben, sollten Sie die Wände vielleicht mit einer Art Schutzbeschichtung versehen, damit sich Ihr Wasser nicht in Matsch verwandelt oder versickert, ehe die Party vorbei ist. Wenn Sie ein paar riesige Kunststoff-Folien oder Planen besitzen, können Sie sie hierzu verwenden; Sie können es aber auch mit einer Gummibeschichtung aus der Spraydose versuchen – das sind die, mit denen man Teiche für Kois auskleidet. Sagen Sie den Händlern einfach, Sie hätten ein paar echt große Kois.

Haben Sie noch mehr von diesen Spraydosen zum Beschichten von Koiteichen?

Warum brauchen Sie so viele?

Ich weiß nicht, wo es bei mir in der Nähe Kois gibt, also kleide ich sicherheitshalber alle Teiche aus.

DIE ALTERNATIVE: AUFSTELLPOOLS

Wenn Sie beschließen, dass ein eingelassenes Schwimmbecken nicht das Richtige für Sie ist, können Sie es stattdessen mit einem oberirdischen Pool versuchen. Solche Pools haben eine relativ einfache Gestalt:

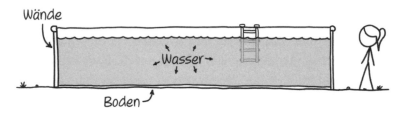

Bedauerlicherweise ist Wasser schwer – fragen Sie mal jemanden, der schon einmal ein auf dem Fußboden stehendes Aquarium gefüllt hat und es dann auf einen Tisch heben wollte. Die Schwerkraft zieht das Wasser nach unten, aber die Unterlage drückt genauso stark zurück. Der Wasserdruck wird nach außen geleitet, zu den Wänden des Pools, der in alle Richtungen gedehnt wird. Diese Spannung bezeichnet man als *Wandbeanspruchung* oder *Umfangsspannung*. Am stärksten ist sie am Fuß der Wand, wo der höchste Wasserdruck herrscht. Wenn die Umfangsspannung die Zugfestigkeit der Wand übersteigt, wird Letztere bersten.[1]

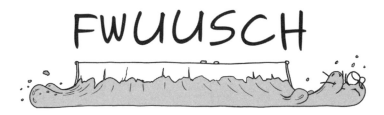

---

[1] In der Praxis wird sie vermutlich schon früher nachgeben, denn es gibt immer Unregelmäßigkeiten im Material und seiner speziellen »Leistungskurve«, aber wir können die einfache Zugfestigkeit als Näherungswert benutzen.

Lassen Sie uns ein mögliches Material wählen – Alufolie zum Beispiel. Wie tief kann das Wasser in einem Pool mit Wänden aus Alufolie werden, bevor seine Seiten nachgeben? Wir können diese und viele andere Fragen zum Thema Poolgestaltung beantworten, indem wir zur Formel für die Wandbeanspruchung greifen:

$$\text{Wandbeanspruchung} = \text{Wassertiefe} \times \text{Wasserdichte} \times \text{Schwerkraft} \times \frac{\text{Beckenradius}}{\text{Wandstärke}}$$

Setzen wir also mal die Werte für Alufolie ein. Aluminium hat eine Zugfestigkeit von rund 300 Megapascal (MPa), und Folienbögen sind ungefähr 0,02 mm dick. Nehmen wir an, unser Becken hat einen Durchmesser von 9 m – da ist jede Menge Platz für Spiele. Jetzt können wir die Werte in unsere Gleichung einfügen und alles ein wenig umstellen, um herauszukriegen, wie hoch das Wasser in unserem glänzenden, knittrigen Pool steigen kann, bis die Umfangsspannung ebenso hoch ist wie die Zugfestigkeit des Aluminiums und die Wände nachgeben:

$$\text{Wassertiefe} = \frac{\text{Wandstärke} \times \text{Zugfestigkeit der Wände}}{\text{Wasserdichte} \times \text{Schwerkraft} \times \text{Beckenradius}}$$

$$= \frac{0,02\ \text{mm} \times 300\ \text{MPa}}{1\ \frac{\text{kg}}{\text{L}} \times 9,8\ \frac{\text{m}}{\text{s}^2} \times \frac{9\ \text{m}}{2}} \approx 14\ \text{cm}$$

Leider sind vierzehn Zentimeter Wasser für eine Poolparty vermutlich nicht ausreichend.

Wenn wir die dünne Alufolie durch 2,5 Zentimeter dicke Holzplanken ersetzen, sehen die Werte gleich viel besser aus. Holz hat zwar eine geringere Zugfestigkeit als Aluminium, aber durch die Dicke wird dieser Nachteil mehr als wettgemacht.

Sollten Sie also zufällig einen hölzernen Zylinder von 9 Metern Durchmesser und mit einer Wandstärke von 2,5 Zentimetern irgendwo herumliegen haben, sind das gute Neuigkeiten für Sie.

Sie können die Gleichung auch so umstellen, dass sie Ihnen verrät, wie dick die Poolwände sein müssen, um einer gewünschten Wassertiefe standzuhalten. Sagen wir mal, das Wasser in unserem Becken soll etwa 1 m tief sein. Für ein Material mit einer bestimmten Zugfestigkeit gibt uns diese Version der Formel Auskunft darüber, wie dick die Wände mindestens sein müssen, um das Wasser zu halten:

$$\text{Wandstärke} = \frac{\text{Wassertiefe} \times \text{Wasserdichte} \times \text{Schweerkraft} \times \text{Beckenradius}}{\text{Zugfestigkeit der Wände}}$$

Das Tolle an Physik ist, dass diese Berechnung für jedes beliebige Material funktioniert – selbst für noch so abwegige Stoffe. Die Physik schert sich nicht darum, ob Ihre Anfrage ein bisschen sonderbar ist. Sie liefert Ihnen einfach eine Antwort, ohne irgendwelche Urteile zu fällen. Laut dem umfassenden, 456 Seiten dicken Handbuch *Cheese Rheology and Texture* (Rheologie und Textur von Käse) hat harter Gruyère beispielsweise eine Zugfestigkeit von 70 kPa. Setzen wir das doch mal in die Formel ein!

$$\text{Wandstärke} = \frac{1\,\text{m} \times 1\,\frac{\text{kg}}{\text{L}} \times 9{,}8\,\frac{\text{m}}{\text{s}^2} \times \frac{9\,\text{m}}{2}}{70\,\text{kPa}} \approx 60\,\text{cm}$$

Eine gute Nachricht! Sie brauchen bloß eine 60 Zentimeter dicke Käsewand, um das Wasser in Ihrem Pool zu halten! Die schlechte Nachricht ist, dass Sie vielleicht nur mit Mühe jemanden überzeugen können, in diesen Pool zu springen.

Angesichts der praktischen Probleme, die mit einer Verwendung von Käse verbunden sind, sollten Sie sich vermutlich lieber an traditionelle Werkstoffe wie Plastik oder Fiberglas halten. Fiberglas hat eine Zugfestigkeit von rund 150 MPa, was bedeutet, dass eine ganz dünne – nur einen Millimeter starke – Wand genügen würde, um das Wasser zu halten, und sogar noch eine Reserve an Zugfestigkeit übrig bliebe.

WIE MAN AN WASSER KOMMT

Jetzt, wo Sie Ihren Pool haben, egal ob einen eingesenkten oder einen oberirdischen, brauchen Sie sicher etwas Wasser. Aber wie viel genau?

Eingelassene Garten-Schwimmbecken der gängigen Art variieren in der Größe, aber ein mittleres, das groß genug für ein Sprungbrett ist, fasst gut und gern 75 000 Liter Wasser.

Wenn Sie einen Gartenschlauch zur Hand haben und ein Haus, das von den örtlichen Wasserwerken versorgt wird, können Sie Ihren Pool theoretisch per Schlauch füllen. Aber ob Sie so ein Becken *schnell* vollbekommen oder eher nicht, hängt ganz von der Durchflussmenge Ihres Schlauches ab. Wenn Sie guten Wasserdruck und einen Schlauch mit großem Durchmesser haben, könnte die Durchflussmenge bei 40 bis 70 Litern pro Minute liegen. Das reicht aus, um Ihren Pool so etwa binnen eines Tages zu füllen. Wenn die Durchflussmenge aber zu gering ist (oder wenn Sie Wasser aus einem Brunnen nehmen, der leer sein kann, ehe das Becken gefüllt ist), müssen Sie sich möglicherweise nach einer anderen Lösung umsehen.

WASSER AUS DEM INTERNET

In vielen Gegenden der Welt bieten Onlinehändler wie Amazon eine Lieferung noch am selben Tag an. Ein 24er-Pack Mineralwasserflaschen der Marke Fiji kostet derzeit um die 40 Euro. Wenn Sie gerade 250 000 Euro übrig haben, können Sie einen Pool in Form von Flaschen bestellen. Und das Sahnehäubchen ist, dass Ihr Pool ganz und gar mit Wasser gefüllt sein wird, das von den Fidschi-Inseln herangeschippert wurde.

Nun aber stellt sich eine neue Herausforderung. Nach der Anlieferung müssen Sie all das Wasser irgendwie in den Pool bekommen. Das ist kniffliger, als Sie vielleicht gedacht hätten. Sicher, Sie können bei jeder Flasche einzeln die Verschlusskappe aufdrehen und den Inhalt in den Pool gießen, aber das würde pro Flasche einige Sekunden dauern. Da es 150 000 Flaschen sind und ein Tag nur 86 400 Sekunden hat, ist jede Methode, die mehr als eine Sekunde pro Flasche in Anspruch nimmt, definitiv unbrauchbar.

DIE FLASCHEN ATTACKIEREN

Man könnte versuchen, die Verschlüsse eines ganzen 24er-Packs Flaschen mit einem Schwerthieb abzutrennen. Im Internet zeigen eine Menge Zeitlupenvideos, wie Leute eine Reihe Wasserflaschen mit einem Schwert durchtrennen. Soweit man es nach den Videos beurteilen kann, ist das eine überraschend schwierige Angelegenheit – meist wird das Schwert auf seinem Weg durch die Flaschen nach oben oder unten abgelenkt. Selbst wenn Sie präzise genug Schwung holen und die erforderliche Armkraft und Ausdauer mitbringen, würde es mit einem Schwert vermutlich zu langsam gehen.

Auch mit Gewehren würde es wahrscheinlich nicht besonders gut funktionieren. Bei sorgfältiger Planung und effizienter Anordnung könnten Sie mit einer Art Schrotflinte gewiss in einen ganzen Haufen Flaschen gleichzeitig Löcher machen, aber trotzdem würde es Ihnen schwerfallen, wirklich *alle* Flaschen zu durchlöchern und sie schnell genug bis zum Boden leerzubekommen. Außerdem hätten Sie am Ende einen Pool voller Blei, das – besonders wenn Sie Ihren Pool chloren – korrodieren würde und irgendwann das Grundwasser verunreinigen könnte.

Es gibt ein breites Spektrum von Waffen, eine mächtiger als die andere, mit denen man versuchen könnte, die Flaschen zu öffnen. Bevor wir das Thema Waffen hinter uns lassen und zu einer praktikableren Lösung übergehen, sollten wir noch für einen Moment die größte und unpraktischste Option in Erwägung ziehen – das Flaschenöffnen mithilfe von Nuklearwaffen.

Das ist ein ganz und gar lächerlicher Vorschlag, und so verwundert es nicht, dass er im Kalten Krieg von der US-Regierung untersucht worden ist. Anfang 1955 kaufte eine Regierungsbehörde, die *Federal Civil Defense Administration*, Bier, Limonade und Selterswasser in lokalen Geschäften ein und testete dann Nuklearwaffen an ihnen.[2]

Nein, sie versuchten nicht, die Getränkeflaschen zu *öffnen*. Mit dem Test wollte man herausfinden, wie gut die Behältnisse überlebten und ob der Inhalt kontaminiert war. Die Planer der Zivilverteidigung stellten sich vor, dass nach einer Atomwaffenexplosion in einer amerikanischen Stadt die Notfallhelfer zunächst einmal Trinkwasser benötigen würden. Daher wollte man wissen, ob handelsübliche Getränke eine sichere Quelle für die Flüssigkeitszufuhr waren.[3]

Die ganze Geschichte des Nuklearkriegs der Regierung gegen Bier wird in einem siebzehnseitigen Bericht mit dem Titel *The*

....

[2] An den Getränken, nicht den Geschäften.
[3] Sie konzentrierten sich dabei vor allem auf Bier, obwohl dieses Getränk bei den Aufräumarbeiten nach einem Nuklearangriff nicht unbedingt ideal sein dürfte. Man fragt sich wirklich, ob das gesamte Testprogramm nicht eilig arrangiert wurde, weil man jemanden dabei erwischt hatte, wie er seine Drinks auf Kosten der Behörde abrechnete.

Effects of Nuclear Explosions on Commercially Packaged Beverages (Die Wirkungen von Nuklearexplosionen auf handelsüblich abgepackte Getränke) dargelegt. Der Nuklearhistoriker Alex Wellerstein hat dankenswerterweise ein Exemplar davon ans Licht gebracht.

Der Bericht beschreibt, wie man die Flaschen und Dosen auf dem Testgelände in Nevada vor jeder Explosion an verschiedenen Stellen platzierte. Manche standen in Kühlschränken, andere in Regalen und wieder andere einfach auf dem Erdboden.[4] Man führte das Experiment zweimal durch – bei zwei Nukleartests im Rahmen der *Operation Teapot*.

Die Getränke überstanden den Test überraschend gut. Die meisten Flaschen und Dosen blieben bei der Detonation intakt. Die anderen wurden meist durch umherfliegende Trümmerteile durchschlagen oder gingen zu Bruch, als sie aus den Regalen gefegt wurden. Der Inhalt war auch nur in geringem Maße radioaktiv kontaminiert und schmeckte sogar noch ganz gut. Nach der Detonation versandte man Bierproben an »fünf qualifizierte Labore«[5], die »eine sorgfältig überwachte Geschmacksprüfung« vornehmen sollten. Man war sich darin einig, dass das Bier größtenteils gut schmeckte, und kam zu folgendem Schluss: Wenn man in einem Detonationsgebiet auf Bier stieß, konnte dieses bei dringendem Flüssigkeitsbedarf als sichere Quelle betrachtet werden. Allerdings sollte man es lieber noch sorgfältigeren Tests unterziehen, ehe man es zurück auf den Markt brachte.

Plastikflaschen waren in den 1950er-Jahren noch nicht üblich, und so verwendete man bei allen Tests Behältnisse aus Glas oder Metall. Aber immerhin legen diese Versuche nahe, dass Nuklearwaffen vermutlich keine so tollen Flaschenöffner sind.

....

4 Der Test ist ein Beispiel für seltsame Detailbesessenheit: Die Flaschen auf dem Erdboden wurden in genau bemessenen Winkeln zum Ground Zero angeordnet: Bei manchen war der Kronkorken auf die Detonationsstelle gerichtet, bei anderen der Flaschenboden; einige lagen in einem Winkel von 45 Grad da, andere wiederum standen aufrecht. Vielleicht wollte man sehen, wie man seine Flaschen in Relation zum Stadtzentrum lagern sollte, um die Chancen, dass sie einen atomaren Angriff überstehen, zu maximieren.

5 Ich hoffe, das ist ein Euphemismus für »ein paar Freunde von uns«.

INDUSTRIESCHREDDER

Zu unserem Glück gibt es einen Apparat, der unser Ziel viel schneller erreichen kann als ein Schwert, eine Schrotflinte oder eine nukleare Waffe – den industriellen Plastikschredder. Solche Kunststoffschredder werden in Recyclingzentren eingesetzt, um große Mengen von Plastikflaschen zu zerschnitzeln, aber als Zugabe können sie Ihnen auch die Flüssigkeit aus den Flaschen holen.

Laut den Werbematerialien der Firma bewältigt ein Schredder wie der Brentwood AZ15WL 15 kW eine Durchlaufmenge von 30 Tonnen pro Stunde – und zwar Plastik und Flüssigkeit zusammengenommen. Auf diese Weise könnten Sie Ihren Pool in gut zwei Stunden füllen.

Auf dem Preisschildchen solcher industrieller Schredder steht eine fünf- bis sechsstellige Zahl, was für eine Party ziemlich teuer ist (wenn auch ein Klacks verglichen mit dem, was Sie bereits für die Wasserflaschen ausgegeben haben). Aber wenn Sie beiläufig erwähnen, wie viele Nuklearwaffen Sie haben, gibt man Ihnen vielleicht einen Rabatt.

LASSEN SIE ANDERE DIE ARBEIT MACHEN

Wenn jemand in der Nähe einen Pool besitzt und sein Grundstück ein wenig höher gelegen ist als das Ihre, können Sie das Wasser mit einem Saugheber stehlen. Sofern es Ihnen gelingt, die beiden Pools durch ein Wasserrohr zu verbinden, können Sie das Wasser kontinuierlich aus dem fremden Pool in Ihren eigenen abfließen lassen.

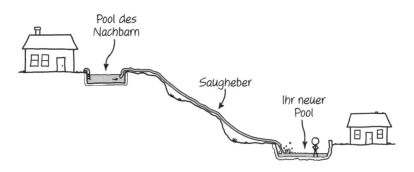

Anmerkung: Saugheber können Wasser aus einem Becken herausschieven und über kleine Hindernisse wie etwa Zäune leiten, aber wenn die Mitte des Hebers mehr als zehn Meter über der Oberfläche des fremden Pools liegt, wird das Wasser nicht fließen. Solche Heber werden von atmosphärischem Luftdruck angetrieben, und der Luftdruck auf unserer Erde reicht nur, um Wasser etwa zehn Meter gegen die Schwerkraft hochzudrücken.

WASSER GEWINNEN, INDEM MAN WELCHES HERSTELLT

Wasser besteht aus Wasserstoff und Sauerstoff. In der Atmosphäre ist jede Menge Sauerstoff enthalten[6]; Wasserstoff ist zwar seltener, aber auch nicht gerade schwer zu finden.

Und hier die gute Nachricht: Wenn Sie erst mal einen Packen Wasserstoff und einen Packen Sauerstoff beisammenhaben, ist es

....
6   Stand vom Frühjahr 2019.

leicht, Wasser daraus zu machen. Sie müssen einfach ein bisschen Wärme hinzufügen, und schon läuft und läuft die chemische Reaktion. Eigentlich ist es sogar schwer, sie wieder zu stoppen.

Ich hab rausgekriegt, wie man die Oxidationsreaktion, die wir brauchen, auslösen kann, und offenbar erhält sie sich sogar selbst am Leben!

Feuer ... Was du beschreibst, ist Feuer.

Die schlechte Nachricht ist, dass diese chemische Reaktion bisweilen ungewollt in Gang kommt. Einst flogen große, mit Wasserstoff gefüllte Luftschiffe durch die Gegend, aber nach einigen dramatischen Zwischenfällen in den 1930er-Jahren beschlossen wir, sie künftig lieber mit Helium zu füllen. Heutzutage können Sie Wasserstoff am besten gewinnen, indem Sie die Nebenprodukte bei der Förderung fossiler Brennstoffe sammeln und aufbereiten.

Der beste Weg, um Wasserstoff zu gewinnen

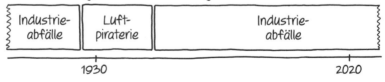

Industrie-abfälle	Luft-piraterie	Industrie-abfälle
	1930	2020

WASSER AUS DER LUFT GEWINNEN

Um Wasser zu gewinnen, muss man aber nicht unbedingt Wasserstoff und Sauerstoff zusammenfügen, wenn bereits fertiges H_2O in der Luft herumschwebt, und zwar in Form von Wasserdampf. Das ist das Zeug, das beim Kondensieren Wolken bildet und manchmal sogar als Regen runterfällt. In der Luftsäule über jedem Quadratmeter Erde sind durchschnittlich 23 Liter Wasser enthalten – etwa so viel wie in zwei 24er-Packs Fiji-Flaschen.[7]

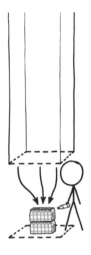

Käme all dieses Wasser als Regen herab, würde es eine Schicht von etwa 2,5 cm Stärke bilden. Wenn Sie ein Grundstück von 4000 Quadratmetern haben und die Luft darüber den durchschnittlichen Feuchtigkeitsgehalt besitzt, schweben ungefähr 92 000 Liter Wasser über Ihrem Anwesen. Das ist genug, um einen Pool zu füllen! Leider befindet sich ein Großteil dieses Wassers in beträchtlicher Höhe, so dass man schlecht herankommt. Es wäre schön, wenn wir das Wasser auf Bestellung herabfallen lassen könnten, aber trotz regelmäßig wiederkehrender Versuche mit Wolkenimpfung hat noch niemand einen Weg gefunden, um Regenfälle zuverlässig herbeizuführen.

....

[7] Das ist nur ein Mittelwert. Die Wassermenge pro Quadratmeter variiert von »fast nichts« (in kalter Luft über Wüsten) bis zu mehr als 75 Litern an einem feuchten Tag in den Tropen.

Normalerweise gewinnt man Wasser aus der Luft, indem man Letztere über eine kalte Oberfläche streichen lässt; das Wasser kondensiert dann als Tau. Damit Sie alles Wasser aus Ihrer Luft herausbekommen, müssten Sie einen mehrere Kilometer hohen Kühlturm errichten. Zum Glück für Sie bewegt sich Luft aber von selbst durch die Gegend, und so brauchen Sie doch keinen riesigen Turm zu bauen – wenn eine frische Brise weht, können Sie einfach die Feuchtigkeit der an Ihrem Haus vorbeiströmenden Luft einfangen.

Das ist freilich eine ganz schön ineffiziente Methode, um Wasser zu sammeln. Man braucht eine Menge Energie, um das Wasser herunterzukühlen und aus der Luft kondensieren zu lassen. In den meisten Fällen würden Sie viel weniger Energie verbrauchen, wenn Sie einfach mit einem Lastwagen in eine wasserreichere Gegend führen, ihn dort füllten und wieder zurückführen. Und ganz neben-bei: Selbst unter idealen Bedingungen ist es unwahrscheinlich, dass dieser gigantische Raumbefeuchter genügend Wasser produziert, um Ihren Pool in absehbarer Zeit zu füllen. Außerdem könnte er die Nachbarn verärgern, die in Windrichtung von Ihnen wohnen.

WASSER AUS DEM MEER GEWINNEN

Im Meer gibt es eine Menge Wasser[8], und vermutlich wird es nie-manden stören, wenn Sie sich ein bisschen davon ausborgen. Wenn Ihr Pool unterhalb des Meeresspiegels liegt und es Ihnen nichts ausmacht, in Salzwasser zu planschen, könnte das eine Option sein. Sie brauchen nur einen Kanal zu graben und das Wasser einfließen zu lassen.

Das ist im wirklichen Leben tatsächlich schon passiert, und zwar ungewollt und auf sehr dramatische Weise.

Malaysia war im Weltmaßstab einer der führenden Zinnprodu-zenten. Ein Bergwerk, aus dem man dieses Zinn förderte, lag an der Westküste, nur wenige hundert Meter vom Ozean entfernt. Nach-dem der Zinnmarkt in den 1980er-Jahren eingebrochen war, gab man die Mine auf. Am 21. Oktober 1993 durchbrach das Wasser die schmale Barriere, die das Bergwerk vom Meer trennte. Der Ozean strömte hinein und füllte die Mine binnen Minuten. Die von der Flut geschaffene Lagune hat sich bis heute erhalten und ist auch auf

....

8   [Beleg erforderlich]

Karten verzeichnet (4,42 Grad nördliche Breite, 100,61 Grad östliche Länge). Die Katastrophe wurde von einem Augenzeugen mit einem Camcorder gefilmt und das Videomaterial später ins Internet gestellt. Trotz der schlechten Bildqualität ist es eine der umwerfendsten Videoaufnahmen, die je gemacht wurden.[9]

Aber was, wenn Sie nicht in Meeresnähe wohnen? Und wenn der Grund Ihres Pools über dem Meeresspiegel liegt, würde eine Verbindung zum Meer ohnehin nichts bringen; das Wasser würde dann einfach ins Meer hinabfließen. Aber wenn Sie das Meer nun zu sich *hochbringen* könnten?

Nun ja, Sie haben wirklich Glück; es passiert nämlich sowieso, ob Sie wollen oder nicht. Dank der von Treibhausgasen erzeugten Stauwärme steigen die Meere nun schon seit vielen Jahrzehnten. Der Anstieg des Meeresspiegels kommt durch eine Kombination aus schmelzendem Eis und thermischer Ausdehnung des Wassers zustande. Wenn Sie Ihr Schwimmbecken füllen wollen, könnten Sie versuchen, das Ansteigen des Meeresspiegels zu beschleunigen. Gewiss würde das den unermesslichen Preis, den Umwelt und Mensch für den Klimawandel zahlen müssen, noch erhöhen, aber immerhin könnten Sie eine reizende Poolparty feiern.

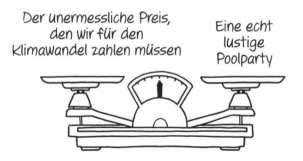

Der unermessliche Preis, den wir für den Klimawandel zahlen müssen

Eine echt lustige Poolparty

Wenn Sie ein rasches Ansteigen des Meeresspiegels verursachen möchten und zufällig einen großen Eispanzer auf Ihrem Anwesen haben, könnten Sie annehmen, dass das Abschmelzen dieses Eises eine tolle Methode wäre, um den Meeresspiegel anzuheben.

....

[9] Suchen Sie nach »Pantai Remis landslide«.

Aber aufgrund physikalischer Sachverhalte, die unserer Intuition zuwiderlaufen, könnte das Abschmelzen eines Eisbergs in der Nähe Ihres Hauses sogar dazu führen, dass der Meeresspiegel *sinkt*. Was Sie brauchen, ist Eis zum Abschmelzen *auf der anderen Seite der Welt*.

Ursache für diesen bizarren Effekt ist die Schwerkraft. Eis ist schwer, und wenn es auf einer Landfläche liegt, zieht es den Ozean ein wenig zu sich heran. Wenn es schmilzt, wird der Meeresspiegel im Durchschnitt angehoben, aber da das Wasser nun nicht mehr so stark landwärts gezogen wird, kann es im Bereich des geschmolzenen Eises tatsächlich ein wenig *fallen*.

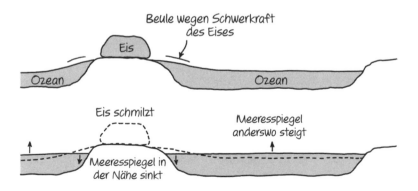

Wenn Eis von der antarktischen Eiskappe schmilzt, steigt der Meeresspiegel auf der Nordhalbkugel am meisten. Taut hingegen grönländisches Eis auf, hebt es den Meeresspiegel um Australien und Neuseeland am stärksten an. Wenn Sie den Meeresspiegel in der Nähe Ihres Wohnorts anheben wollen, sollten Sie prüfen, ob es auf der anderen Seite des Planeten einen schönen Eispanzer gibt. Wenn ja, sollten Sie genau den zum Schmelzen bringen.

WASSER VOM FESTLAND GEWINNEN

Falls es keine passenden Eispanzer zum Abschmelzen gibt oder Sie nicht zum globalen Anstieg des Meeresspiegels beitragen wollen, könnten Sie das ausprobieren, was Bauern seit Jahrtausenden tun, um an Wasser zu kommen: Borgen Sie sich einen Fluss aus.

Sie könnten sich einen nahegelegenen Fluss suchen und ihn durch einen temporären Damm dazu ermuntern, Ihrem Pool entgegenzuströmen – gerade lange genug, um ihn zu füllen. Aber passen Sie auf: Solche Projekte sind bereits schiefgegangen.

Im Jahre 1905 ließen Ingenieure an der Grenze zwischen Kalifornien und Arizona Bewässerungskanäle ausheben, um Wasser vom Colorado River zu den Farmen zu bringen.

Leider war die Mission, das Wasser des Colorado River umzuleiten, *allzu* erfolgreich. Das Wasser, das in den neuen Kanal floss, begann sich ein tieferes und breiteres Bett zu schaffen, wodurch *noch* mehr Wasser hineinströmte. Bevor man den Stecker ziehen konnte[10], war der Fluss schon vollständig gekapert. Er überschwemmte flussabwärts vom Bewässerungsprojekt ein vormals trockenes Tal, füllte es mit Wasser an und schuf einen neuen und völlig unbeabsichtigten Binnensee.

....

[10] Oder vielleicht eher »den Stöpsel wieder reinbekam«.

Der im Laufe des letzten Jahrhunderts gewachsene und wieder geschrumpfte Saltonsee ist gegenwärtig am Austrocknen, denn zu Bewässerungszwecken wird noch mehr Wasser abgeleitet. Der Staub aus dem trockenen Seebett ist mit Rückständen aus der Landwirtschaft und anderen Schadstoffen versetzt. Er treibt durch die nahegelegenen Städte und macht den Bewohnern bisweilen das Atmen schwer. Das kontaminierte, zunehmend salzige Wasser hat bereits zu einem massiven Absterben der dort beheimateten Lebewesen geführt, und vermodernde Algen und tote Fische erzeugen einen allgegenwärtigen Geruch nach faulen Eiern, der gelegentlich westwärts bis nach Los Angeles wabert.

Das hört sich nicht gerade gut an, aber machen Sie sich keine Sorgen – es dauerte eine Weile, bis sich diese verheerenden Folgen für die Umwelt einstellten.

Tatsächlich war der Saltonsee für kurze Zeit ein beliebtes Ferienziel – mit Yachtklubs, schicken Hotels und Badestränden. Als sich die Bedingungen im See später verschlechterten, wurden all diese Urlaubsorte zu Geisterstädten. Aber über die Folgen können Sie sich ja morgen den Kopf zerbrechen – denn jetzt ist erst mal Poolparty-Time!

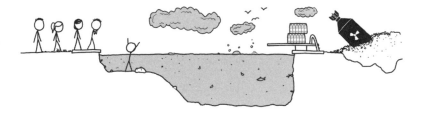

KAPITEL 3

Wie man's hinkriegt, ein Loch zu graben

Es gibt eine Menge Gründe dafür, Löcher zu graben. Vielleicht möchten Sie einen Baum pflanzen, ein eingesenktes Schwimmbecken bauen oder eine Auffahrt anlegen. Möglicherweise haben Sie ja auch eine Schatzkarte gefunden und buddeln nun dort, wo jemand das Kreuz gemacht hat.

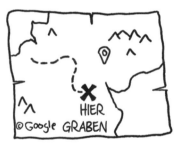

Wie man ein Loch am besten aushebt, ist abhängig von der Größe des Loches, das man erzeugen will. Das einfachste Werkzeug zum Graben ist eine Schaufel.

GRABEN MIT DER SCHAUFEL

Das Tempo, mit dem Sie per Schaufel buddeln können, hängt davon ab, welche Art von Boden Sie abzutragen versuchen, aber gewöhnlich bewältigt ein schaufelnder Mensch zwischen 0,3 und 1 Kubikmeter Erdreich pro Stunde. Bei dieser Schaufelfrequenz könnten Sie es in zwölf Stunden schaffen, ein Loch von ungefähr dieser Größe auszuheben:

Aber wenn Sie das Loch buddeln, um an einen vergrabenen Schatz heranzukommen, werden Sie vielleicht irgendwann innehalten und sich die ökonomischen Aspekte dieses Unterfangens durch den Kopf gehen lassen.

Ein Loch zu graben erfordert Arbeitskraft, und Arbeitskraft ist kostbar. Laut der Bundesagentur für Arbeit verdient ein Bauarbeiter im Durchschnitt circa 18 Euro pro Stunde. Der Preis, den ein Unternehmer für ein Ausschachtungsprojekt ansetzt, würde auch die Kosten für Planung, Ausrüstung, An- und Abtransport sowie Fortschaffen des Abraums beinhalten, und am Ende käme man vermutlich auf einen mehrere Male so hohen Stundensatz. Wenn Sie zehn Stunden graben, um einen Schatz im Wert von 50 Euro zu finden, arbeiten Sie weit unter Mindestlohn. Im Prinzip täten Sie besser daran, sich irgendwo einen Job im Straßenbau zu suchen – da können Sie mit Löcherbuddeln mehr Geld verdienen als bei Ihrer Schatzsuche.

Vielleicht sollten Sie auch noch einmal nachprüfen, ob Ihre Piratenschatzkarte authentisch ist, denn in Wahrheit vergruben Piraten keine Schätze.

Das stimmt allerdings nicht ganz. Einmal geschah es, dass ein Pirat irgendwo einen Schatz vergrub. *Ein einziges Mal.* Und all die Ideen von vergrabenen Piratenschätzen haben ihren Ursprung in diesem einen Vorkommnis.

DER VERGRABENE PIRATENSCHATZ

Im Jahre 1699 stand der schottische Freibeuter[1] William Kidd wegen verschiedener Verbrechen auf See[2] kurz vor seiner Verhaftung. Bevor er nach Boston segelte, um den Behörden Rede und Antwort zu stehen, vergrub er zur sicheren Aufbewahrung einiges Gold und Silber auf der Insel Gardiners Island, die gleich gegenüber der Spitze von Long Island im Bundesstaat New York liegt. Ein Geheimnis war es eigentlich nicht – er vergrub den Schatz mit Einverständnis von John Gardiner, dem Inselbesitzer, neben einem Pfad westlich des Herrenhauses. Kidd wurde festgenommen und schließlich hingerichtet, und der Besitzer der Insel händigte den Schatz der britischen Krone aus.

Ob Sie es glauben oder nicht, das ist schon die ganze Geschichte vergrabener Piratenschätze. Dass der »vergrabene Schatz« zu einer allgemein geläufigen Vorstellung geworden ist, liegt daran, dass Captain Kidds Geschichte eine Inspirationsquelle für Robert Louis Stevenson war, als er seinen Roman *Die Schatzinsel* schrieb. Damit schuf der Autor fast im Alleingang das moderne Bild des Piraten.

Mit anderen Worten: Dies ist die einzige Piratenschatzkarte, die jemals existiert hat, und der Schatz ist inzwischen weg.

Obwohl vergrabene Piratenschätze solche Mangelware sind, hat das die Leute nicht vom Suchen abgehalten. Und wenn Seeräuber keine Schätze verbuddelten, bedeutet das ja noch lange nicht, dass

....

[1] Pirat.
[2] Piraterie.

man im Erdreich nie auf etwas Kostbares stoßen kann. Menschen, die eine Menge Löcher graben – von Schatzjägern über Archäologen bis hin zu Bauarbeitern –, finden von Zeit zu Zeit gewiss wertvolle Dinge.

Aber vielleicht liegt ja im Akt des Schatzgrabens selbst auch etwas Unwiderstehliches, denn manchmal scheinen es die Leute damit ein wenig zu übertreiben.

OAK ISLAND: WO MAN VIEL GELD IN DIE GRUBE SCHMISS

Spätestens seit Mitte des 19. Jahrhunderts gibt es den Glauben, an einer bestimmten Stelle der Insel Oak Island, die zur kanadischen Provinz Nova Scotia gehört, liege ein Schatz vergraben. Aufeinanderfolgende Trupps von Schatzsuchern haben tiefer und tiefer gegraben, um diesen Schatz ans Tageslicht zu befördern. Der wahre Ursprung der Storys liegt im Dunkeln, aber inzwischen sind sie beinahe zu einem Meta-Mythos geworden: Die meisten Belege dafür, dass auf Oak Island etwas Geheimnisvolles vergraben ist, bestehen aus Geschichten *über* Belege, die von früheren Schatzsuchern gefunden wurden (oder auch nicht).

> In unserer Familie erzählt man sich, dass mein Opa hierher kam, um nach einem vergrabenen Schatz zu suchen.
>
> Ich habe Belege dafür gefunden, dass hier jemand vor 50 Jahren gebuddelt hat! Das könnte er gewesen sein!
>
> Vielleicht sind die Geschichten ja wahr ...
>
> Wir müssen sein Werk vollenden!

Bis heute ist dort kein Schatz gefunden worden. Selbst wenn jemand eine große Truhe voller Gold auf der Insel vergraben hätte, würde der Wert der Gesamtzeit und der Gesamtmühe, welche all die Generationen von Schatzgräbern während ihrer Suche investiert haben, inzwischen mit ziemlicher Sicherheit den Wert des Schatzes übersteigen.

Ein wie großes Loch lohnt es sich also zu graben, um verschiedene Arten von Schätzen zu bergen?

Eine einzelne Golddublone – der klassische Piratenschatz – ist gegenwärtig[3] etwa 250 Euro wert.[4] Wenn Sie wissen, wo eine Dublone vergraben ist, lohnt es sich nur, jemanden zum Ausbuddeln anzuheuern, wenn dieser Job weniger als 250 Euro kostet. Und wenn Sie Ihre eigene Arbeitskraft mit 20 Euro pro Stunde ansetzen, sollten Sie nicht mehr als 12,5 Stunden mit der Ausgrabung zubringen.

Andererseits: Wenn der Schatz eine Truhe mit Gold ist, könnte er wesentlich mehr wert sein als 250 Euro. Ein einzelner Goldbarren mit einem Gewicht von einem Kilogramm ist ungefähr 40 000 Euro wert, sodass eine Truhe mit 25 Goldbarren immerhin einen Wert von rund einer Million Euro hat. Wenn das Loch, das Sie zum Bergen des Schatzes buddeln müssen, größer als 20 000 Kubikmeter ist

....

[3]   Zur richtigen Einordnung: Ich schreibe dies im Jahre 1731.

[4]   Anmerkung für alle in ferner Zukunft lebenden Historiker, die diese Seite entdeckt haben und nun herauszufinden versuchen, in welchem Jahr sie wirklich geschrieben wurde: Ich habe nur einen Scherz gemacht. In Wahrheit schreibe ich dies im Jahr 2044 in meinem um den Südpol kreisenden Luftschiff. Es macht mich so glücklich, dass dieses Manuskript überdauert hat und euch nun als Rosettastein dient; ich verspreche, dieser hohen Verantwortung mit dem nötigen Ernst gerecht zu werden. Übrigens: Hier im Jahr 2044 beten wir allesamt Hunde an, wir fürchten uns vor Wolken und essen an Vollmondtagen nichts als Honig.

(was in etwa einem 30 m langen, 30 m breiten und 20 m tiefen Loch entspricht), werden Sie so lange graben, dass der Wert der hineingesteckten Arbeit größer als der Wert des Schatzes ist. In diesem Fall würden Sie wieder besser daran tun, sich einfach einen Job als Tiefbauarbeiter zu suchen.

Das weltweit kostbarste Einzelstück, das der traditionellen Vorstellung von einem Schatz entspricht, ist vielleicht ein zwölf Gramm schwerer Edelstein – der Diamant »Pink Star«. Er wurde 2017 bei einer Auktion für 71 Millionen Dollar (ca. 63 Millionen Euro) verkauft. Das wäre genug Geld, um jemanden für mehr als tausend Jahre zum Graben anzuheuern beziehungsweise tausend Arbeiter für ein gutes Jahr Grabetätigkeit. Wenn Sie ein Stück Land von 4000 Quadratmetern besitzen und wissen, dass der »Pink Star« irgendwo auf Ihrem Grundstück in einem Meter Tiefe vergraben liegt, wäre es mit größter Wahrscheinlichkeit die Ausgaben wert, um ihn ans Tageslicht zu holen. Aber wenn Ihre Ländereien einen Quadratkilometer groß sind und der Diamant mehrere Meter tief in der Erde steckt, würden sich die Lohnkosten für Arbeiter, die per Hand ein Loch ausheben, allmählich der 63-Millionen-Euro-Marke annähern, und es würde sich nicht mehr rentieren, ihn auszugraben.

Zumindest wäre es nicht die Mühe wert, wenn Sie mit Schaufeln graben.

LÖCHER MACHEN MIT DEM SAUGBAGGER

Wenn Ihre geplanten Ausschachtungen so umfangreich sind, dass es Jahre dauern würde, mit der Hand zu graben, ist eine Schaufel mit ziemlicher Sicherheit nicht das effizienteste Hilfsmittel. Vielleicht sollten Sie etwas modernere Technologien in Erwägung ziehen.

So eine modernere Grabetechnik ist der *Vakuumaushub*. Dabei kommt ein Gerät zum Einsatz, das tatsächlich ein riesiger Staubsauger ist und das Erdreich aufsaugt. Die Sogwirkung allein ist allerdings nicht kraftvoll genug, um verfestigte Erde auseinanderzubekommen, und so kombiniert man beim Vakuumaushub einen Industriestaubsauger mit einem Hochdruckstrahl aus Luft oder Wasser, der den Boden aufbricht.

Saugbagger sind besonders nützlich, wenn man einen Bereich aufgraben will, ohne unterirdische Objekte wie Baumwurzeln, Kabel und Rohre oder vergrabene Schätze zu beschädigen. Die Druckluft bläst die Erde fort, lässt aber größere vergrabene Gegenstände intakt. Saugbagger können viele Kubikmeter pro Stunde entfernen und die Aushubmenge, die Sie mit der Schaufel schaffen, potentiell mindestens verzehnfachen.

Die größten Löcher aber werden mit Schaufelradbaggern ausgehoben. Sie können mehrere Schichten Erdreich abtragen und auf diese Weise *Tagebaue* schaffen – Löcher, die so geformt sind wie eine umgedrehte Torte. Diese Löcher erreichen bisweilen eine erstaunliche Größe; so hat das Kupferbergwerk von Bingham

Canyon im US-Bundesstaat Utah eine zentrale Grube mit einem Durchmesser von rund drei Kilometern und einer Tiefe von mehr als 800 Metern.

Oak Island, die Insel mit dem berühmt-berüchtigten Millionengrab, ist nicht einmal anderthalb Kilometer lang. Hätte man die Aushebungen vom Bingham Canyon hier vorgenommen (natürlich samt der Installation von Pumpen und dem Bau von Ufermauern[5], damit kein Wasser in die Grube läuft), so hätten die Bagger die gesamte Insel abtragen können – einschließlich des darunter liegenden Grundgesteins und zehnmal tiefer, als der tiefste Schacht der Schatzgräber reicht.

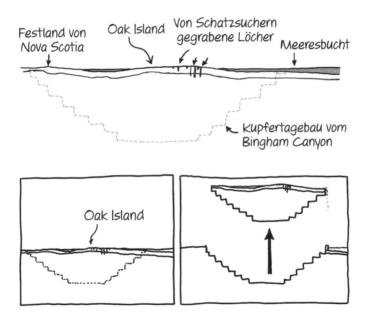

Für die Suche nach irgendwelchen Schätzen könnte das abgetragene Material sorgfältig gesiebt werden. Das würde das große Geheimnis ein für alle Mal aus der Welt schaffen.

....

5   Eine Ufermauer ist nichts als die Umkehrung eines oberirdischen Pools. Daher können Sie die Berechnungen aus Kapitel 2: *Wie man's hinkriegt, eine Poolparty zu schmeißen* nutzen, um die technischen Aspekte zu klären. Setzen Sie statt »Zugfestigkeit« einfach »Druckfestigkeit« in die Gleichung ein.

Weißt du noch, wie sie Oak Island abgebaggert haben?
Mein Großvater sagte, dass man mehrere Truckladungen
Felsgestein heimlich nach Kalifornien verschifft und
dort undurchsiebt vergraben hat.

Lass uns auf die Suche gehen!

O nein.

DIE GRÖSSTEN LÖCHER

Mit Industriesaugern und Bohrungen kann der Mensch riesige Löcher ausheben. Wir haben schon ganze Berge abgetragen, gewaltige künstliche Schluchten geschaffen und Schächte gebohrt, die ein beträchtliches Stück in die Erdkruste hineinreichen. Solange das Felsgestein kühl genug ist, um bearbeitet zu werden, können wir so tiefe Löcher graben, wie wir wollen.

Hier kann man graben

Hier nicht
(zu heiß)

Aber *sollten* wir das auch tun?

Im Jahre 1590, mehr als drei Jahrhunderte vor dem Bau des Panamakanals, erörterte der spanische Jesuitenpater José de Acosta die Idee, einen Kanal durch die Landenge zu graben, um die beiden Ozeane miteinander zu verbinden. In seinem Buch *Historia Natural y Moral de las Indias* spekulierte er über die möglichen Vorteile und dachte über einige ingenieurtechnische Herausforderungen nach, die auftreten würden, wenn man »die Erde öffnet und die Meere zusammenführt«. Am Ende entschied er, dass es vermutlich eine schlechte Idee ist. Hier sein Fazit:

Ich glaube, dass menschliche Kräfte nicht imstande sind, das starke und undurchdringliche Massiv abzutragen, das Gott zwischen die beiden Meere gestellt hat – mit Hügeln und Felsspornen, die der Wut der Meere an jeder Seite standhalten können. Und selbst wenn es menschenmöglich wäre, dies zu tun, halte ich es für eine sehr vernünftige Annahme, dass man dann eine Bestrafung durch den Himmel erwarten dürfte, weil man die Werke verbessern wollte, die der Schöpfer mit höchster Umsicht und mit Vorbedacht im großen Gefüge der Welt angeordnet hat.

Mal ganz abgesehen von theologischen Fragen, spricht einiges für seine demütige Haltung. Der Mensch kann unbegrenzt Löcher ausheben – vom Spatenstich im Hinterhof über den Kanalbau bis hin zum industriellen Tagebau und dem Abtragen von Bergen. Und wenn wir Löcher graben, können wir ganz gewiss wertvolle Dinge finden.

Aber manchmal ist es vielleicht besser, den Boden einfach so zu lassen, wie er ist.

KAPITEL 4

Wie man's hinkriegt, Klavier zu spielen

(und zwar das *ganze* Klavier)[1]

Das Klavier: Apparat, der eine
unglaubliche Bandbreite von Tönen
produzieren kann, bis jemand sagt,
Sie sollen aufhören.

Klavierspielen ist nicht besonders schwer – zumindest sind alle
Tasten leicht zu erreichen, und es erfordert nicht viel Kraft, sie hi-
nunterzudrücken. Wenn man ein Musikstück spielen will, braucht

....

[1] Ein Dankeschön an Jay Mooney, dessen Frage mich zu diesem Kapitel angeregt
hat.

man nur herauszufinden, welche Tasten zu drücken sind, und sie dann im richtigen Moment zu bedienen.

Die meiste Klaviermusik ist in Standard-Notenschrift niederge-schrieben. Diese besteht aus einer Reihe von waagerechten Linien mit Zeichen, die den Tönen entsprechen. Je weiter oben so eine Note steht, desto höher ist der Ton. Meistens setzt man die Noten innerhalb der Linien, aber Noten für besonders hohe oder tiefe Töne wandern bisweilen über den obersten oder untersten Strich hinaus. Ein Musikstück für Klavier sieht ungefähr so aus:

Ein normales Klavier mit vollem Tonumfang hat 88 Tasten, von denen jede einer Note entspricht. Sie sind so angeordnet, dass ganz links der tiefste Ton ist und ganz rechts der höchste. Wenn Sie auf Ihrem Notenblatt Zeichen oberhalb der Linien sehen, müssen Sie wahrscheinlich Tasten auf der rechten Seite des Klaviers herunter-drücken, während Zeichen unterhalb der Linien vermutlich bedeu-ten, dass Sie Tasten auf der linken Seite drücken müssen.

Ein Klavier kann Noten spielen, die ein ganzes Stück oberhalb oder unterhalb der Linien stehen. Sein Tonumfang ist so groß wie bei kaum einem anderen Instrument. Das heißt, dass es so ziemlich alle Töne spielen kann, die andere Instrumente hervorzubringen vermögen.[2] Wenn Sie alle Tasten und alle Noten auswendig gelernt haben und dann trainieren, sie in der richtigen Reihenfolge und mit dem richtigen Timing zu spielen, haben Sie alles beisammen – Sie können nun jedes Musikstück für Klavier darbieten.

> Klavierspielen ist einfach. Sie müssen sich bloß einprägen, welche Noten mit welchen Tasten zusammengehören, und dann nacheinander alle spielen, die auf der Seite stehen.
>
> Ich habe Ihnen eine Liste aller Tasten gemailt. Damit ist Ihre Klavierstunde zu Ende. Rufen Sie mich an, wenn Sie noch etwas brauchen. Viel Erfolg!

Nun ja … zumindest fast jedes Stück. Das Standardklavier mag zwar einen weiten Tonumfang haben, aber es gibt immer noch No-ten, die es nicht spielen kann.

Um diese Noten zu spielen, brauchen Sie mehr Tasten.

Wenn Sie eine Klaviertaste drücken, schlägt ein Hammer eine oder mehrere Saiten an. Sie vibrieren und erzeugen dabei einen Ton. Je länger die Saite ist, desto tiefer wird der Ton ausfallen. Technisch gesehen, hat der Ton, den eine jede Saite beim Vibrieren

....

2 Da fragt man sich echt, wozu wir all diese anderen Instrumente brauchen.

erzeugt, nicht nur eine einzige Frequenz – er ist ein reichhaltiger Mix aus verschiedenen Frequenzen. Jede Saite hat jedoch eine zentrale »Hauptfrequenz«. Die Hauptfrequenz des Tons, den die Taste ganz links auf einem Standardklavier erzeugt, liegt bei 27 Hertz (Hz), was bedeutet, dass die Saite 27 Mal pro Sekunde schwingt. Die Hauptfrequenz des Tons, den die Taste ganz rechts hervorruft, ist hingegen 4186 Hz. Die Töne dazwischen bilden eine regelmäßige Skala und umspannen eine Bandbreite von etwa sieben Oktaven. Jeder Ton hat eine Frequenz, die um etwa 1,059 Mal höher liegt als die seines linken Nachbarn – das sind 2 hoch ein Zwölftel. Damit verdoppelt sich alle zwölf Tasten die Frequenz.

Die obere Hörgrenze liegt beim Menschen ein ganzes Stück höher als 4186 Hz. Kleine Kinder können hohe Töne bis zu einer Frequenz von 20 000 Hz hören. Wollen wir in der Lage sein, alle Töne zu spielen, die ein Mensch hören kann, müssten wir unser Klavier um einige Tasten erweitern. Um den Bereich zwischen 4186 Hz und 20 000 Hz abzudecken, wären 27 zusätzliche Tasten vonnöten.

Wenn man älter wird, verliert man meist die Fähigkeit, die allerhöchsten Frequenzen zu hören, so dass wir nicht alle Tasten brauchen, wenn wir Musik für Erwachsene spielen. Eine Handvoll Tasten ganz rechts bringt Töne hervor, die nur für kleine Kinder vernehmbar sind.

Am linken Ende des Klaviers ist es ein wenig leichter, alle Töne bis zur Grenze des menschlichen Hörbereichs abzudecken. Unsere untere Hörgrenze liegt irgendwo um die 20 Hz herum, also sieben Hertz tiefer als die tiefste Taste des Pianos. Um diesen Bereich abzusichern, würden wir weitere fünf Tasten brauchen. Das neue, verbesserte 120-Tasten-Piano erlaubt es Ihnen, sämtliche Klaviermusik zu spielen, die für einen Menschen hörbar ist!

Aber wir können das Klavier noch mehr erweitern.

Töne oberhalb des menschlichen Hörbereichs werden als *Ultraschall* bezeichnet. Hunde können Töne bis zu 40 kHz hören – also doppelt so hohe Frequenzen wie der Mensch. Auf diese Weise funktionieren »Hundepfeifen«: Sie erzeugen Töne, die ein Hund vernehmen kann, ein Mensch aber nicht. Wenn Sie Ihr Klavier so umgestalten wollen, dass Sie Hundemusik spielen können, müssen Sie 12 bis 15 Tasten hinzufügen.

Katzen, Ratten und Mäuse können sogar noch höhere Frequenzen hören als Hunde. Für sie wären noch ein paar Extratasten vonnöten. Fledermäuse (die Insekten fangen, indem sie Ultraschallimpulse ausstoßen und den Echos nachlauschen) können bis zu etwa 150 kHz hören. Um den gesamten Hörbereich für Menschen, Hunde und Fledermäuse abzudecken, brauchen wir rechter Hand 62 Tasten mehr, was uns insgesamt auf 155 Tasten bringt.

Und wie sieht es mit *noch* höheren Frequenzen aus? Zu unserem Leidwesen[3] beginnt uns da die Physik in die Quere zu kommen. Hochfrequente Töne werden auf ihrer Reise durch die Luft absorbiert, und so verhallen sie rasch. Daran liegt es, dass ein Gewitter in unserer Nähe höhere, krachende Donnertöne hervorbringt, während wir bei einem fernen Gewitter nur tiefes Donnergrollen wahrnehmen. An ihrem Ursprung klingen sie beide gleich, aber über große Entfernungen werden die hochfrequenten Bestandteile des Donners gedämpft, und nur die niederfrequenten dringen an unser Ohr.

....

[3] (aber sicher nicht zum Leidwesen unseres Klavierstimmers)

Ein Ton von 150 kHz kann in der Luft nur wenige Dutzend Meter zurücklegen – deshalb nutzen Fledermäuse vermutlich nicht die ganz hohen Frequenzen. Da die Dämpfung mit der Quadratzahl der Frequenz in Relation steht, werden höhere Ultraschalltöne immer schneller abgeblockt. Wenn Sie viel höher als 150 kHz gehen, wird es der Ton nicht schaffen, sich von Ihrem Klavier aus besonders weit auszubreiten. In Wasser oder Feststoffen können Ultraschalltöne weiter vorankommen – auf diese Weise funktionieren elektrische Zahnbürsten, medizinische Ultraschalluntersuchungen und die Hochfrequenz-Echoortung bei Walen und Delfinen. Weil aber Pianos normalerweise an der Luft verwendet werden[4], sind 150 kHz eine ziemlich gute Höchstgrenze.

Die rechte Seite Ihres Klaviers ist nun komplett. Wie sieht es mit der linken aus?

Töne unterhalb der normalen Hörschwelle von 20 Hz nennt man *Infraschall*, und es kann ein wenig verwirrend sein, über sie nachzudenken.

Wenn Einzeltöne schnell genug aufeinanderfolgen, verschwimmen sie zu einem einzigen Summen. Stellen Sie sich vor, wie es klingt, wenn sich etwas in den Fahrradspeichen verfangen hat. Bei niedriger Geschwindigkeit macht es ein »Klack-klack-klack«-Geräusch, doch bei hoher Geschwindigkeit hört man ein schwirrendes Gebrumm. Das sollte eigentlich nahelegen, dass niederfrequente Geräusche nicht wirklich »unter die menschliche Hörgrenze rutschen« – sie müssten sich einfach in eine Reihe von Einzeltönen zerlegen. Aber das stimmt nicht ganz.

Bestehen Töne aus komplexen »Einzelimpulsen« (etwa das scharrende Geräusch, wenn eine Spielkarte auf eine Fahrradspeiche trifft), dann zerlegen sie sich tatsächlich in einzeln hörbare Impulse, aber nur, weil diese Impulse aus höherfrequenten Komponenten zusammengesetzt sind, die innerhalb des normalen Hörbereichs lie-

....

[4] Genauere Anweisungen zum Klavierspielen unter Wasser finden Sie in *How to 2: Wie man noch eine Menge mehr hinkriegt, wenn man nach Befolgung der Anweisungen aus Band 1 noch am Leben ist.*

gen. Ein reiner Ton allerdings ist nur eine einfache Sinuswelle; das Geräusch entsteht dadurch, dass sich die Luft gleichmäßig hin- und herbewegt. Wenn er sich auf weniger als 20 Hertz pro Sekunde verlangsamt, ist kein »Klack« mehr zu vernehmen. Er ist dann nur noch eine pulsierende Druckwelle. Kann sein, dass wir ihn als Druckänderung in der Luft oder als Empfindung auf unserer Haut *fühlen*, aber unsere Ohren interpretieren ihn nicht mehr als Ton.

Elefanten können Infraschall hören. Ihr Hörbereich geht bis auf etwa 15 Hz hinab (vielleicht sogar tiefer), und das bedeutet, dass unser Klavier mindestens fünf weitere Tasten braucht, wenn wir Musik für Elefanten spielen wollen.

Musik für Elefanten — Musik für Menschen — Musik für Hunde und Fledermäuse

Töne unterhalb von 15 Hz lassen sich mit speziellen Gerätschaften aufspüren. Wenn Sie sich für *sehr* niedrige Frequenzen interessieren, können Sie im Prinzip einfach mit einem Barometer und einem Klemmbrett ein »Infraschall-Mikrofon« herstellen. Verzeichnet Ihr Gerät niedrigen Druck, dann hohen und dann wieder niedrigen, könnte eine Infraschall-Welle unterwegs sein!

Eine Abfolge von niedrigen und hohen Druckzuständen muss nicht unbedingt eine »Welle« sein – es könnte sich auch um eine zufällige Druckfluktuation in der Luft handeln. Um solche Töne aufzuspüren, nutzen Forscher deshalb normalerweise eine ganze Reihe von Sensoren, die im Abstand von einigen Metern angebracht sind. Wenn eine Infraschall-Welle an einem Detektor vorbeikommt, wird sie alle Sensoren ungefähr zur gleichen Zeit passieren. Das hilft dabei, Infraschall-Wellen von Zufallsgeräuschen zu unterscheiden. Ist der Abstand zwischen den Sensoren groß genug, lässt sich sogar herausfinden, aus welcher Richtung der Ton kam. Man braucht nur darauf zu achten, welcher Sensor ihn zuerst registrierte.

Um solche Töne hervorzubringen, würde man ein sehr großes Klavier benötigen, denn die Saiten müssten derart langsam hin und her schlenkern, dass man ihnen dabei zuschauen könnte. (In gewisser Weise ist ein Springseil auch nur ein Saiteninstrument mit einer Frequenz, die ungefähr fünf Oktaven unter der tiefsten Standardklavier-Note liegt.)

Auch wenn wir Infraschall nicht hören können, verhält er sich wie normaler Schall und trägt Signale durch die Luft. Während Ultraschall nicht so weit wandert wie normaler Schall, kommt Infraschall *weiter*. Ein Infraschall-Signal mit einer Frequenz von weniger als einem Zyklus pro Sekunde – also weniger als 1 Hz – kann rund um unseren Planeten wandern.

Manchmal werden Tonaufnahmen grafisch so dargestellt, dass man verfolgen kann, welche Tonfrequenzen in welchem Moment aufgefangen wurden. Eine solche Grafik lässt sich aus jeder Tonaufnahme herstellen, nicht nur aus Infraschall. So hat der Musiker Aphex Twin in seine Titel versteckte »Bilder« eingebaut, die man auf einem Spektrogramm sehen kann.

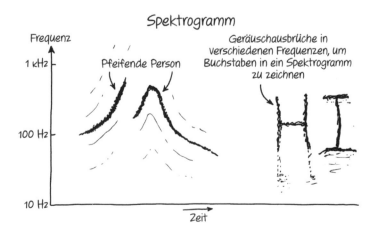

Wenn eine Nuklearwaffe in der Atmosphäre hochgeht, erzeugt sie einen gewaltigen Infraschall-Impuls. Forschungen zum Aufspüren von Infraschall wurden hauptsächlich zur Zeit des Kalten Krieges durchgeführt. Damals bauten die Wissenschaftler Detektoren, um nach solchen Impulsen lauschen zu können. Die (zum Zeitpunkt der Entstehung dieses Kapitels[5]) letzte Nuklearexplosion in der Atmosphäre ereignete sich bei einem chinesischen Waffentest am 16. Oktober 1980, so dass es für die Aufspür-Netzwerke seitdem keine Explosion mehr zu hören gab.

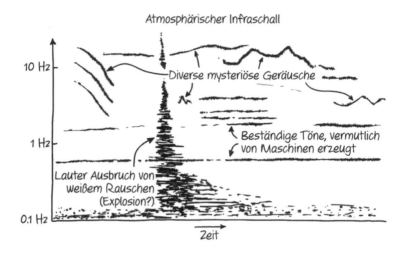

Aber ein Infraschall-Mikrofon fängt außer Nuklearexplosionen noch alle möglichen interessanten Dinge auf. Große Maschinenteile, die sich rhythmisch bewegen – etwa Motoren und Windräder –, erzeugen gleichförmige Infraschall-Töne. Andere Infraschall-Noten werden vom Wind gespielt, wenn er über die Berge streicht, von Meteoren, die in die Atmosphäre eintreten, und sogar von Erdbeben und Vulkanausbrüchen. Ein Stück atmosphärischer Infraschall wird auch immer wobbelnde Töne unklarer Herkunft enthalten. Es ist wie mit den normalen Geräuschfrequenzen: Wenn Sie

....

[5] Ich hoffe *wirklich*, dass wir diesen Abschnitt für die nächste Auflage nicht umschreiben müssen.

an einen ruhigen Ort gehen und sehr aufmerksam lauschen, werden Sie alle möglichen interessanten Geräusche vernehmen, und nur einige davon können Sie identifizieren.

Einer der geläufigsten Ultraschalltöne wird von Wellen auf dem offenen Ozean hervorgerufen. Während das Meer steigt und fällt, drückt es rhythmisch gegen die Luft und benimmt sich dabei wie die Oberfläche einer riesigen, langsamen Lautsprecherbox – es ist der lauteste und tiefste Subwoofer auf Erden.

Die von den Wellen erzeugten Geräusche heißen *Mikrobarome* und haben eine Frequenz von etwa 0,2 Hz. Um solche Mikrobaromfrequenzen auf unserem Klavier spielen zu können, müssten wir 75 zusätzliche Tasten haben, wodurch sich deren Gesamtzahl auf 235 erhöhen würde.

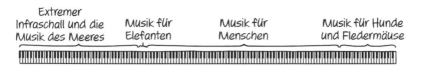

Das sind eine Menge Tasten. Aber wenn man sie alle beherrscht, kann man einfach alles spielen – von Beethoven über die Jagdlieder von Fledermäusen bis hin zur Stimme des Meeres.

Eine letzte Anmerkung: Dieses Klavier wird nicht leicht zu bauen sein. Mit Klaviersaiten wird man keinen Ultraschall erzeugen können, weil die Vibrationen zu klein sind und zu schnell verebben – selbst bei seiner üblichen Bandbreite von Tonhöhen braucht ein Klavier für die höchsten Noten meist mehrere Saiten, damit der Ton laut genug ist. Auch zur Erzeugung von Infraschall sind Klaviersaiten nicht ideal: Die Saiten müssten so lang sein, dass sie nicht in einen Raum passen, und sie hätten Mühe, in ihrer Umgebung genügend Luft zu bewegen. Um sehr hohe und sehr tiefe Töne hervorzubringen, müssten Sie sich nach technischen Alternativen umschauen.

Rotationswoofer
(Infraschall)

Piezoelektrischer
Wandler
(Ultraschall)

Am effizientesten kann man Ultraschall mit dem *piezoelektrischen Effekt* erzeugen, bei dem ein Kristall vibriert, wenn man elektrischen Strom hindurchschickt. Das zeiterfassende Element in einer Digital- oder einer Computeruhr nutzt diesen Effekt: Es enthält ein winziges Stück Quarz, das wie eine Stimmgabel geformt ist und nach einem elektrischen Impuls in einer ganz bestimmten Frequenz vibriert. Ähnliche Quarzoszillatoren können verwendet werden, um Ultraschall in jeder gewünschten Frequenz zu erzeugen.

Für einen Infraschall-Lautsprecher könnten Sie sich eine Vorrichtung zunutze machen, die man *Rotationswoofer* nennt. Dieses Gerät verwendet genau kontrollierte angekippte Ventilatorflügel, um Luft sacht hin und her zu schieben. Indem es die Tonhöhe der Lüfterflügel ändert, bewegt es Luft vorwärts, dann rückwärts, dann wieder vorwärts usw.

Wenn Sie es schaffen, das 235-Tasten-Klavier zu bauen, haben wir hier ein Probemusikstück für Sie. Es wird ein wenig Geduld erfordern, und für Ihre menschlichen Ohren wird es nicht besonders klingen.

Aber wenn irgendwelche Wissenschaftler gerade dabei sind, die Atmosphäre zu überwachen, um Meteorexplosionen oder Nukleartests nachzulauschen…

…wird diese Komposition ein Strichmännchen auf ihren Spektrografen zaubern.

Infrasonate

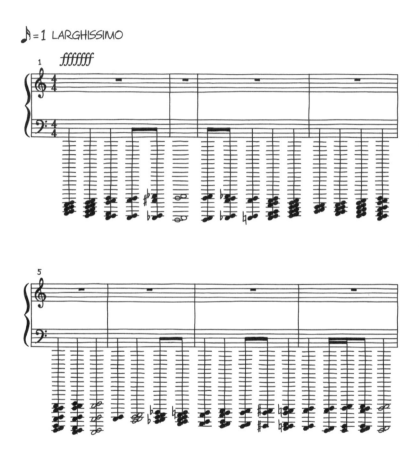

Wie man's schafft,
Musik zu hören

Im Mai 2016 gab Bruce Springsteen ein Konzert in Barcelona. Erdbebenforscher im nahegelegenen Institut für Geowissenschaften (ICTJA-CSIC) konnten dabei niederfrequente Signale auffangen: Sie wurden von den Zuhörern erzeugt, die zu den verschiedenen Songs tanzten.

Nach Jordi Díaz et al., »Urban Seismology: On the Origin of Earth Vibrations Within a City«, 2017

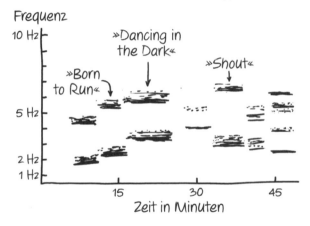

Wie blöd, dass wir heute Abend im Labor stecken. Eigentlich wollte ich zum Springsteen-Konzert gehen.

KAPITEL 5

Wie man's hinkriegt, eine Notlandung zu meistern

Eine Fragestunde mit dem Testpiloten und Astronauten Chris Hadfield

Ist zufällig jemand an Bord, der ein Flugzeug landen kann?

Wenn ich's nicht ausprobiere, werd ich's nie wissen ...

Wie bringt man ein Flugzeug zur Landung? Um diese Frage zu beantworten, wandte ich mich an einen Experten.

Oberst Chris Hadfield hat Kampfflugzeuge für die kanadische Luftwaffe geflogen und als Testpilot für die US-Marine gearbeitet. Er steuerte mehr als 100 verschiedene Fluggeräte. Außerdem nahm er an zwei Space-Shuttle-Missionen teil, war Pilot einer *Sojus*-Rakete, stieg als erster Kanadier in den freien Weltraum aus und wirkte als Kommandant der Internationalen Raumstation.

Ich nahm Kontakt zu Oberst Hadfield auf und fragte ihn, ob er mir ein paar Ratschläge zum Thema Notlandungen geben könne. Freundlicherweise erklärte er sich dazu bereit.

Ich erstellte eine Liste von ungewöhnlichen und absurden Notlandungsszenarios, rief ihn an und legte ihm eines nach dem anderen vor, um zu sehen, wie er reagierte. Eigentlich hatte ich mehr oder weniger erwartet, dass er nach der zweiten oder dritten Frage auflegen würde, doch zu meiner Überraschung beantwortete er alle Fragen, ohne dass ich irgendein Zögern ausmachen konnte. (Im Nachhinein denke ich, dass mein Plan, einen Astronauten zu verwirren, indem man ihm mit Extremsituationen kommt, womöglich unausgereift war.)

Die Szenarios und Oberst Hadfields Antworten – die wir aus Gründen der Klarheit und Kürze ein wenig bearbeitet und mit einigen zusätzlichen Antworten aus E-Mails ergänzt haben – finden sich auf den nächsten Seiten. Sie zeigen nicht unbedingt die einzig möglichen Vorgehensweisen bei jeder Situation, verkörpern aber die ersten instinktiven Reaktionen eines der führenden Testpiloten und Astronauten der Welt, und so sind sie vermutlich ein ziemlich guter Ausgangspunkt.

Oberst Chris Hadfield

WIE MAN AUF EINER FARM LANDET

Frage: **Angenommen, ich muss notlanden, und ringsumher sehe ich nichts als Felder. Welche Feldfrüchte sollte ich ansteuern? Suche ich mir hohe Pflanzen aus, die mehr Widerstand leisten – Mais beispielsweise –, oder lieber etwas Niedrigwachsendes, das mir eine glat-**

tere Oberfläche bietet? Würde ein Feld mit Kürbissen einen Abfederungseffekt haben (ähnlich wie die Wassertonnen an amerikanischen Autobahnen), oder würden sie es nur wahrscheinlicher machen, dass ich mich überschlage und Feuer fange?

Antwort: Ich fliege kleine Maschinen, und da müssen wir ständig an so etwas denken. Wenn man sich dem Landeplatz nähert, lässt man den Blick übers Gelände schweifen und denkt: Wie hoch stehen die Bohnen? Hat der Farmer das Heu schon eingebracht? Hat es vor Kurzem geregnet? Auf einem matschigen Feld kann man nicht landen.

Sie brauchen ein Stück Acker, auf dem die Kulturen weder zu hoch sind noch so dicht stehen, dass sich Ihr Flugzeug überschlägt. Sonnenblumen wären natürlich ein großer Fehler.

Keine Landung

auf Sonnenblumen!

Am besten kann man auf einem frisch besäten Feld landen. Am schlimmsten ist ein gerade umgepflügter Acker. Landen Sie nie auf Ginseng. Für den muss man nämlich große Schattendächer aufstellen, in denen Sie sich verheddern würden. Und achten Sie immer auf Bäume. Weideflächen sind gut, aber passen Sie auf, dass Sie nicht die Kühe treffen. Mais ist bis Mitte Juni zum Landen okay.

Maiskalender

WIE MAN AUF EINER SPRUNGSCHANZE LANDET

Frage: **Wenn ich nun mit einem Kleinflugzeug notlanden muss und die einzige freie Stelle, die ich finden kann, eine olympische Skisprungschanze ist? Wie soll ich mich ihr am besten nähern?**

Antwort: Bevor ich Jagdflieger wurde, war ich tatsächlich Skilehrer!

Olympische Sprungschanzen sind verdammt hoch. An ihrem unteren Ende gibt es diesen kleinen flachen Abschnitt, der wäre vermutlich die beste Wahl. Man könnte über dem Zuschauerbereich angeflogen kommen, schön langsam, und bis kurz übern Boden runtergehen. Und wenn sich dann der Hügel vor einem erhebt, zieht man hoch. Sie könnten versuchen, das Flugzeug an dem Punkt zum Stehen zu bringen, wo die Schanze steil nach oben zu gehen beginnt. Aber das Timing muss genau stimmen. Wenn nicht, haben Sie keinen zweiten Versuch.

WIE MAN AUF EINEM FLUGZEUGTRÄGER LANDET

Frage: **Was muss ich tun, wenn ich auf einem Flugzeugträger landen will, meine Maschine aber ein Passagierflugzeug ist, für das solche Landeplätze nicht vorgesehen sind? Sollte ich versuchen, mein Fahrwerk in ein Fangseil zu manövrieren? Und wie sollte ich mich dem Flugzeugträger annähern?**

Antwort: Zuerst müssen Sie den Kapitän des Flugzeugträgers dazu bringen, das Schiff gegen den Wind zu steuern. Er soll sein Schiff mit höchstmöglicher Geschwindigkeit fahren lassen, wodurch Sie Winde von 80 oder 100 km/h kriegen können. Für viele kleine Flugzeuge reicht das aus, damit sie nicht mehr viel schneller sind als das Schiff.

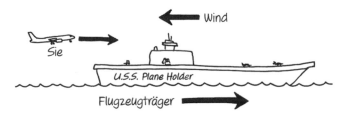

Lassen Sie die Fangseile forträumen; Sie wollen ja nicht aus Versehen darin hängen bleiben. Um ein Fangseil nutzen zu können, brauchen Sie ein spezielles Fahrwerk. Sofern Sie nicht einen großen, starken Fanghaken haben, ziehen Sie die Landung lieber komplett mithilfe der Aerodynamik durch.

Als Nächstes müssen Sie sich genau in einer Linie zum Schiff ausrichten. Sie wollen vom Landedeck ja jeden Zentimeter ausnutzen. Nun sollten Sie die Landeklappen ausfahren. Ihre Tragflächen sind dann nicht mehr flach, sondern ein wenig gewölbt. Schauen Sie mal Vögeln bei der Landung zu – sie tun mit ihren Flügeln das Gleiche. Wenn man langsam fliegen will, fährt man seine Landeklappen aus.

Sie müssen auf dem Deck des Flugzeugträgers ganz weit hinten aufsetzen. Dann bringen Sie die Energiezufuhr auf Null, drosseln die Triebwerke und ziehen sofort die Landeklappen hoch. Sonst weht der Wind Sie runter. *Aber halten Sie die Hand immer am Schubhebel!* Sie müssen ihn ja notfalls schnell wieder hochschieben, um den Landeanflug zu wiederholen. Wenn Kampfflieger auf Flugzeugträgern landen, bringen sie das Triebwerk beim Aufsetzen sogar noch mal auf volle Leistung – nur für den Fall, dass der Fanghaken übers Seil hüpft oder das Seil reißt.

Einmal habe ich bei einem Projekt des *US Marine Corps* mitgewirkt. Sie dachten dort: »Was tun, wenn wir irgendwo im Wald eine freie Fläche haben, sie aber zu klein ist, um dort ein Flugzeug zu landen? Könnten wir dort ein temporäres Fangseil anbringen?« Mit einem Seil, das zwischen großen Stangen aufgehängt ist, können Sie überall stoppen und landen. Ich habe dieses System in Lakehurst (Bundesstaat New Jersey) getestet.

Schnäppchen

Zwei in einem!

Kombiniertes Fangseil/ Tennisnetz

WIE MAN AUF EINEM FEINDLICHEN
FLUGZEUGTRÄGER LANDET

Frage: **Wenn mich die Kapitänin nun aber nicht landen lassen will? Würde sie leewärts drehen, um es mir schwerer zu machen?**

Antwort: Auf einem Deck steht immer verschiedenes Zeugs herum. Wenn die nicht wollen, dass wir dort landen, können sie diese Sachen so hinstellen, dass sie uns im Weg stehen. Es gibt dort jede Menge kleine Wagen, mit denen sie die Flugzeuge auf Deck hin und her bugsieren, und sie könnten diese Wagen einfach auf der ganzen Landepiste verteilen.

Man müsste sich mit seinem Flugzeug unbemerkt heranschleichen. Wenn man den richtigen Moment erwischt, kann man Glück haben. Man könnte das eventuell hinkriegen. Aber ich glaube nicht, dass die Kapitänin froh darüber wäre. Und was haben Sie dann geschafft? Sie sind im bestgesicherten Gefängnis der Welt gelandet und haben sich selbst zum Insassen gemacht.

Ähm … wie geht's denn so, Leute?

WIE MAN AUF EINEM ZUG LANDET

Frage: **Könnte ich auf einem Zug landen, indem ich mein Tempo an seines anpasse und mein Flugzeug allmählich so abbremse, dass es auf dem Dach eines Waggons stehen bleibt?**

Antwort: Ja, das können Sie. Auch auf Tiefladern. So was sieht man manchmal bei Flugshows. Das Schwierige daran ist, dass sich der Zug, wenn Sie aufsetzen, immer ein bisschen auf und ab bewegt. Das wird Sie ein bisschen durchrütteln. Das gleiche Problem hat man bei der Landung auf einem Schwerlaster. Aber sonst ist es absolut machbar.

WIE MAN AUF EINEM U-BOOT LANDET

Frage: **Auf einem Flugzeugträger zu landen, klingt mächtig einfach. Aber könnte ich es auch auf einem U-Boot?**

Antwort: Ja, wenn es aus dem Wasser herausguckt und mit hohem Tempo gegen den Wind fährt. Sie müssten dazu ein langsames und stabiles Flugzeug haben. Es ist wie die Landung auf einer schmalen, kurzen und nassen Piste. Ich glaube, man hat das schon mal gemacht. Aber es ist manchmal schwer, ein U-Boot zu finden, wenn man es gerade braucht.

WIE MAN VON DER TÜR DES COCKPITS AUS LANDET

Frage: **Wenn ich mich nun irgendwie mit dem Ärmel in der Tür des Cockpits verfangen habe und nicht mehr an die Bedienelemente komme? Aber in meiner Reichweite sind noch ein paar Gegenstände – das Tablett von der Bordverpflegung und so –, die ich in Richtung Steuerung schleudern könnte. Wenn ich gut im Werfen bin, könnte ich dann landen, indem ich die richtigen Bedienelemente treffe?**

Antwort: Bei einem einmotorigen Flugzeug haben Sie keine Chance. Aber in einem Flugzeug mit mehreren Triebwerken wäre es theoretisch möglich. Der Weg, über den man die Dinge kontrollieren kann, ist die Treibstoffzufuhr. Wenn man Triebwerke auf jeder Seite hat, kann man steigen oder auch wenden, indem man die Schubhebel hoch- oder runterzieht. Und wenn Sie Ihre Gegenstände *wirklich* gezielt werfen, können Sie so eine Maschine fliegen, indem Sie einfach nur die Schubhebel auf und ab bewegen.

Es gab mal eine DC-10, bei der über Sioux City die komplette Hydraulik ausfiel, und die Piloten haben es geschafft, die Sache in den Griff zu bekommen und das Flugzeug die ganze Strecke bis zur Landepiste nur mit den Schubhebeln zu steuern.

WIE MAN EINE RAUMFÄHRE IM ZENTRUM VON LOS ANGELES LANDET

Frage: **In einer Szene aus dem Film *The Core – Der innere Kern* (2003) spielt Hilary Swank eine Astronautin in einer Raumfähre, die aufgrund eines Navigationsfehlers auf einen falschen Kurs geraten ist. Plötzlich wird ihr bewusst, dass sie die Innenstadt von Los Angeles ansteuern, und sie plant eine Landung im Los Angeles River, der weitgehend ein langer Betonkanal mit flachem Boden ist. Im Film schaffen sie es, sicher im Kanal zu landen. Könnte so etwas wirklich passieren?**

Antwort: Beim Aufsetzen ist die Raumfähre noch mit ungefähr 370 km/h unterwegs (340, wenn Sie leicht, und 380, wenn Sie schwer sind). Sie brauchen eine lange, gerade Landepiste, die sich über Tausende Meter erstreckt. Die ersten Shuttle-Landungen machten wir in der riesigen

Salzebene von Rogers Dry Lake auf der Luftwaffenbasis Edwards Air Force Base. Als wir besser wurden, fingen wir damit an, auf einer 4500 Meter langen Piste zu landen.

Aber eigentlich wollen wir gern dort landen, wo wir auch abheben, und so bauten wir im John-F.-Kennedy-Weltraumzentrum in Florida eine 4500 Meter lange Landepiste. Die Piste auf der Edwards-Basis liegt weit draußen in der Wüste; wenn man also übers Ende hinausrollt, ist das nicht so schlimm. Die in Florida bietet weniger Spielraum für Fehler, denn sie ist von Wasser umgeben, in dem sich Alligatoren tummeln.

Wenn Sie eine Landung auf der Edwards-Luftwaffenbasis vorbereiten, müssen Sie die Bremszündung schon über Australien starten. Der Computer berechnet das genaue Timing, um Sie am vorgesehenen Landeplatz aufsetzen zu lassen. Bei ausreichender Planung könnten Sie auf jeder langen, geraden und ebenen Oberfläche landen. Aber in den Abflussgräben von Los Angeles? Ich bin nicht sicher, dass die lang genug sind.

Es ist möglich, dass Ihr Wiedereintritt in die Erdatmosphäre an irgendeinem unvorhergesehenen Ort passiert. Wir ermitteln alle Landebahnen der Welt. In der Raumfähre hatten wir ein Buch mit Diagrammen von jeder einzelnen. Es ist wie ein großes Bilderbuch, zeigt die Ausrichtung der Landebahn und alles Mögliche mehr.

WIE MAN EINE STELLE FINDET, AN DER
DIE RAUMFÄHRE LANDEN KANN

Frage: Wenn ich nicht sicher bin, wie ich den Bordcomputer richtig benutze, könnte ich dann einfach raten? Könnte ich die Triebwerke irgendwo über Australien zünden, weil ich hoffe, dass mich das in die richtige Ecke der Welt bringt, und dann beim Näherkommen aus dem Fenster nach einem guten Landeplatz Ausschau halten? Wie viel muss ich bei einer Landung improvisieren?

Antwort: Eine ganze Menge! Wir fliegen große S-Kurven, um Energie abzulassen. Würden wir weniger Kurven fliegen, könnten wir weiter kommen. Je näher Sie dem Landeplatz kommen, desto schwieriger wird es für Sie, es sich noch mal anders zu überlegen. Es ist aber nicht komplett außerhalb des Möglichen. Sie haben eine Chance, wenn Sie ein größeres Gebiet ansteuern und dann dort die Lage in Augenschein nehmen.

Bei der X-15, einem Vorläufer der Raumfähren, versuchten die Piloten oft, ihre Testflüge so lange wie möglich auszudehnen. Neil Armstrong flog am Ende zu niedrig über Pasadena hinweg und musste auf dem falschen ausgetrockneten Seebett landen. Ich bin froh, dass er es gepackt hat.

Ups!

WIE MAN EIN FLUGZEUG VON AUSSEN LANDET

Frage: Angenommen, ich habe mich ausgesperrt und sitze jetzt außen auf dem Flugzeug. Ich kann aber herumkriechen und die Steuerung per Hand bedienen.

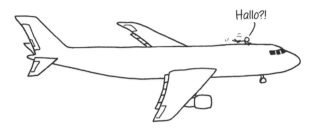

Hallo?!

Antwort: Gelegentlich gibt es Leute, die auf den Tragflächen herumspazieren, um irgendwas zu befestigen. Bei einem alten, langsamen Flugzeug ist die Windgeschwindigkeit so niedrig, dass man auf den Tragflächen stehen kann. Was Sie tun können, ist, Ihr eigenes Gewicht einzusetzen. Sie könnten beeinflussen, wohin die Maschine fliegt, indem Sie Ihr Gewicht verlagern. Setzen Sie sich einfach auf die rechte Seite – *eventuell* wird das Flugzeug dann nach rechts abzudrehen beginnen.

Wenn Sie eine Sprechverbindung zu den Passagieren im Flugzeuginneren haben, könnten Sie versuchen, sie alle Richtung Spitze beziehungsweise Richtung Heck rennen zu lassen. Damit könnten Sie den Flug vielleicht ein wenig steuern.

Wir fliegen etwas tief und hängen nach rechts über! Alle mal schnell nach links hinten!

Aber wenn Sie das Flugzeug mechanisch kontrollieren wollen, müssen Sie ans Heck gehen. Auf der Tragfläche können Sie nur die Rollachse kontrollieren, nicht aber die Nick- und die Gierachse. Die Rollachse ist auch ganz schön, aber die beiden anderen sind wichtiger. Um das Nicken und das Gieren zu kontrollieren, gehen Sie nach hinten ans Heck.

Das Problem ist, dass Sie diese Steuerelemente nicht per Hand bewegen können. Dafür ist niemand stark genug. Wenn Sie Hulk wären, könnten Sie vielleicht mit der einen Hand vorn am Heck Halt finden und mit der anderen das Seitenleitwerk bewegen. So ließe sich das Flugzeug nach links und rechts manövrieren. Dann greifen Sie nach unten, packen sich das Höhenruder und tun mit ihm das Gleiche, um die Flughöhe zu steuern. Wenn Sie gut genug sind, wäre es denkbar, dass Sie das Flugzeug mit diesen Hilfsmitteln zur Landung bringen.

Leider sind Sie aber nicht Hulk. Trotzdem könnten Sie, wenn Sie ein bisschen clever sind, eines versuchen: Finden Sie das *Trimmruder*. Das Trimmruder ist ein kleiner flacher Abschnitt am Rand der Steuerfläche; mit ihm nehmen Sie die Feinabstimmungen vor. Sie könnten das Trimmruder bewegen, und dann bewegt es das ganze Höhenruder oder das ganze Seitenruder.

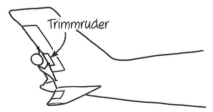

WIE MAN DURCH DEN KANALTUNNEL FLIEGT

Frage: Angenommen, ich fliege mit einem ganz kleinen Flugzeug, etwa einer Colomban Cri-Cri (Spannweite: 4,90 m), gerade über Südengland, als der Brexit passiert. Aus komplizierten rechtlichen Gründen muss ich nun in Frankreich landen. Unglücklicherweise bin ich aber ein Vampir, der nicht über das Wasser des Ärmelkanals kann. Könnte ich durch den Eurotunnel mit seinen 7,60 m Durchmesser fliegen?

Antwort: Ja, aber bei einem Durchmesser von 7,60 m und einer Spannweite von 4,90 m hat man zu jeder Seite nur 1,35 m Freiraum, wenn man wirklich haargenau in der Mitte fliegt. Man darf nur ganz wenig steigen oder sinken, um nicht mit den Enden der Tragflächen an den Beton zu stoßen (Sie können sich das ja mal ausrechnen). Am schwierigsten könnte es sein, all den Oberleitungen am Eingang und Ausgang des Tunnels auszuweichen. Und es wäre da drin sehr dunkel, so dass Sie Scheinwerfer an Ihrer Cri-Cri anbringen oder das nette Tunnelpersonal bitten müssten, die volle Beleuchtung einzuschalten. Aber für das leckere Croissant und den Kaffee am Zielflughafen wäre es die Sache vielleicht wert!

WIE MAN LANDET, WENN MAN AN
EINEM BAUKRAN BAUMELT

Frage: Wenn ich ein Flugzeug mit Fanghaken steuere und nahe an einem Baukran vorbeikomme, könnte ich dann landen, indem ich meine Maschine auf die Seite schwenken lasse und mir mit dem Haken das herumbaumelnde Kranseil schnappe? Wenn das Flugzeug dann ausgependelt hat, könnte ich den Kranführer bitten, mich sachte auf den Boden hinabzulassen.

Antwort: Wenn Sie eine Riesenportion Glück haben, ist das vielleicht möglich. Es passiert andauernd, dass sich Flugzeuge in Hochspannungsleitungen verfangen und überleben; die Crew muss dann per Kran heruntergelassen werden. Aber die Trägheit Ihres Fanghaken-Flugzeugs wäre wahrscheinlich für das Seil zu groß, und es würde reißen. Außerdem: Selbst wenn Sie sich in Seitwärtslage einhaken könnten – was würde Sie davor bewahren, hinabzurutschen und auf den Boden zu knallen? Ich würde an Ihrer Stelle eher nach Hochspannungsleitungen Ausschau halten (und hoffe, dass Sie nicht die falschen Kabel verbinden und einen Stromschlag bekommen).

WIE MAN AUS SEINEM FLUGZEUG IN EIN ANDERES
UMSTEIGT, DAS MEHR BENZIN HAT

Frage: Sagen wir, mein Freund und ich steuern jeder eine kleine Maschine über einem Ozean voller Haie. Ich habe bald kein Benzin mehr, aber dafür einen Fallschirm. Mein Freund fliegt neben mir. Könnte ich aus meinem Flugzeug in seines umsteigen und dieses dann zur Landung bringen?

Antwort: Wenn es Doppeldecker mit offenem Cockpit sind, vielleicht. Sie könnten die Steuerung Ihres Flugzeugs so einrichten, dass es auch ohne Pilot weiterfliegt, und Ihren Freund ganz nahe herankommen lassen. Dann kraxeln Sie auf eine Tragfläche, strecken den Arm aus, ergreifen die Tragfläche der anderen Maschine und klettern ins Cockpit. Es muss ein offenes Cockpit sein, damit Sie sich nicht mit Türen oder dem Kabinendach herumschlagen müssen, und ein Doppeldecker, damit es Streben zum Festhalten gibt. Wenn Sie aber aus Ihrem Flugzeug springen und hoffen, dass Ihr Freund Sie irgendwie einfängt, wenn Sie an Ihrem Fallschirm schweben, dann vermute ich ganz stark, dass Sie zu Haifutter werden.

WIE MAN EINE RAUMFÄHRE LANDET, WENN SIE AUF IHREM TRANSPORTFLUGZEUG VERANKERT IST

Frage: Angenommen, ich sitze im Space Shuttle, während es gerade vom Transportflugzeug durch die Lüfte getragen wird. Das Transportflugzeug läuft auf Autopilot, aber der Pilot hat plötzlich beschlossen, in Rente zu gehen, und ist abgesprungen. Was soll ich tun? Ich vermute mal, ich könnte aus der Ausstiegsklappe des Shuttles springen, sofern ich einen Fallschirm habe. Aber wenn ich das nicht tue? Sollte ich versuchen, die

Raumfähre von ihrem Träger zu lösen, oder mich lieber irgendwie aus dem Shuttle ins Transportflugzeug aufmachen?

Antwort: Die ersten Flüge der Raumfähre waren Falltests vom Transportflugzeug aus. Ich würde also warten, bis man eine passende Landepiste im Gleitflug erreichen kann, dann den Trennmechanismus auslösen, kräftig zurückziehen, damit ich nicht das Heck des Transportflugzeugs erwische, und dann im Gleitflug landen. Nichts leichter als das!

Im Cockpit des Transportflugzeugs sitzt niemand mehr, die Raumfähre ist obendrauf montiert, und Sie sind darin gefangen ... Was machen Sie dann?

Den Abtrennmechanismus auslösen und nach hinten ziehen, um nicht das Heck des Flugzeugs zu streifen.

Wann kommen wir zu den schwierigen Fragen?

WIE MAN MIT DER INTERNATIONALEN RAUMSTATION LANDET

Frage: **Was sollte ich tun, wenn man mich aus Versehen in der ISS zurückgelassen hat und sie kurz vor dem Wiedereintritt in die Erdatmosphäre steht? Ich weiß, dass große Gegenstände einen unkontrollierten Wiedereintritt manchmal unbeschadet überstehen. Ange-**

nommen, ich finde einen Fallschirm – wo in der ISS sollte ich mich verstecken, um die besten Überlebenschancen zu haben, bis ich abspringen kann?

Antwort: Sie brauchen ein abgerundetes, schweres Stück Metall und Ihre eigene Sauerstoffversorgung. Am besten schlüpfen Sie in einen russischen Orlan-Raumanzug (den können Sie sich leicht selber anziehen) und setzen ihn in Gang, so dass Sie den richtigen Druck, Kühlung und Sauerstoff haben. Dann knüpfen Sie irgendwie einen Fallschirm daran fest und gehen in den FGB, das Fracht- und Kontrollmodul der Raumfähre. Schnallen Sie sich am dicksten Stück Metall fest, das Sie im mittleren Bereich des Moduls finden können. Dort liegen die massivsten Sachen unter dem Boden – Batterien und Tragwerke, in einer Linie ausgerichtet mit den Anschlussstellen für die Solaranlage ... Dort warten Sie ab, was passiert. Aber Sie haben wenig bis null Chancen. Vielleicht sollten Sie Ihren Rosenkranz mitnehmen, damit Sie während der Wartezeit etwas Aufbauendes zu tun haben.

WIE MAN WÄHREND DES FLUGS TEILE DES FLUGZEUGS VERKAUFT

Frage: Ich will ein Flugzeug zur Landung bringen, vorher aber über eBay so viele Teile wie möglich verkaufen. Den Versand finde ich zu kostspielig, also möchte ich die Teile schon vor meiner Landung liefern, indem ich sie vom Flugzeug abschraube und rauswerfe, wenn ich über das Haus des Käufers hinwegfliege. Wie viel vom Flugzeug kann ich verkaufen und trotzdem noch sicher landen?

Antwort: Die ganze Verpflegung. Alle Sitze. Aber Sie müssen aufpassen, dass der Schwerpunkt immer in einem bestimmten Bereich bleibt. Wenn der Schwerpunkt zu weit vorn liegt, wird das Flugzeug zum Dartpfeil. Egal wie sehr Sie den Steuerknüppel nach hinten ziehen, es will dann immer einen auf Sturzflug machen. Liegt der Schwerpunkt zu weit achtern, wird das Flugverhalten enorm instabil. Werfen Sie auf jeden Fall Ihre gesamte Ladung ab. Im Gepäckraum liegen ja lauter Dinge, für deren Transport jemand gezahlt hat, also sind sie vermutlich etwas wert.

WIE MAN EIN FALLENDES HAUS LANDET

Frage: **Wenn ein Raumschiff wie die *Sojus* zur Erde zurückkehrt, haben die Kosmonauten oder Astronauten nach dem Öffnen der Fallschirme keine Kontrolle mehr darüber. Sie haben über diese Phase gesagt: »Es kommt runter wie Dorothys Haus.« Im *Zauberer von Oz* wacht Dorothy auf und muss feststellen, dass ihr Haus auf Oz niederstürzt. Denken Sie, dass sie irgendetwas hätte tun können, um den Absturz zu kontrollieren? Sagen wir, sie hätte aus dem Fenster geschaut und die Hexe unter sich gesehen – wäre es dann möglich gewesen, ihr auszuweichen oder sie mit voller Absicht zu treffen, oder aber eine ganz andere Person anzupeilen?**

Antwort: Sie hätte vielleicht durchs Haus rennen und an verschiedenen Seiten die Fenster und Türen aufreißen können. Damit hätte sie versuchen können, durch Änderung des Luftstroms ein wenig aerodynamische Kontrolle zu gewinnen. Aber einfach wäre das bestimmt nicht gewesen.

WIE MAN EINE PAKETDROHNE LANDET

Frage: Angenommen, eine Paketdrohne in Quadrocopterform kriegt eine Macke und packt mich. Meine Jacke verfängt sich an ihrem Greifarm, und sie erhebt sich mit mir in die Lüfte, dem Ozean entgegen. Ich kann mich herauswinden und so weit hochziehen, dass ich den Drohnenkörper erreiche. Wie kann ich sie nun aber dazu bringen, dass sie sanft niedergeht, ohne mit mir zu zerschellen?

Antwort: Drohnen sind batteriebetrieben, also würde ich an Ihrer Stelle die Batterie ein Stückchen herausziehen, die Drohne ein bisschen sinken lassen, dann die Batterie wieder fest hineinschieben und dieses Spielchen so lange fortsetzen, bis ich die Sinkgeschwindigkeit richtig einschätzen kann. Dann würde ich einen passenden Moment zum Abspringen wählen – am besten, wenn sie gerade das Ozeanufer erreicht hat und über flachem Wasser fliegt.

WIE MAN DEN VOGEL ROCK LANDET

Frage: Noch eine letzte Frage. Ich weiß, dass Sie dafür vielleicht kein Experte sind, aber nehmen wir einmal an, mich hätte der Vogel Rock gepackt, jenes riesige Federvieh aus den Legenden. Wie könnte ich ihn dazu bringen, mich hinunterzulassen, ohne dass ich abgeworfen werde?

Antwort: Am besten sollten Sie ihn wie einen großen, wütend gewordenen Hängegleiter behandeln. Wenn Sie Ihr Gewicht auf die eine Seite verlagern, muss der Vogel Rock in diese Richtung abdrehen. Und wenn Sie Ihr Gewicht irgendwie nach vorn werfen, kann er nicht anders, als in den Sinkflug überzugehen. Wenn Sie stark genug sind, können Sie ihn also mehr oder weniger lenken wie einen großen, unkooperativen Gleiter.

Und Sie könnten noch etwas tun, falls Sie ein Zelt oder eine Menge Kleidung dabeihaben: Sie könnten eine Art Fallschirm aufspannen. Allein schon der zusätzliche Luftwiderstand, den ein Fallschirm oder irgendein großes herabhängendes Objekt ausübt, wird jedes Geschöpf, das zu fliegen versucht, mächtig nerven. Wenn Sie Fallschirmspringer sind, lassen Sie Ihren Schirm aufgehen. Sie haben doch immer einen als Reserve dabei.

Falls Sie eine Waffe zur Hand haben, können Sie dem Vogel nach und nach die Flügel stutzen. Es kommt darauf an, ob Sie willens sind, in die Offensive zu gehen.

Und vielleicht sollten Sie psychologische Mittel einsetzen. Was mag dieser Vogel im Schilde führen? Haben Sie Nahrung bei sich? Auf keinen Fall dürfen Sie ihn reizen; er soll Sie ja nicht fallenlassen. Stattdessen soll er sich bemüßigt fühlen, Sie weiter zu tragen. Ich glaube, ich würde versuchen, an einen Teil seines Körpers zu gelangen, von dem er mich nicht abwerfen kann. Wenn ich auf seinen Rücken klettere und mich dort richtig festklammere, kommt er nicht mehr an mich heran. Ich bin dann wie ein Insekt, das er nicht fortkratzen kann. Aber wenn Sie versuchen wollen, seine Flugroute zu beeinflussen, müssen Sie entweder Ihr eigenes Gewicht einsetzen oder Ihren psychologischen Sachverstand und Ihren Grips anwenden. Ich weiß nicht, wie ein Vogel Rock tickt.

Randall: Herzlichen Dank dafür, dass Sie bereit waren, diese Fragen zu beantworten.

Oberst Hadfield: Danke für die … ähm … interessanten Fragestellungen. Ich hoffe, dass nie jemand meine Antworten in die Tat umsetzen muss! Falls aber doch: Gebt Randall Bescheid, damit er sein Buch aktualisieren kann!

KAPITEL 6

Wie man's hinkriegt, über einen Fluss zu kommen

Wir Menschen leben gern in Flussnähe, und das bedeutet, dass wir häufig vor dem Problem stehen, so einen Fluss überqueren zu müssen.

Am einfachsten kommt man drüber, indem man ihn durchwatet – was im Grunde bedeutet, dass man so tut, als wäre er gar nicht da; man geht einfach weiter und hofft das Beste.

Kann es sein, dass du gerade in einen Fluss spazierst?

Wie soll ich das wissen?
Bin ich etwa Hydrologe?

Normalerweise suchen sich die Leute dazu Stellen aus, an denen der Fluss schön flach ist, aber selbst flaches Wasser kann überraschend gefährlich sein. Es ist nicht immer leicht zu bestimmen, wie schnell das Wasser unterwegs ist, und schon knöcheltiefes Wasser kann einem die Füße wegreißen.

Wenn der Fluss zu tief zum Durchwaten ist, können Sie versuchen, ihn zu durchschwimmen. Aber ob das funktioniert oder nicht, hängt sehr von den Bedingungen ab, die im Fluss herrschen. Wenn der Fluss zu schnell fließt, könnten Sie von der Strömung herumgeschleudert, flussabwärts fortgetragen, unter Hindernisse gezogen oder an Stromschnellen geführt werden.

Eine ganz gewöhnliche Person, die schwimmen kann, aber kein Sportler ist, kommt pro Sekunde vielleicht einen halben Meter voran. Manche Flüsse sind viel langsamer – und andere viel schneller. Die Fließgeschwindigkeiten reichen von weniger als 30 Zentimetern bis hin zu mehr als 9 Metern pro Sekunde.

Wäre der Fluss ein idealisierter Bereich mit Wasser, das sich geradlinig und mit konstanter Geschwindigkeit bewegt, ließe sich leicht berechnen, wie viel Zeit man benötigt, um schwimmend hinüberzugelangen. Man könnte einfach direkt dem anderen Ufer entgegenschwimmen und müsste die Strömung nicht mit einkalkulieren. Ein schneller fließender Fluss würde einen weiter flussabwärts tragen, aber man erreichte das gegenüberliegende Ufer immer noch in der gleichen Zeit.

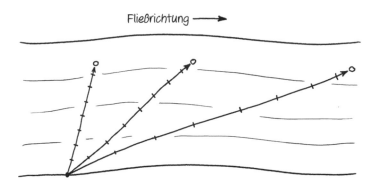

Bedauerlicherweise sind reale Flüsse aber nicht in gleichförmigem Tempo unterwegs. Wasser neigt dazu, in der Mitte schneller zu fließen als an den Rändern und an der Oberfläche schneller als über dem Flussgrund. Am schnellsten fließt es gewöhnlich über den tiefsten Stellen, knapp unter der Wasseroberfläche gemessen. Bei einem glatten, einförmigen Fluss, der in gerader Linie fließt, könnte das Geschwindigkeitsmuster so aussehen:

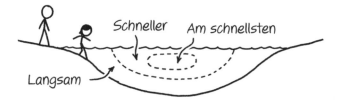

Ein Flussbett mit breiten, flachen Zonen und tiefen Rinnen könnte eher das folgende Aussehen haben:

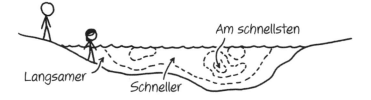

Wenn Sie versuchen würden, durch einen solchen Fluss zu schwimmen, würde Ihre Route ein wenig komplizierter verlaufen. Außerdem fließen wirkliche Flüsse nicht in gerader Linie.[1] Sie haben Strudel und Wirbel und Strömungen, die sich hin und her schlängeln. In einem richtigen Fluss könnte es Ihnen passieren, dass die Strömung Sie vom rettenden Ufer wegschiebt oder in die Tiefe zieht oder flussabwärts treibt, wo ein Wasserfall wartet.

Das klingt gefährlich. Schauen wir uns lieber ein paar andere Optionen an.

SPRINGEN SIE DRÜBER!

Wenn es Ihnen nicht zusagt, *durch* den Fluss zu schwimmen, können Sie versuchen, *über* ihn hinwegzukommen. Wenn der Fluss schmal genug ist, wäre Springen die einfachste Lösung.

Mit einer einfachen Formel kann man bestimmen, wie weit ein Geschoss fliegt, wenn man es diagonal und unter idealen Bedingungen abfeuert.

$$\text{Flugweite} = \frac{\text{Geschwindigkeit}^2}{\text{Gravitationsbeschleunigung}}$$

Ihre genaue Sprungweite hängt von den Details des Anlaufs, des Absprungs und der Landung ab, aber diese Formel liefert einen ziemlich realistischen Schätzwert des Möglichen. Wenn Sie beispielsweise mit 16 km/h anlaufen, dürfen Sie erwarten, eine Lücke von gut zwei Metern zu überspringen. Dies bestätigt, dass Springen bei schmalen Bächen tatsächlich eine Option ist.

Sie können die Weite steigern, indem Sie schneller anlaufen.

....

[1]   Echte Flüsse haben nämlich Kurven.

Deshalb sind Weitsprung-Champions manchmal auch Sprint-Asse. In gewisser Weise ist ein Weitspringer einfach nur ein Sprinter, der besonders gut darin ist, kurz mal in die Höhe zu gehen, statt waagerecht weiterzurennen. Die besten Weitspringer schaffen beinahe neun Meter, was voraussetzt, dass sie kurz vor dem Absprung eine Sprintgeschwindigkeit von deutlich über 30 km/h erreichen.

Fahrräder sind schneller als Sprinter. Wenn Sie sich auf ein gutes Fahrrad setzen und ordentlich in die Pedale treten, könnten Sie es hinbekommen, bis auf etwa 50 km/h zu beschleunigen. Bei diesem Tempo könnten Sie theoretisch über einen 18 Meter breiten Fluss springen.

Leider werden Sie, wenn Sie mit 50 km/h abheben, gemäß dem Energieerhaltungsgesetz auch mit 50 km/h auf der anderen Seite niedergehen. Das reicht locker, um ernste oder sogar tödliche Verletzungen hervorzurufen. Am Ende wäre es sicherer, diesen Stunt an einem Fluss zu versuchen, der *breiter* als 18 Meter ist. Wenn Sie versuchen, über einen 24 Meter breiten Fluss zu springen, landen Sie im Wasser unweit der anderen Seite, was Ihren Körper vermutlich weniger schädigen würde als eine Landung auf festem Grund – zumindest wenn das Wasser tief genug ist.

Tauchen verboten

Schnellere Fahrzeuge können natürlich weiter springen. Ein Auto, das mit knapp 100 km/h heranbraust, könnte der Theorie nach einen Abgrund von rund 70 Metern Breite überwinden. Es ist aber unwahrscheinlich, dass man bei diesem Tempo eine sanfte Landung hinbekommt.

Hallo Leute, hier spricht euer Fahrer. Ist zufällig jemand an Bord, der weiß, wie man ein Auto landet?

Der tollkühne Stuntman Evel Knievel machte sich dadurch einen Namen, dass er mit Motorrädern über alle möglichen Dinge hinwegsprang. Berühmt wurde sein Versuch, den Snake River Canyon zu überspringen, und zwar mit einem raketenartigen Motorrad, das aus rechtlichen Gründen als Flugzeug klassifiziert wurde. Es gibt verschiedene Angaben darüber, wie viele Knochen sich Knievel während seiner Karriere brach, aber das Verhältnis von erfolgreichen Motorradsprüngen zu gebrochenen Knochen war nicht gerade günstig und lag womöglich bei weniger als 1.

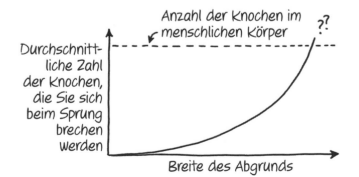

Durchschnittliche Zahl der Knochen, die Sie sich beim Sprung brechen werden

Anzahl der Knochen im menschlichen Körper

Breite des Abgrunds

Bei näherem Nachdenken sollten Sie solche Sprünge den Profis überlassen, und dann sollten vielleicht auch die Profis beschließen, so etwas nicht zu tun.

GEHEN SIE ÜBER DIE WASSEROBERFLÄCHE!

Menschen können nicht über die Oberfläche von Wasser schreiten, zumindest nicht ohne die Hilfe besonderer Technik oder übernatürlicher Kräfte.

Im Internet gibt es sehr populäre Videos von Leuten, die quer übers Wasser laufen und mit Fahrrädern oder Motorrädern übers Wasser fahren. Das Grundprinzip all dieser Stunts ist einfach: Wenn Sie schnell genug sind, werden Sie beim Auftreffen auf die Wasseroberfläche nicht einsinken, sondern vorwärtsgleiten. Diese Videos sind gewöhnlich so erfolgreich, weil das Dargestellte irgendwie plausibel erscheint. Die Geschichte bleibt so lange ungeklärt, bis die Hervorbringer dieses Scherzes verraten, wie sie es gemacht haben, oder die MythBusters es selbst ausprobieren.

Die folgende Übersicht zeigt auf die Schnelle, welche dieser Stunts echt und welche geschummelt sind:

Fortbewegung auf der Wasseroberfläche in viralen YouTube-Videos

	Fake	Klappt wirklich
Läufer	✓	
Fahrrad	✓	
Motorrad		✓
Motorschlitten		✓

Wer es schon einmal mit Barfuß-Wasserski versucht hat, der weiß, dass sich die Füße mit 50 oder 60 km/h übers Wasser bewegen müssen, damit man nicht einsinkt. Selbst Usain Bolts Füße bewegen sich nicht so schnell, wenn er sprintet.[2]

Auch mit einem Fahrrad klappt es nicht. Um das herauszufinden, brauchen Sie es nicht einmal auszuprobieren, sondern nur einen erfahrenen Radfahrer zu fragen. Ein Radler kann Ihnen nämlich sagen, dass es mit Fahrrädern im Unterschied zu Autos normalerweise kein Aquaplaning gibt. Sicher können sie auf nassem Straßenpflaster ausrutschen, aber der Fahrradreifen schiebt durch seine gewölbte Form das Wasser zu beiden Seiten weg, sodass er nie den Bodenkontakt verliert und damit auch nicht auf einer Wasserschicht dahinsurfen kann.

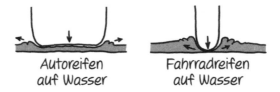

Autoreifen
auf Wasser

Fahrradreifen
auf Wasser

Motorräder haben wie Autos flachere Reifen mit markantem Profil, und so sind sie anfällig für Aquaplaning. Die MythBusters haben auf spektakuläre Weise bestätigt, dass man mit ihnen sogar kurze Strecken über Wasser fahren kann. Aber das führt uns zurück in die Gefilde eines Evel Knievel.

Natürlich gibt es spezielle Fahrzeuge, die eigens dafür entworfen wurden, auf der Wasseroberfläche zu verkehren.

Wenn Sie ein Boot haben, ist das eine richtig gute Option. An manchen Flüssen gibt es sogar Boote oder Schiffe nur zu dem Zweck, die Leute im Fährverkehr von einem Ufer ans andere zu bringen.

....

[2] Möchten Sie als Läufer versuchen, an der Wasseroberfläche zu bleiben, ist es eigentlich sinnvoller, auf der Stelle zu rennen. Wenn ein Leichtgewicht mit großen Füßen Barfuß-Wasserski macht, kann er oder sie schon bei 50 km/h an der Oberfläche bleiben. Das sind ungefähr 12 km/h mehr als bei den schnellsten Sprintern. Damit ist es wohl unmöglich, über Wasser zu bleiben, wenn man auf der Stelle rennt, aber ganz genau wissen wir das erst, wenn mal jemand einen Weltklassesprinter nimmt (einen mit kleinem Körper und breiten Füßen), ihn schon in der Luft losrennen lässt und dann ganz langsam auf ein Wasserbecken hinabsenkt. Viel Glück bei der Suche nach einer Institution, die *so* ein Experiment bezuschusst!

ANDERE AGGREGATZUSTÄNDE

Als wir vorhin sagten, dass Menschen nicht übers Wasser gehen können, war das nicht ganz richtig. Sie können nicht über *flüssiges* Wasser gehen. Aber Wasser tritt ja noch in anderer Form auf. Schauen wir uns doch mal die übrigen Aggregatzustände an. Ist es möglich, den Fluss in einen von ihnen zu überführen, um leichter drüberzukommen?

Den Fluss gefrieren lassen

Um einen Fluss zum Gefrieren zu bringen, brauchen Sie Kältetechnik und eine Stromquelle.

Wenn man über die Energie in einem Gefrierprozess nachdenkt, kann das ganz schön knifflig sein. Streng genommen wird ja keine Energie *hineingebracht*, wenn man Wasser zu Eis macht. Wenn Wasser gefriert, *gibt* es Energie *ab*.

Wenn man also Energie braucht, um Wasser zum Kochen zu bringen, gefrierendes Wasser aber Energie abgibt, weshalb verbraucht unser Gefrierschrank dann Strom, statt welchen zu erzeugen?

Die Erklärung dafür lautet, dass die Wärme keine Lust hat, das Wasser zu verlassen. Wärmeenergie strömt normalerweise aus wärmeren Bereichen in kältere. Wenn Sie Eiswürfel in ein heißes Getränk werfen, verlässt die Wärme das Getränk und strömt in die Eiswürfel. So erwärmt sie das Eis und kühlt gleichzeitig das Getränk, bis sie beide in einen Gleichgewichtszustand gebracht hat. Das Zweite Gesetz der Thermodynamik besagt, dass Wärmeenergie immer in diese Richtung strömen möchte: Es passiert nie, dass die Eiswürfel das Getränk weiter erhitzen und dabei selbst noch kälter werden. Wenn man Wärme aus einem *kälteren* Bereich in einen *wärmeren* transportieren möchte, läuft das also gegen die natürliche Strömungsrichtung, und man benötigt eine Wärmepumpe. Die aber braucht Energie, um zu arbeiten. Wenn Sie versuchen, Wärme aus einem Fluss herauszunehmen, um seine Temperatur zu senken und ihn gefrieren zu lassen, haben Sie ordentlich was zu tun.

Um zu berechnen, wie viel Energie es kosten würde, einen Fluss durch Abkühlung in Eis zu verwandeln, können wir auf Schätzwerte professioneller Eishersteller zurückgreifen. Das US-amerikanische *Amt für Energieeffizienz und erneuerbare Energien* beziffert in seinem Leitfaden den Stromverbrauch kommerzieller Eismaschinen auf ungefähr 12 Kilowattstunden pro 100 Kilogramm produziertes Eis. Der Kansas River hat auf der Höhe von Topeka in einem normalen Frühjahr eine Durchflussmenge von etwa 200 Kubikmetern pro Sekunde, was einen Energiebedarf von ungefähr 87 Gigawatt ergibt:

$$\frac{12 \text{ kWh}}{100 \text{ kg}} \times 1\,\frac{\text{kg}}{\text{L}} \times 200\,\frac{\text{m}^3}{\text{s}} \approx 87 \text{ GW}$$

87 Gigawatt sind eine Menge Energie[3]; sie entsprechen dem Energieausstoß beim Start einer Schwerlast-Trägerrakete. Um Ihre Kühlgeräte mit Strom zu versorgen, würde es eines ähnlich gro-

....

[3] Genug Energie, um 71 Mal zurück in die Zukunft zu kommen.

ßen Generators bedürfen, und dieser Generator würde eine Menge Kraftstoff fressen. Die Zuflussmenge von *Kraftstoff* in den Generator läge nämlich bei etwa 8,5 Kubikmetern pro Sekunde, was beinahe fünf Prozent der Durchflussmenge des Flusses wären.

Mit anderen Worten: Ihr Gefrierapparat müsste von einem Benzinfluss gespeist werden, der in seiner Größe vergleichbar ist mit dem Fluss, den Sie gefrieren lassen wollen.

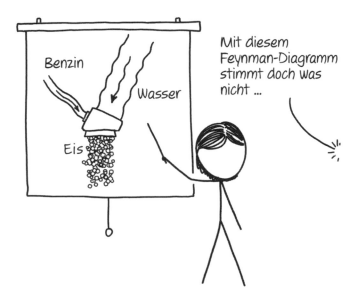

Aber vielleicht können wir das ja umgehen. Vielleicht müssen Sie gar nicht den ganzen Fluss gefrieren lassen. Sie könnten ja auch nur die Oberfläche zu Eis machen.

Eine Faustregel besagt, dass Eis mindestens zehn Zentimeter dick sein muss, damit man es gefahrlos betreten kann. Der Kansas River ist etwa 300 Meter breit. Das wäre also die *Länge* unserer Eisbrücke, und wenn wir sie 60 Meter *breit* machen würden, um sie gegen Biegen und Brechen zu schützen, würde sie am Ende ungefähr 2000 Tonnen wiegen. Um eine solche Menge Eis gefrieren zu lassen, braucht man rund 330 Megawattstunden elektrische Energie, was um die 50 000 Dollar oder 45 000 Euro kosten würde (den Preis für all die Eismaschinen nicht mitgerechnet).

Den Fluss eindampfen

Nun haben wir die feste und die flüssige Option behandelt. Wie sieht es mit der gasförmigen aus? Könnten Sie stromaufwärts irgendeine Maschinerie installieren, die den Fluss in den gasförmigen Zustand überführt, und dann durch das trockene Flussbett spazieren?

Nein, könnten Sie nicht. Aber lassen Sie uns herausfinden, woran das liegt.

Zunächst mal müssten Sie einen Weg finden, das Wasser zu erhitzen. Dass Sie dazu nicht einfach gewöhnliche Teekessel verwenden könnten, liegt ja wohl auf der Hand. Stattdessen müssten Sie eine –

Moment mal, warum liegt das auf der Hand?

Okay. Wenn Sie den Kansas River mit normalen Teekesseln aufkochen wollen, sage ich Ihnen jetzt, wie man das macht.

Ein typischer Teekessel hat ein Fassungsvermögen von 1,2 Litern. Wasser hat eine hohe Wärmespeicherkapazität – man braucht eine Menge Energie, um seine Temperatur zu erhöhen. Aber wenn man es von heißem Wasser in Dampf verwandeln will, braucht es geradezu eine *riesige* Energiemenge. Um einen Liter Wasser von Zimmertemperatur auf 100 Grad zu bringen, muss man ihm ungefähr 335 Kilojoule Energie zuführen. Um dieser 100 Grad heißen Flüssigkeit dann aber den Rest zu geben und sie in 100 Grad heißen Dampf zu verwandeln, braucht man beträchtlich mehr, nämlich 2264 Kilojoule.

Sie können diesen Effekt beobachten, wenn Sie Wasser aufkochen. Die meisten elektrischen Wasserkocher[4] brauchen nur etwa vier Minuten, um Wasser auf Siedetemperatur zu bringen. Aber wenn Sie das Gerät ausschalten, ist das meiste Wasser noch da – es hat Siedetemperatur, ist aber noch in flüssigem Zustand. Wenn Sie das Wasser komplett verdampfen wollen, müssen sie es weiter erhitzen, bis etwa 30 Minuten herum sind. Das sind deutlich mehr als die vier Minuten, die man brauchte, um es zum Sieden zu bringen.

Die Durchflussmenge des Kansas River beträgt 200 Kubikmeter pro Sekunde, was auf etwa 10 Millionen Teekessel pro Minute hinauslaufen würde.[5] Da jeder Kessel eine halbe Stunde braucht, um seine 1,2 Liter Wasser zu verdampfen, würden Sie insgesamt 300 Millionen gleichzeitig laufende Kessel benötigen, um den Fluss zu Wasserdampf zu machen.

Wenn ein elektrischer Wasserkocher eine kreisförmige Grundfläche mit einem Durchmesser von etwa 18 Zentimetern hat, kriegen Sie ungefähr 300 Kessel auf 10 Quadratmeter gestellt.

300 Millionen Kessel würden eine kreisförmige Fläche mit einem Durchmesser von mehr als 3 Kilometern einnehmen. Um den Fluss zu verdampfen, müssen Sie ihn in viele kleine Wasserläufe aufspalten und diese dann durch Ihr Teekesselfeld leiten. Jeder Kessel verdampft das Wasser, das in ihn hineinfließt, und sobald ein Kessel leer ist, wird neues Wasser aus dem Fluss hineingelassen.

Theoretisch würde diese Methode so funktionieren:

....

[4] Wie die meisten Haartrockner sind auch die meisten Wasserkocher in den USA auf 1875 Watt begrenzt, denn wenn sie leistungsstärker wären, könnte man sie nicht mehr gefahrlos in die üblichen amerikanischen Haushaltssteckdosen stecken, die auf 15 Ampere ausgelegt sind. In Deutschland verhält es sich ähnlich.
[5] Also 10 Megakessel.

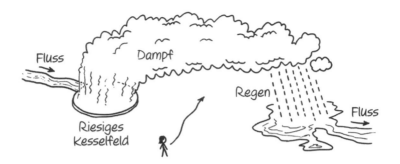

Und hier sieht man, wie es tatsächlich laufen würde:

Ihre Wasserkocher würden ungefähr so viel Elektrizität verbrauchen wie der Rest des Landes zusammen. Es ist unmöglich, in einem so konzentrierten Bereich unserem Stromnetz eine derartige Energiemenge zu entnehmen.

Vermutlich ist das auch besser so. Wenn Sie es nämlich könnten, würden die Dinge nicht gut ausgehen.

Beim Aufkochen von Wasser bildet sich heißer Dampf. Dampf steigt nach oben. Bei einem einzigen Teekessel in der Küche ist das kein Problem – der Dampf steigt auf, berührt die Decke, breitet sich aus und löst sich schließlich auf.

In gewisser Weise würde das auch mit Ihrem Teekesselfeld passieren. Aber die

Erfahrung würde ein wenig ... dramatischer ausfallen. Die Dampf-säule würde sich in der Stratosphäre aufbauen, sie würde sich aus-breiten und eine Pilzwolke bilden, ähnlich wie bei einem Vulkan-ausbruch oder bei einer Kernexplosion. Wenn Luft aufsteigt, strömt weitere Luft von den Seiten hinzu, um den freigewordenen Platz auszufüllen. Das fällt Ihnen vielleicht nicht weiter auf, wenn es über Ihrem Herd und mit einem einzigen Teekessel passiert, aber den Leuten, die in Kansas unweit Ihres Kesselfelds leben, würde es ganz bestimmt auffallen. Aus allen Richtungen würden Winde über den Erdboden in Richtung Kesselfeld wehen und sich am Fuß der auf-steigenden Dampfsäule miteinander verbinden.

Dort am Erdboden würde es nicht gut aussehen. Die Kessel würden eine riesige Menge elektrischer Energie aufnehmen und sie in Form von Dampf und Wärmestrahlung wieder abgeben. Der Energieausstoß Ihres Kesselfelds läge höher als der Wärmeausstoß eines kilometerlangen Lavasees.

Wärme ist so etwas wie ein Gleichmacher. Eine Faustregel lau-tet: Alles, was so viel Energie freisetzt wie ein See aus Lava, *wird* zu einem See aus Lava. Ihre Kessel würden überhitzen, bersten und schmelzen.

Angenommen, Sie finden irgendwo feuer- und hitzefeste Kessel und Kabel. Dann könnten die Kessel die unteren Dampfschichten zu schnell erhitzen. Die Wärme würde schneller hineinströmen, als die Konvektion sie nach oben ableiten könnte, und die Temperatur des Dampfes würde steigen. Wenn Sie das Kesselfeld lange genug am Laufen halten, könnte sich der Dampf theoretisch vom gasför-migen Zustand in Plasma verwandeln.

Und dann wird sich Ihnen beim Überqueren des Flusses fol-gendes Bild bieten: Wenn Sie durch den Schlamm des Flussbetts waten, werden Sie linker Hand eine gewaltige Dampfsäule erbli-cken, die starke Hitze verströmt, und an ihrem Fuß wird sich ein See aus Lava immer mehr ausbreiten. Von rechts weht ein hefti-ger Wind über das Flussbett. Der Wind kühlt Sie erst einmal, aber wenn er zu stark wird, könnte er Sie in Richtung Lavasee blasen. Von oben fällt ein sanfter Regen und verwandelt den Boden in warmen Matsch. Die elektrischen Freileitungen knistern und sprühen Funken, denn das gesamte Stromnetz der USA leitet Energie in Ihren Lavasee.

In diesem Moment fällt es Ihnen wie Schuppen von den Augen: Sie hätten die Kessel nicht einmal anschalten müssen. Es dauerte 30 Minuten, um sie mit Wasser zu füllen; in dieser Zeit hätten Sie einen Abschnitt des Flusses abfließen lassen und durch die flache Stelle waten können.

Aber es hätte nicht annähernd so viel Spaß gemacht.

DRACHEN

Sollten Sie gerade keine 300 Millionen Teekessel haben[6], könnten Sie versuchen, mit einem Drachen über den Fluss zu kommen.

Wenn es ums Flüssequeren geht, haben Drachen tatsächlich eine gewisse Tradition. Als die Ingenieure eine Hängebrücke über die Schlucht unterhalb der Niagarafälle spannen wollten, mussten sie zuerst ein einzelnes Kabel von einer Klippe zur gegenüberliegenden bringen.

....

[6] Weshalb auch immer…

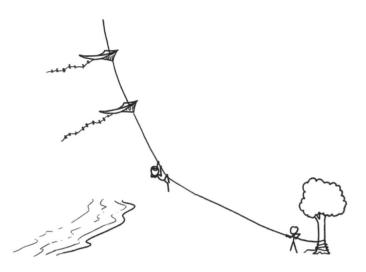

Sie diskutierten verschiedene Ideen, wie man ein Kabel rüber-
bringen kann. Erst hatten sie eine Fähre mit einem Kabel im
Schlepptau hinüberschicken wollen, aber der Fluss war zu wild und
schnell, und das Schiff wäre weit abgetrieben worden. Der Abstand
zwischen den Ufern war auch zu groß, um einen Pfeil hinüberzu-
schießen. Der Einsatz von Kanonen und Raketen wurde erwogen
und wieder verworfen. Endlich beschlossen sie, einen Wettbewerb
im Drachensteigen auszurichten, und boten demjenigen, der seinen
Drachen von einer Seite der Schlucht auf die andere lenken konnte,
ein Preisgeld von 10 Dollar.

Nach mehrtägigen Bemühungen schaffte es schließlich der 15-jährige Homan Walsh, den Abgrund zu überbrücken. Sein Drachen startete auf der kanadischen Seite und verfing sich auf der amerikanischen in einem Baum. Damit gewann Homan die Geldprämie. Die Brückenbaumeister nutzten die Leine, um ein dickeres Seil über den Abgrund zu ziehen, und nachdem sie diese Prozedur mehrmals wiederholt hatten, waren die beiden Länder schließlich durch ein halbzollstarkes Kabel verbunden.[7] Dann begannen sie weitere Kabel über die Schlucht zu legen, errichteten zwei Türme und bauten schließlich eine Hängebrücke.

Falls auch Sie die Homan-Walsh-Route einschlagen wollen, können Sie es natürlich ohne alle Zwischenschritte tun und *selbst* auf einem Drachen über die Schlucht fliegen. Bei Flugdrachen für Menschen leistete man im späten 19. und frühen 20. Jahrhundert technische Pionierarbeit – aber nur für kurze Zeit, denn mit der Erfindung des Flugzeugs wurden solche Vehikel als nicht mehr ganz so spannend empfunden.

Er ist wie ein Flugzeug, nur nicht schnurlos. Er funktioniert nur bei windigem Wetter, kann nicht sehr weit fliegen, weil die Leine sonst zu schwer wird, und wenn der Wind dreht, haben Sie einen Crash und sterben.

Natürlich endet nicht jeder Flug eines Lenkdrachens für Menschen mit einem schrecklichen Absturz wegen wechselnder Winde. Manchmal stürzen sie auch aus völlig anderen Gründen ab!

....

[7] Der *Buffalo Commercial Advertiser* bringt in seiner Ausgabe vom 13. Juli 1848 die Schlagzeile »Vorkommnisse an den Niagarafällen«. Im dazugehörigen Text kann man die folgende Eilmeldung lesen: Ein besonders pfiffiger Vogel – ein Phoebetyrann – hatte gleich neben dem Schaufelrad des Touristendampfers *Maid of the Mist* genistet und dort mehrere Jahre in Folge seine Jungvögel großgezogen. Ich liebe alte Zeitungen und würde mir wünschen, auf meinem Handy solche Topmeldungen zu erhalten.

1912 erprobte Samuel Perkins, ein Drachenbauer aus Boston, in Los Angeles einen Flugdrachen für Menschen. Er schwang sich bis in eine Rekordhöhe von 60 Metern auf, als ein vorbeikommender Doppeldecker die Leine durchtrennte. Wunderbarerweise wirkte der flatternde Drachen wie ein Fallschirm, und Perkins überlebte seinen Sturzflug mit leichten Verletzungen.[8]

Häufigste Resultate von Drachenflügen mit Menschen

Drachen wird in Flugzeugtriebwerk eingesogen

Blitzeinschlag

Angriff durch ziehenden Schwan

Doppeldecker kappt Leine

Tennisball von Serena Williams trifft den Drachen

Schäden durch Feuerwerke am 4. Juli

Sichere Landung

Drachen kommt der Sonne zu nahe, Hitze schmilzt das Wachs, das ihn zusammenhält

Sie könnten anstelle des Drachens auch einen Ballon verwenden. Ballons und Drachen ähneln einander auf seltsame Weise – ein Ballon an einer Schnur ist gewissermaßen ein um eine diagonale Linie gespiegelter Drachen. Ein Drachen an der Leine »möchte« aufgrund der Schwerkraft am liebsten flach am Boden liegen, aber der vorbeistreichende Wind wirkt an ihm als aufwärtsgerichtete Kraft. Der diagonale Winkel, den die Leine schließlich hat, ist ein Kompromiss zwischen beiden Kräften.

....

[8] Auch eine Tragfläche des Doppeldeckers war beschädigt, aber der Pilot konnte noch sicher landen.

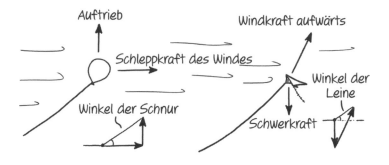

Ein Ballon hingegen »möchte« senkrecht nach oben steigen, und der Wind zieht ihn seitwärts. Auch hier ist der Winkel, der sich am Ende einstellt, ein Kompromiss zwischen beiden Kräften. Weht der Wind stärker, fliegen Drachen senkrechter, aber Ballons waagerechter.

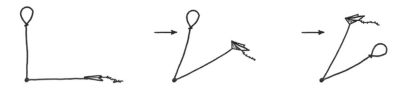

Wenn Sie den Fluss erst einmal überquert haben, stehen Sie vor der Herausforderung, wieder festen Boden unter die Füße zu kriegen. Aber das ist leicht. Ausnahmsweise haben Sie die Schwerkraft eindeutig auf Ihrer Seite. Sie müssen das Vehikel, das Sie in der Luft hält – sei es ein Drachen, ein Ballon oder sonst etwas – nur ein bisschen weniger flugtauglich machen, und den Rest erledigt dann die Schwerkraft.

KAPITEL 7

Wie man's hinkriegt, einen Umzug zu stemmen

Sie haben sich einen Ort ausgesucht, an dem Sie künftig leben wollen, und nun müssen Sie Ihr ganzes Zeug dorthin bekommen.

Wenn Sie nicht so viel Kram haben und nicht sehr weit wegziehen, ist es nicht schwer. Sie können Ihr Zeug einfach in einen Sack stecken und ihn von Ihrem alten Haus in Ihr neues Haus tragen.

Das also sind all deine irdischen Besitztümer?

Ja, und um ehrlich zu sein: 90 Prozent davon sind nicht identifizierbare Kabel, die ich mich nicht wegzuschmeißen traue.

Wenn Sie jedoch eine Menge Zeug haben, kann ein Umzug leider viel Arbeit bedeuten. An irgendeinem Punkt ihres Umzugs richten viele Leute einen Blick auf ihre Habseligkeiten, begreifen, wie viel Arbeit das Umziehen macht, und merken, dass es einfacher wäre, alles in ein Loch zu werfen und unbeschwert fortzugehen. Das ist absolut eine Option! Sollten Sie beschließen, diesen Weg einzuschlagen, lesen Sie bitte Kapitel 3: *Wie man's hinkriegt, ein Loch zu graben.*

Wenn nicht, müssen Sie Ihre Sachen einpacken. Die meisten Leute wählen dazu die Standardmethode: Man steckt allen Kram in Kartons und trägt die Kartons dann aus dem Haus.

Sofern Sie nicht in Ihren Vorgarten ziehen, haben Sie es damit noch nicht geschafft. Sie haben Ihr Zeug erst 15 Meter weit bewegt. Je nachdem, wohin Sie ziehen, haben Sie vielleicht noch Hunderte Kilometer vor sich. Wie kriegen Sie Ihre Sachen dorthin?

Das ganze Zeug zu tragen, ist auch eine schlechte Idee. Sagen wir mal, Sie können mit 18 Kilo Gepäck noch einigermaßen gut umherlaufen. Eine Faustregel besagt, dass Mobiliar und Habe eines typischen Hauses mit fünf Zimmern etwa 4500 Kilogramm wiegen. Sie müssten also 250-mal hin und zurück laufen.[1] Wenn Sie drei Helfer haben und 16 Kilometer pro Tag gehen können[2], wird Ihr Umzug etwa sieben Jahre dauern.

Viel einfacher wäre es, wenn Sie eine einzige große Fahrt machen und dabei alles auf einmal mitnehmen könnten. Die gute Nachricht ist, dass es in einem reibungsfreien Vakuum überhaupt keine Arbeit kostet, Dinge seitwärts zu schieben. Und falls Sie bergab umziehen, würde Ihr Umzug sogar *negative* Arbeit erfordern – das heißt, Sie bekommen Energie zurück! Die schlechte Nachricht ist, dass Sie vermutlich nicht in einem reibungsfreien Vakuum leben. Die meisten Leute tun das nicht, und das trotz der klaren Vorteile, die es bei einem Umzug bieten würde!

Diese luftlose Kuppel sieht echt gut aus. Ich frage mich, weshalb sie so billig ist.

Du kennst doch die drei Goldenen Regeln für Immobilien: Gute Lage, nochmals gute Lage und eine sauerstoffhaltige Atmosphäre mit Oberflächen, über die man sich auf kontrollierte Weise bewegen kann.

---

[1] Eventuell müssen Sie Ihren Kühlschrank in tragbare Stücke sägen.
[2] Im Durchschnitt jedenfalls. Auf dem Rückweg schaffen Sie vermutlich mehr, denn da haben Sie ja nichts mehr zu tragen.

In einer Welt, in der die Luft Reibungswiderstand leistet, kostet ein Umzug allerdings Arbeit. Ihre 4500 Kilo Zeugs sind schwer, und um sie seitwärts zu verschieben, ist Kraft vonnöten. Die vom Erdboden ausgeübte Reibungskraft ist einfach der Reibungskoeffizient zwischen Ihren Kartons und dem Boden multipliziert mit dem Gewicht der Kartons. Um den Reibungskoeffizienten abzuschätzen, können wir uns anschauen, in welchem Winkel wir die Kartons schräg stellen müssen, damit sie zu rutschen beginnen. Dann errechnen wir den Arkustangens dieses Winkels.

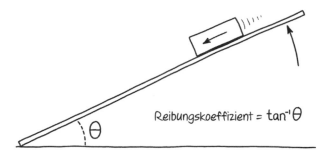

Reibungskoeffizient = $\tan^{-1}\theta$

Für einen Karton, der über eine Zementplatte rutscht, beträgt der Reibungskoeffizient etwa 0,35, was bedeutet, dass wir etwa 1600 Kilogramm seitwärts gerichtete Kraft brauchen, um die Kartons über den Boden zu bewegen. Das ist zu viel für eine einzige Person – es ist ungefähr die Kraft, die ein Elite-Tauzieh-Team ausübt[3] –, aber ein großer Pritschenwagen kann so etwas schaffen.

Okay, schieb weiter!

....

[3] Ja, Elite-Tauzieh-Teams gibt es wirklich. Diese Sportart ist viel gefährlicher, als man gemeinhin annimmt. Die haarsträubenden Details dazu finden Sie unter what-if.xkcd.com/127.

4500 Kilogramm Fracht 300 Kilometer weit zu schieben, erfordert ungefähr 5 Gigajoule Energie, was übern Daumen gepeilt so viel ist wie der Strom, den ein durchschnittliches Haus in 60 Tagen verbraucht. Wenn Sie auf ein Elite-Tauzieh-Team zurückgreifen, macht das 600 Tagesrationen à 2000 Kilokalorien. Klingt nach viel, ist es aber nicht – es entspricht gerade mal 150 Litern Benzin.

Selbst wenn Sie einen Transporter haben, der leistungsstark genug ist, um Ihre sämtlichen Besitztümer durchs Land zu schieben, ist das vermutlich trotzdem eine schlechte Umzugsmethode. Wenn die Pappe auf der Straße entlangrutscht, wird sie allmählich kaputtgehen, und Ihre Habseligkeiten werden nach und nach zerrieben.

Sie können die Lage verbessern, indem Sie all Ihre Habe auf eine Rutschplatte aus einem harten, reibungsresistenten Material stellen. Aber sogar noch mehr verbessern können Sie die Transportmethode, indem Sie unter die Platte Rollen montieren, die sich mit ihr bewegen. Jetzt brauchen Sie bloß noch eine Achse anzubringen, damit Sie die Rollen nicht dauernd umsetzen müssen. Glückwunsch, Sie haben das Rad erfunden!

An diesem Punkt haben Sie tatsächlich den Umzugslaster neu erfunden, also die Standardmethode für einen Umzug. Aber das ganze Gepacke ist immer noch eine Menge Arbeit. Wenn Sie Ihr Zeug absolut nicht in Kartons stecken wollen[4], bleibt Ihnen noch eine andere Option: Setzen Sie doch das ganze Haus um.

EIN UMZUG OHNE PACKEN

Ständig werden Häuser versetzt. Manchmal bewegt man ein Haus von der Stelle, um es aus Denkmalschutzgründen zu erhalten. Manchmal ist es billiger, ein leerstehendes Haus von irgendwoher herbeizuschaffen, als ein neues von Null an aufzubauen. Und manchmal beschließt jemand einfach, ein Haus zu versetzen, und

....

[4]   Und auch keine Umzugsfirma anheuern möchten, die alles für Sie einpacken könnte.

wenn er genug Geld dafür hat, tut er es halt und braucht niemandem zu erklären, wieso und weshalb.

Häuser sind schwer – ein Haus wiegt viel mehr als alle Dinge, die in ihm stecken. Das Gewicht von Häusern ist natürlich sehr unterschiedlich, aber es könnte, das Fundament inbegriffen, bei rund 1000 Kilogramm pro Quadratmeter liegen. Ohne Fundament ist es womöglich bedeutend geringer. Ein durchschnittlich großes einstöckiges Haus wiegt vielleicht 70000 Kilogramm – beziehungsweise 160000 Kilogramm mit Betonfundament und/oder Betonplatte.

Das Gewicht ist nicht der einzige Grund dafür, dass es schwierig ist, Häuser anzuheben. Ein Haus mag sehr solide wirken, aber es ist möglich, dass es längst nicht so fest und starr ist, wie Sie glauben. Manche Unternehmer vergleichen die Aufgabe mit dem Anheben einer extragroßen Matratze – wenn Sie versuchen, sie von einer Stelle ausgehend hochzuhieven, wird auch nur diese eine Stelle hochkommen.

Um ein Haus anzuheben, müssen Sie im Allgemeinen Löcher ins Fundament bohren und Stahlträger drunterschieben. Dabei müssen die Träger nach den lasttragenden Teilen des Hauses ausgerichtet sein. Dann kann man die Träger anheben – und das Haus mit ihnen.

Stahlträger

Zunächst müssen Sie das Haus von seinem Fundament lösen, was bedeutet, dass alle »Anti-Hurrikan-Verankerungen« zwischen Fundament und Hausrahmen zu entfernen sind. Diese Verbindungen sollen einen Hurrikan daran hindern, genau das zu tun, was Sie jetzt gerade machen.[5]

Haben Sie das Haus erst einmal von seinem Fundament gehoben, müssen Sie ein Fahrzeug finden, auf das es verladen werden kann. Tieflader sind die am häufigsten gewählte Option. Dann können Sie diesen Lastwagen dazu verwenden, das Haus an seinen neuen Standort zu transportieren – vorausgesetzt, die Straßen sind breit genug. Versuchen Sie, allzu scharfe Kurven zu vermeiden.

Hausfahren ist schwieriger als Autofahren.[6] Sofern das Haus nicht ungewöhnlich leichtgewichtig und aerodynamisch ist, wird

....

[5] Falls es keine Anti-Hurrikan-Verankerungen gibt, könnten Sie sich eventuell ein wenig Mühe sparen – wenn Sie lange genug warten, kommt vielleicht ein Hurrikan oder Tornado des Weges und setzt das Haus für Sie um.

[6] Einerseits ist Parken in Längsaufstellung dann ein mächtig schwieriges Unterfangen. Andererseits sind die Leute vielleicht eher gewillt, Ihnen die Vorfahrt zu gewähren.

Ihr Benzinverbrauch vermutlich in die Höhe schnellen. Wie viele Kilometer wären mit einem Liter zu schaffen? Nun, das können wir mit ein bisschen Basisphysik abschätzen. Moderne Verbrennungsmotoren können etwa 30 Prozent der Energiezufuhr durch Kraftstoff in nützliche Arbeit umsetzen. Bei Geschwindigkeiten, wie sie auf der Autobahn üblich sind, wird der größte Teil der Motorarbeit zum Bezwingen des Luftwiderstands genutzt. Wollen Sie also wissen, wie viel Kraftstoff Ihr Fahrzeug verbrauchen wird, müssen Sie nur die Parameter Ihres Hauses in die Gleichung für den Strömungswiderstand einsetzen. (Da es außer dem Luftstrom noch andere Quellen für Widerstand gibt, ist dies vermutlich ein Best-Case-Szenario.)

$$\text{Kraftstoffverbrauch} = \frac{\text{Energiedichte des Benzins}}{\frac{1}{2} \times (\text{Luftdichte}) \times (\text{Querschnittsfläche des Hauses}) \times (\text{Strömungswiderstandskoeffizient}) \times (\text{Geschwindigkeit})^2}$$

$$= \frac{35 \frac{\text{MJ}}{\text{L}} \times 0{,}3}{\frac{1}{2} \times 1{,}28 \frac{\text{g}}{\text{L}} \times 5{,}5\,\text{m} \times 11\,\text{m} \times 2{,}1 \times (72\,\text{km/h})^2} = \text{etwa 0,34 km pro Liter}$$

Auf 100 Kilometern würden Sie also etwa 294 Liter Benzin verbrauchen. Ich finde es wirklich toll, dass man der Physik alberne Fragen stellen kann wie: »Welchen Kraftstoffverbrauch hätte mein Haus auf einer Fernstraße?« und dass die Physik darauf antworten muss.

Bei höheren Geschwindigkeiten steigt der Strömungswiderstand rasch an. Wenn Sie mit 72 km/h unterwegs sind, brauchen Sie 294 Liter Benzin pro 100 Kilometer. Bei 88 km/h, also einem nur geringfügig höheren Tempo, wären bereits 470 Liter vonnöten. Wenn Sie Ihr Haus auf die Autobahn ausführen und dort 128 km/h fahren, brauchen Sie mehr als 1170 Liter pro 100 Kilometer. Etwa alle 90 Meter ist also ein Liter Benzin weg.

Wahrscheinlich sollten Sie mit Ihrem Haus aber nicht so schnell fahren. Die Fahrtwinde bei 128 km/h könnten wichtige Teile Ihres Domizils abreißen. Selbst wenn Sie unter der erlaubten Höchstgeschwindigkeit bleiben, könnte die Polizei nicht glücklich sein mit jemandem, der allzu waghalsig ein Haus durch die Gegend fährt.[7]

Wenn Sie wirklich herausgewunken werden, könnten Sie versuchen zu argumentieren, dass Sie ja im Grunde in Ihrem Haus sind und die Polizisten ohne richterlichen Beschluss nicht rein dürfen. In den Vereinigten Staaten wie in Deutschland dürfen Polizeibeamte bei hinreichenden Verdachtsgründen zwar Fahrzeuge durchsuchen, nicht aber Häuser. Tolle Gelegenheit für das perfekte Verbrechen!

Das Rechtssystem ist da eventuell anderer Meinung. In einem Fall aus dem Jahre 1985 verfügte das oberste Gericht von Kalifornien, dass Wohnmobile und Campingbusse, selbst wenn sie geparkt sind, als Fahrzeuge gelten und ohne Durchsuchungsbefehl inspiziert werden dürfen. Die Richter führten *Beweglichkeit* und *Verkehrstauglichkeit* als Schlüsselfaktoren an, wenn es um die Entscheidung geht, ob etwas ein Fahrzeug ist und durchsucht werden darf.

....

7   Um ein Haus über die Autobahn zu steuern, brauchen Sie gewöhnlich eine spezielle Genehmigung für sperrige Schwerlasttransporte. Und wenn Sie mit Ihrem Haus auf der Grundlage von Instruktionen eines Comiczeichners umziehen, darf man getrost darauf wetten, dass Sie keine solche Genehmigung beantragt haben.

Die Tatsache, »rasch fortbewegt« werden zu können, war eindeutig die Basis der Gerichtsentscheidung im Fall Carroll, *und in unseren Prozessen ist fahrbereite Mobilität durchweg als eine der entscheidenden Grundlagen für die Ausnahmeregelung bei Automobilen anerkannt worden.*

California v. Carney, 471 U.S. 386 (1985)

Soweit mir bekannt ist, hat noch kein Gericht darüber geurteilt, ob die Ausnahmeregelung für Fahrzeuge auch im Falle eines Hauses gilt, das auf einem Tieflader transportiert wird. Seien Sie sich aber lieber bewusst, dass Sie rechtlich auf schwankendem Boden stehen könnten.

IM FLUGE UMZIEHEN

Vielleicht sind Sie bei der Planung Ihrer Umzugsfahrt ja auf ein paar Hindernisse gestoßen – niedrige Viadukte etwa oder schmale Straßen. Womöglich wollen Sie auch keine Sondergenehmigung für Schwerlasttransporte beantragen. Oder vielleicht haben Sie es einfach zu eilig für eine solche Fahrt. In diesem Fall könnten Sie es mit Fliegen versuchen.

Ihr gesamtes Haus auf dem Luftweg umzusetzen, bietet ein paar Herausforderungen. Die stärksten Helikopter der Welt können zwischen 9000 und 23 000 Kilogramm anheben. Das reicht, um die 4500 Kilogramm Besitztümer zu tragen, die ein durchschnittliches Haus enthält – es ist aber nicht genug, um das Haus selbst zu transportieren.

Wenn *ein* Hubschrauber Ihr trautes Heim nicht hochbekommt, dann schaffen es aber vielleicht *mehrere*? Nehmen wir an, Sie haken eine ganze Reihe von Helikoptern an Ihrem Haus an und lassen sie dann alle gleichzeitig abheben. Wären sie in der Lage, eine schwerere Ladung hochzuhieven?

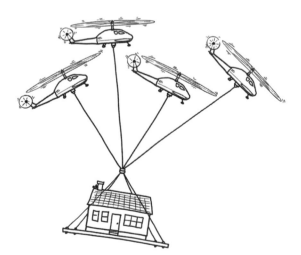

Beim Anheben eines Hauses durch mehrere Hubschrauber wären ein paar knifflige Probleme zu lösen. Die Hubschrauber müssten in verschiedene Richtungen ziehen, um nicht miteinander zu kollidieren. Das würde ihre Gesamthubkraft jedoch einschränken. Um nicht zusammenzustoßen, müssten sie auch penibel aufeinander abgestimmt agieren. Aber beide Probleme ließen sich lösen, indem man die Helikopter starr miteinander verbindet; sie würden das Haus dann wie ein einziges Fluggerät anheben.

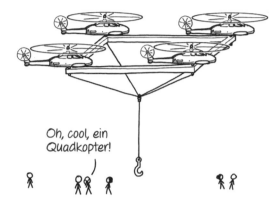

Oh, cool, ein Quadkopter!

Diese Idee klingt lächerlich, und so verwundert es nicht, dass das US-Militär sie während des Kalten Krieges näher untersucht hat. In einem 178 Seiten starken Bericht ging man der Idee nach, einen superhubfähigen Helikopter zu konstruieren, und zwar mittels höchst ausgefeilter Ingenieurtechnik: Man nehme zwei Hubschrauber und klebe sie zusammen. Das Projekt[8] gelangte nie übers Planungsstadium hinaus – möglicherweise, weil die Baupläne stark an Libellen bei der Paarung erinnerten.

Lastenhubsystem aus mehreren
Helikoptern
(Studie der US-Marine, 1972)

Libellen bei der Paarung

---

8   Das tatsächlich unter der Codebezeichnung HELICENTIPEDE laufen sollte.

Frachtflugzeuge können mehr heben als Hubschrauber. Eine große Maschine wie die C-5 Galaxy kann fast 140 000 Kilogramm in die Höhe bringen – ausreichend für ein mittleres Haus, möglicherweise sogar *mitsamt* Fundament, wenn das Haus eher klein ist. Die Abmessungen könnten ohnehin ein größeres Problem darstellen als das Gewicht: Die meisten Häuser sind einfach zu groß, als dass sie in den Frachtraum einer C-5 Galaxy passen würden.

Es gibt das eine oder andere walförmige Luftfahrzeug, das speziell dafür entworfen wurde, ungewöhnlich große Frachtstücke aufnehmen zu können. Die größten von ihnen, etwa die *Boeing Dreamlifter* und der *Airbus Beluga XL*, sollen Teile anderer Flugzeuge während des Konstruktionsprozesses von einer Fabrik zur anderen befördern. Wenn Sie mal freundlich anfragen, leihen Airbus oder Boeing Ihnen vielleicht eins aus.

Aber wenn Sie das Haus nicht *ins* Flugzeug bekommen, könnten Sie versuchen, es *auf* dem Flugzeug zu transportieren. Auf diese Weise beförderte die NASA die Space Shuttles quer durchs Land. Man nutzte dabei eine spezielle Boeing 747, welche die Raumfähre auf dem Rücken trug. Um den Orbiter der Raumfähre befördern zu können, hat das Trägerflugzeug eine spezielle Halterung, die aus dem vorderen Ende des Flugzeugrumpfs hervorragt. Diese Halterung passt genau in eine Buchse im Bauch des Orbiters. Neben der Halterung ist eine Hinweistafel, auf der man den absolut besten Witz in der Geschichte der Luftfahrtindustrie lesen kann: »ORBITER HIER ANBRINGEN (ACHTUNG: SCHWARZE SEITE UNTEN)«.

Vergessen Sie aber eines nicht: Wenn Sie Ihr Haus außen an einem Frachtflugzeug anbringen, wird es Winden von 800 km/h ausgesetzt sein, was weit über den Werten liegt, für die die meisten gebauten Strukturen ausgelegt sind. Es würde vermutlich auch die Handhabung des Flugzeugs beeinträchtigen.

Und es gibt noch ein weiteres Problem, wenn Sie Ihr Haus per Flugzeug umziehen lassen wollen: Anders als ein Frachthubschrauber, der in der Lage ist, senkrecht zu starten und zu landen, kann ein Flugzeug Ihr Haus nicht von der Stelle befördern, ohne dabei

eine Menge Telefonmasten, Bäume und benachbarte Häuser um-
zureißen. Wenn Sie nicht gerade am Ende eines Rollfelds wohnen,
wird der Start zum Problem werden.[9]

Aber wenn Sie nichts weiter tun wollen, als Ihr Haus in die Luft
zu heben und dann seitwärts zu schieben, wozu brauchen Sie da
eigentlich das gesamte Flugzeug? Warum nicht einfach nur die
Schubelemente? Die Triebwerke eines *787 Dreamliner* können
gut 30 000 kg Schubkraft generieren und wiegen nur 5900 kg; im
Doppelpack schaffen sie es also, ein kleines Haus anzuheben. Die
Anwendung dieser Erkenntnis liegt auf der Hand.

Nun könnten Sie meinen, dass Flugzeugtriebwerke nicht besonders gut darin sind, auf der Stelle zu schweben. Immerhin benötigen sie Sauerstoff zum Verbrennen, und den ziehen sie durch die
großen Einlassöffnungen an ihrer Vorderseite hinein. Man sollte
erwarten, dass sie beim Lufteinschaufeln weniger effizient sind,

....

[9] Falls Sie *tatsächlich* am Ende eines Rollfelds wohnen sollten, würde mich sehr
interessieren, was für eine Versicherungspolice Ihr Hauseigentümer hat und ob die
Kaskoversicherung für Ihr Auto auch Kollisionen mit Fluggeräten abdeckt.

wenn sie dazu nicht mehr ihre Vorwärtsbewegung zu Hilfe nehmen können. Aber die meisten Mantelstromtriebwerke erzeugen
die größte Schubkraft, wenn sich die Maschine noch am Boden
befindet. Bei höheren Geschwindigkeiten kann das Triebwerk die
Luft zwar effizienter ansaugen, aber der zusätzliche Strömungswiderstand all dieser eintretenden Luft wirkt der vom Triebwerk
erzeugten zusätzlichen Schubkraft entgegen. Erst bei sehr hohen
Geschwindigkeiten nahe Mach 1 bewirkt der Staudruck-Effekt,
dass die Schubkraft des Triebwerks wieder wächst.

Zwei Triebwerke könnten theoretisch ausreichen, um Ihr Haus
in die Luft zu befördern. Aber aus Gründen der Sicherheit und
Stabilität wären Sie vermutlich gut beraten, ein drittes und viertes
mit hinzuzunehmen.

Okay, jetzt haben Sie Ihr Haus hochbekommen. Wie lange können Sie auf diese Weise in der Luft schweben und umherfliegen?

Um sich in der Luft zu halten, benötigen Düsentriebwerke eine
Menge Kraftstoff. Bei vollem Betrieb in einer Höhe leicht über
dem Meeresspiegel verbraucht jedes einzelne beinahe vier Liter

Flugzeugtreibstoff pro Sekunde. Hat man mehr Treibstoff dabei, kann man sich länger in der Luft halten, aber es bedeutet auch, dass man schwerer ist – und irgendwann so schwer, dass man nicht mehr abheben kann.

Um herauszukriegen, wie lange sich solche Flugzeuge in der Luft halten können, wenn sie mit der maximalen Menge Treibstoff betankt wurden, multipliziert man den spezifischen Impuls des Triebwerks mit dem natürlichen Logarithmus seines Schubkraft-Gewicht-Verhältnisses. So erhält man die Zeitdauer, in der das Triebwerk in der Luft bleiben kann, wenn es mit einer vollen Treibstoffladung gestartet ist.

$$\text{Flugzeit} = \frac{\text{Schubkraft des Triebwerks}}{\text{Massenstrom} \times \text{Schwerkraft}} \times \ln \left(\frac{\text{Schubkraft des Triebwerks}}{\text{Gewicht des Triebwerks}} \right)$$

Bei einem modernen großen Mantelstromtriebwerk, das auf Höhe des Meeresspiegels an Ort und Stelle schwebt, liegt dieser Wert bei etwas mehr als anderthalb Stunden. Wenn Sie das Extragewicht Ihres Hauses noch hinzurechnen, bedeutet es, dass Ihre Flugzeit *weniger* als anderthalb Stunden betragen wird. Beschränken Sie Ihre horizontale Geschwindigkeit auf etwa 90 bis 110 km/h und ist die Umzugsstrecke länger als 160 km, werden Sie unterwegs anhalten und nachtanken müssen.[10]

....

[10] Wenn Ihnen auf halbem Wege der Treibstoff ausgeht und Sie zu fallen beginnen, lesen Sie bitte Kapitel 5: *Wie man's hinkriegt, eine Notlandung zu meistern* und springen Sie dort zum Abschnitt »Wie man ein fallendes Haus landet«.

EINZIEHEN

Wenn Sie in Ihrem neuen Zuhause ankommen – oder vielmehr, wenn Ihr altes Haus seinen neuen Standort erreicht hat –, ist noch eine Menge Arbeit zu erledigen. Falls Sie Ihr ganzes Haus mitgebracht haben, ist es möglich, dass Sie das Loch für ein Fundament ausheben müssen[11]. Sofern es bereits ein Fundament gibt, müssen Sie Ihr Haus fest mit diesem verbinden. Wenn auf dem Fundament, das Sie nutzen wollen, schon ein Haus steht, sollten Sie da-

....

[11] Vgl. Kap. 3: *Wie man's hinkriegt, ein Loch zu graben.*

rauf achten, es zu entfernen, bevor Sie Ihr eigenes Haus hinstellen. Schicken Sie einfach jemanden mit einem zweiten Satz von Triebwerken voraus und lassen Sie ihn mit dem Haus am Zielort all die oben erwähnten Schritte durchlaufen. Haben Sie den Punkt erreicht, an dem das Haus in der Luft schwebt, brauchen Sie nur noch die Düsentriebwerke voll aufzudrehen und rauszuspringen. Um alles Weitere brauchen Sie sich keinen Kopf mehr zu machen; es ist nun nicht mehr *Ihr* Problem.

Nach dem Einzug müssen Sie sich vielleicht noch an die Wärme-, Wasser- und Stromversorgung anschließen.[12] Sollten Sie einen besonders starken Bürgersinn verspüren oder schon ganz aufgeregt sein bei dem Gedanken, Teil einer neuen Gemeinschaft zu werden, könnten Sie sich vielleicht bei Ihren neuen Nachbarn vorstellen.

AUSPACKEN

Wenn Sie Ihr Hab und Gut in Umzugskartons mitgebracht oder zumindest eingepackt haben, um es während des Fluges zu sichern, haben Sie noch eine Menge Arbeit vor sich. Sie müssen das Mobiliar so anordnen, dass Sie Platz haben, Ihr Zeug irgendwo hinzu-

....
12   Vgl. Kap. 16: *Wie man's hinkriegt, sein Haus mit Energie zu versorgen (auf der Erde).*

stellen. Dann müssen Sie die vollen Kartons auspacken und sich überlegen, wo alles hin soll. Das kann eine Menge fruchtlose Anläufe beinhalten.

Falls Ihnen das Auspacken allzu abschreckend vorkommt, können Sie eine Strategie anwenden, die vermutlich populär ist, seit die ersten Menschen ihr Zuhause von einem Ort zum andern verlegten: Schaffen Sie sich genügend Platz, um Ihre Matratze auf dem Fußboden auszulegen, packen Sie den einen Karton aus, in dem Ihre Zahnbürste und Ihr Handy-Ladegerät stecken, und zerbrechen Sie sich über alles andere morgen früh den Kopf.

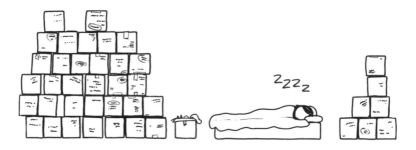

KAPITEL 8

Wie man's hinkriegt, sein Haus am Umziehen zu hindern

Wenn Sie es sich in Ihrem Haus erst einmal gemütlich gemacht haben, möchten Sie im Allgemeinen, dass es dort bleibt, wo es ist.

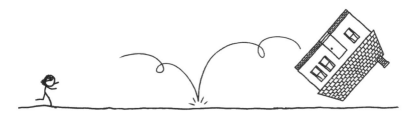

Falls Sie sich Sorgen machen, das Haus könnte fortgeweht werden oder irgendein Witzbold könnte vorbeikommen, Düsentriebwerke ranschrauben und es in die Ferne schießen, dann können Sie es ja mit Anti-Hurrikan-Verankerungen am Fundament befestigen. Das Fundament wiederum lässt sich mit langen Metallpfählen im Untergrundgestein verankern.

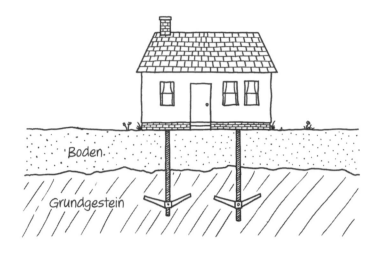

Aber was tun, wenn sich das Grundgestein selbst bewegt?

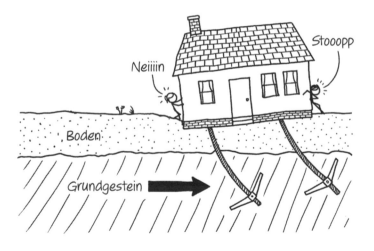

Die tektonischen Platten sind in ständiger Bewegung. Pro Jahr rutschen die Eurasische und die Nordamerikanische Kontinental-platte rund zweieinhalb Zentimeter auseinander. Da klingt es ein-leuchtend, dass sich die Grundstücksgrenzen mit der Erdkruste mitbewegen müssen, denn die Alternative wäre lächerlich – zwei-einhalb Zentimeter Plattenbewegung pro Jahr reichen aus, damit Sie im Laufe von einigen Jahrzehnten Ihren Garten an der einen

Hausseite verlieren und den Ihres Nachbarn zur anderen Seite übernehmen können.

Meist sind geografische Grenzen eher im Boden verankert, als dass sie durch Koordinaten bestimmt wären. Als allgemeine Regel lässt sich sagen, dass die letztgültige gesetzliche Autorität, wenn es um die genaue Lage einer Grenze geht, weder eine Reihe von Koordinaten noch der Text eines Abkommens zur Grenzziehung sind – es sind vielmehr die Markierungen, die bei der ursprünglichen Vermessung auf Grundlage jenes Abkommens angebracht wurden. Dazu kommen noch die Aufzeichnungen der Vermessungsingenieure. Man kann sie zu Rate ziehen, um den Standort eines Grenzpfahls zu rekonstruieren, wenn er umgesetzt oder zerstört worden ist.

Mit der Regelung aller Grenzfragen zwischen Kanada und den USA ist die *International Boundary Commission* betraut. Sie veröffentlicht in regelmäßigen Abständen Updates der Grenzkoordinaten, aber ihre Publikationen ändern nichts an der Lage der Grenze – sie versorgen uns nur mit besseren Informationen darüber. Die tatsächliche Grenze wird von Grenzmarken festgelegt – gewöhnlich sind das Granitobelisken und Stahlrohre, die man in den Boden getrieben hat. Außerdem gibt es Fotos und Informationen von der Vermessung. Wenn sich das Land bewegt, bewegen sich die Grenzen mit, und die Koordinaten müssen erneuert werden.

Um den Bedarf an solchen Updates zu verringern, nutzen verschiedene Länder und Organisationen leicht voneinander abweichende Rastergitter von Längen- und Breitengraden – das sogenannte *geodätische Datum* –, die auf einer bestimmten tektonischen Platte verankert sind. Diese Raster bewegen sich mit der Platte und können je nach System um mehrere Meter voneinander abweichen. Aufgrund der unterschiedlichen Raster ist keine Längen- oder Breitenangabe je präzise oder unzweideutig, es sei denn, man fügt eine Menge Informationen über ihr genaues geodätisches Datum mit hinzu. Wenn Sie jetzt meinen, das müsse jedem, der mit präzisen Koordinaten zu tun hat, mächtig Kopfschmerzen bereiten, dann liegen Sie völlig richtig.

Indem sie für jeden Kontinent ein eigenes Raster verwenden, können Regierungen und Landbesitzer das Problem des unterm Koordinatennetz wegdriftenden Bodens entschärfen – allerdings nicht ganz, denn manchmal verschieben sich Teile desselben Kontinents zueinander.

Wenn Ihr Haus an einer Plattengrenze wie der San-Andreas-Verwerfung liegt, könnte es passieren, dass sich ein Teil Ihres Gartens mit mehr als zweieinhalb Zentimetern jährlich vom übrigen Grundstück wegbewegt und die Grenzmarken allmählich nicht mehr stimmen. Wird sich Ihr Garten nach und nach in zwei Teile aufspalten? Und könnte Ihr Haus irgendwann komplett von Ihrem Grundstück fortdriften?

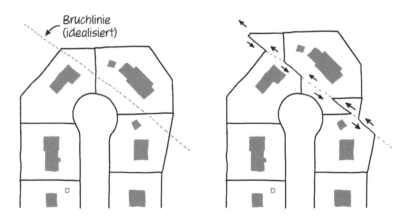

Das Erdbeben, das 1964 Alaska ereilte, schob einen großen Teil der Stadt Anchorage um rund 4,50 m zur Seite. Um mit den daraus resultierenden Landbesitzfragen fertigzuwerden, erließ der Bundesstaat 1966 ein Gesetz: Alle Grundstücksgrenzen durften neu vermessen werden, um sie der neuen Lage des Bodens anzupassen. Kalifornien erließ 1972 ein ähnliches Gesetz, den *Cullen Earthquake Act*, laut welchem die Grundstückseigentümer ein Gericht darum bitten konnten, die Grenzlinien auf eine Weise neu zu ziehen, dass die Interessen aller Beteiligten gewahrt wurden.

Zumindest wenn Sie in Alaska oder Kalifornien leben, sind Sie nun also scheinbar davor geschützt, dass Ihr Nachbar sich nach und nach Teile Ihres Hauses aneignet. Aber die Sache hat einen Haken: Einige Gerichte haben entschieden, dass diese Gesetze nur bei *plötzlichen* Erdbewegungen gelten, nicht bei ganz allmählichen.

In den 1950er-Jahren führten Straßenbauarbeiten in der kalifornischen Küstenstadt Rancho Palos Verdes dazu, dass ein ganzer Wohnbezirk in Zeitlupentempo den Hang hinabzurutschen begann. Bis Ende des Jahrhunderts hatte sich das gesamte Viertel um etliche Dutzend Meter weiterbewegt, wodurch einige Häuser auf ein Grundstück gerieten, das von der Stadt beansprucht wurde. Die Stadt forderte die Hausbesitzer zur Räumung des Geländes auf, aber einige Bewohner, darunter Andrea Joannou, zogen vor Gericht und wollten, dass die Grundstücksgrenzen neu gezogen wurden. Im Jahre 2013 entschied das Gericht im Fall *Joannou gegen City of Rancho Palos Verdes* zugunsten der Stadt: Da die Landbewegung nicht durch ein plötzliches und unvorhergesehenes Ereignis verursacht worden war, hätten die Hausbesitzer Maßnahmen ergreifen können, um darauf zu reagieren – vermutlich hätten sie ihre Häuser im Grundgestein verankern oder alle paar Jahre wieder den Hügel hinaufschieben sollen …

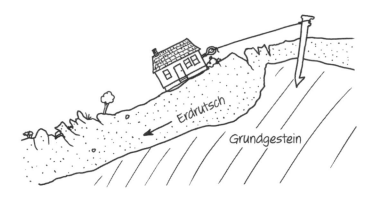

Bewegt sich nun aber das Grundgestein selbst, befinden Sie sich womöglich auf rechtlich ungesichertem Gelände. Wenn es in der Nähe alteingeführte Grenzmarken gibt und diese sich mitbewegen, können Sie argumentieren, dass Ihr Grundstück mit jenen Markierungen fest verbunden ist. Immerhin sind sie ja die höchste Autorität in Sachen Grundstücksgrenze. Wenn aber die Grenzsteine weit entfernt sind oder inzwischen verloren gingen (was oft der Fall ist), kann Ihr Grundstück nur durch Koordinaten im Bezugssystem eines größeren Rasters definiert werden, und es wäre denkbar, dass Ihr Stück Land auf ein fremdes Grundstück abgedriftet ist.

In diesem Fall sollten Sie vielleicht so vorgehen: Versuchen Sie, den Boden auf der *anderen* Seite des Nachbargrundstücks zu kaufen. So können Sie, falls Ihr Nachbar von einem Teil Ihres Grundstücks Besitz ergreift, im Gegenzug einen Teil seines Landes in Beschlag nehmen.

Aber wenn es darum geht, Gesetze zum Thema Grundstücksgrenzen auf ungewöhnliche Umstände anzuwenden, sollten Sie besser vorsichtig sein. Das Oberste Gericht des Bundesstaates Maine entschied 1991 im Fall *Theriault gegen Murray*, dass Grenzen »in absteigender Rangfolge von Grenzmarken, Wegverläufen, Entfernungen und Größen bestimmt werden, **es sei denn, diese Rangfolge führt zu absurden Ergebnissen.**« (Hervorhebung von mir)

Wenn Sie mit Ihrem Nachbarn vor Gericht enden…

Euer Ehren, laut dieser Vermessungsurkunde gehört mir sein Badezimmer, und ich werde ihm die Benutzung nicht eher erlauben, bis er mir meine Veranda zurückgibt!

…könnte der Richter entscheiden, dass hier so ein Fall gegeben ist.

Wie man einen Tornado aufspürt

(ohne dabei die Couch zu verlassen)

Wenn Sie liegen bleiben und lange genug warten, wird der Sturm am Ende zu Ihnen kommen. Diese Karte zeigt, wie lange Sie sich durchschnittlich gedulden müssen, bevor ein Tornado, der mindestens die Stärke EF2 hat, direkt über Ihnen hinwegzieht.

(Nach Cathryn Meyer u.a., »A Hazard Model for Tornado Occurrence in the United States«, 2002)

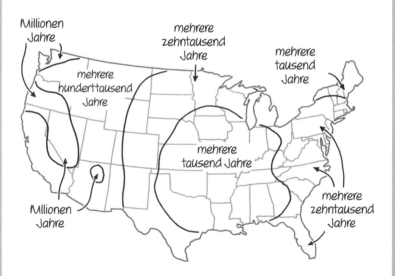

KAPITEL 9

Wie man's hinkriegt, einen Lavagraben anzulegen

Dass Sie Ihr Haus mit einem Lavagraben umgeben wollen, kann viele Gründe haben – manche davon sind ganz praktischer Natur, andere weniger. Vielleicht möchten Sie Einbrecher abschrecken oder Ameisen fernhalten. Oder Sie möchten verhindern, dass die Nachbarskinder den Kuchen stehlen, den Sie zum Abkühlen aufs Fensterbrett gestellt haben. Oder aber Sie wollen in Ihrer Gartengestaltung eine Ästhetik à la »mittelalterlicher Erzbösewicht« schaffen und etwas Aufregendes für die Nachbarn, die Feuerwehr und die Bauaufsichtsbehörde kreieren.

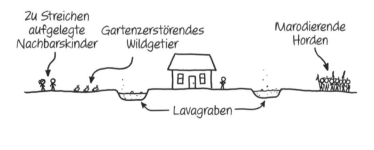

LAVA ERZEUGEN

Lava herzustellen ist ziemlich leicht, zumindest im Prinzip – die Zutaten sind einfach nur Steine und Hitze.

LAVA
Nährwertangaben

Verpackungsgröße: 1 kg
Portionen pro Vulkan: unterschiedlich

Kaloriengehalt: 350 (Wärme)

	% des Tagesbedarfs *
Fett insgesamt: 0 g	0%
davon gesättigte Fettsäuren 0 g	0%
davon Transfettsäuren: 0 g	0%
Cholesterin: 0 g	0%
Natrium: 28 g	1200%
Kohlenhydrate insgesamt: 0 g	0%
Ballaststoffe: 0 g	0%
Zucker: 0 g	0%
Eiweiß: 0 g	0%

Kalzium: 3500 %	Eisen: 250 000 %
Magnesium: 5000 %	Zink: 450 %

* Die Prozentangaben beziehen sich auf eine normale
Ernährung, bei der Sie keine Lava verzehren.

Die meisten Gesteinsarten schmelzen bei Temperaturen zwischen 800 und 1200 Grad. Das ist heißer als in einem Küchenherd, aber machbar, wenn man einen Hochofen, einen Schmelzofen mit Holzkohle oder selbst eine riesige Lupe benutzt.

Als Ausgangsmaterial für Ihre Lava können Sie alle möglichen Felsbrocken ausprobieren, die gerade am Wegesrand liegen. Aber seien Sie vorsichtig: Manche Gesteine explodieren beim Erhitzen, weil Gase in ihnen eingelagert sind. Im Lavaprojekt der Universität Syracuse (Bundesstaat New York), das künstliche Lava für geologische Forschungszwecke, aber auch für Kunstwerke herstellt, verwendet man Milliarden Jahre alten Basalt aus Wisconsin. Dieser Basalt bildete sich, als mitten durch den nordamerikanischen Kontinent ein Riss entstand und große Mengen von Magma hineinblubberten. Am Ende verheilte der Riss wieder, aber es blieb eine sichelförmige Wunde aus kompaktem Basalt zurück – begraben unter dem Erdboden des Mittleren Westens.

Wenn es Ihnen nur darum geht, einen Graben zu besitzen, der Dinge zum Brennen bringt, müssen Sie sich nicht unbedingt an Vulkangestein halten; Sie können es auch mit jenen Arten von geschmolzenem Glas versuchen, die man in der Glasbläserei verwendet, oder aber mit einem Metall, das einen vernünftigen Schmelzpunkt hat, Kupfer beispielsweise. Aluminium wäre aufgrund seines niedrigen Schmelzpunkts ein verlockendes Material für den Graben, aber es schmilzt bei so geringen Temperaturen, dass es nicht glüht – und ein Lavagraben, der nicht bedrohlich glüht, ist überhaupt kein richtiger Lavagraben.

WIE MAN DIE LAVA FLÜSSIG HÄLT

Es ist nicht leicht, Lava geschmolzen zu halten, denn sie gibt ständig Energie ab – und zwar in Form von Licht und Infrarotstrahlung. Ohne stetige Wärmezufuhr würde Ihre Lava rasch abkühlen und erstarren. Deshalb können Sie die Lava nicht einfach schmelzen, in den Graben gießen und sich dann entspannt zurücklehnen. Um sie vor dem Auskühlen und der Verfestigung zu bewahren, müssen Sie für einen ständigen Zufluss von Wärmeenergie sorgen, der die Verluste ausgleicht.

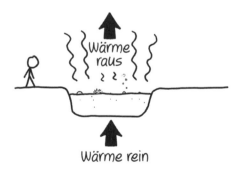

Ihr Graben braucht irgendein eingebautes Heizgerät.

Einen Lavagraben kann man sich als langen, dünnen und oben offenen Hochtemperaturofen vorstellen. Industrieöfen dieser Art werden oft mit Gas beheizt, aber es gibt auch elektrische Versionen, die Heizspiralen verwenden. Eine Gasheizung könnte zwar deutlich billiger sein, aber Elektroöfen sind meist einfacher und lassen eine präzisere Temperatursteuerung zu. Wie die Energiequelle auch aussehen mag, der Grundaufbau ist gleich: ein Schmelztiegel, der die Lava hält, eine Heizspirale beziehungsweise Gasbrenner zum Erhitzen des Tiegels und drumherum eine Isolierung.

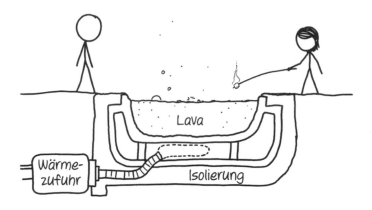

Wie heiß muss unsere Lava sein? Um den Energieverbrauch zu reduzieren, können wir uns Materialien mit einem niedrigen Schmelzpunkt aussuchen, aber wenn die Temperatur zu niedrig ist, wird unser Graben halt nicht glühen.

Damit etwas vor Hitze glüht, muss seine Temperatur oberhalb von etwa 600 °C liegen. Und wenn Sie eine richtig hübsche helle orangegelbe Farbe haben möchten, die auch bei Tageslicht sichtbar ist – wie bei der Lava, die Sie in Filmen sehen –, dann brauchen Sie eine Temperatur von mehr als 1000 °C.

Wir können Untersuchungen an echten Lavaströmen heranziehen, um abzuschätzen, wie viel Energie ein solcher Graben abstrahlen wird, wenn die Lava eine bestimmte Temperatur hat, und das wiederum zeigt uns, wie viel Energie wir hinzugeben müssen, damit die Lava flüssig bleibt.

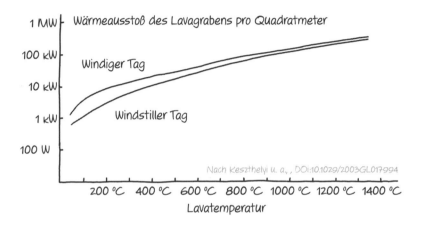

Das obige Diagramm verrät uns, dass ein 900 Grad heißer Lavapool ungefähr 100 Kilowatt Hitze pro Quadratmeter abstrahlt. Wenn die Kilowattstunde Strom etwa 30 Euro-Cent kostet, wird ein elektrisch beheizter Lavagraben jede Stunde mindestens 30 Euro pro Quadratmeter verschlingen. Nehmen wir an, Ihr Graben ist einen Meter breit und umfasst ein 4000 Quadratmeter großes Gelände. Die Lava in diesem Graben flüssig zu halten, würde rund 180 000 Euro pro Tag kosten.

Ein Graben von einem Meter Breite scheint vielleicht nicht ausreichend, um menschliche Eindringlinge abzuschrecken[1], denn normalerweise können Menschen ohne allzu große Mühe über einen solchen Einschnitt hinweghüpfen. Allerdings wird ihnen die Hitze der Lava selbst dann gefährlich, wenn sie nicht hineinplumpsen. Nahe der Lavaoberfläche ist sie so intensiv, dass sie in weniger als einer Sekunde Verbrennungen zweiten Grades auslösen kann. Bereits die Annäherung an die Lava kann schwierig sein. Für jemanden, der einige Meter entfernt steht, wäre der Wärmefluss ziemlich groß – laut den Sicherheitsbestimmungen für Feuerwehrleute würde er genügen, um binnen zehn Sekunden Schmerzen an ungeschützten Hautpartien hervorzurufen.

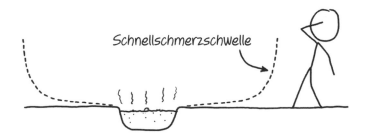

Schnellschmerzschwelle

....

[1] Ihr Lavagraben könnte hilfreich sein, wenn es darum geht, Ameisen fernzuhalten; allerdings könnte er auch Lavagrillen anziehen. Diese Insekten (*Caconemobius fori*) leben auf unlängst erkalteten Lavaströmen oder in deren Nähe. Man weiß nicht viel über sie, denn sie zu erforschen ist, wie man sich vorstellen kann, eine besondere Herausforderung.

Ein Graben von einem Meter Breite ist nicht unüberwindlich; mit Stiefeln und dicken Sachen könnte man vermutlich unbeschadet hinüberspringen. Allerdings sollte man es vermeiden, hineinzufallen oder zu lange am Rand herumzustehen.

Sie könnten Grabenhüpfer abhalten, indem Sie den Graben breiter oder die Lava heißer machen. Beide Optionen würden die Kosten erhöhen, wie die Näherungswerte folgender Preistafel zeigen:

Lavagrabenheizungspreisübersicht
(umschlossene Fläche: 4000 qm)

	Temperatur		
Grabenbreite	600°C	900°C	1200°C
1 m	€ 60.000	€ 180.000	€ 450.000
2 m	€ 120.000	€ 360.000	€ 900.000
5 m	€ 300.000	€ 900.000	€ 2.250.000
10 m	€ 600.000	€ 1.800.000	€ 4.500.000

WIE MAN DEN GRABEN KÜHLT

Bisher haben wir immer nur über die Kosten fürs Erhitzen der Lava gesprochen. Aber wenn Sie mit einem Lavagraben um Ihr Haus herum leben wollen, müssen Sie sich auch Gedanken darüber machen, wie Sie Ihr Heim kühlen. Selbst bei einem beträchtlichen Abstand zwischen Graben und Haus würde die Wärmeabstrahlung der Lava am Ende dazu führen, dass es drinnen ungemütlich heiß wird. Wenn die Außenwand zehn Meter vom Graben entfernt ist, überschreitet die Wärmestrahlung immer noch die Werte, denen ein Feuerwehrmann ausgesetzt sein darf.

Sie können die Menge der Wärmestrahlung, die das Haus erreicht, dadurch verringern, dass Sie den Graben tiefer in den Boden einschneiden; dann wird ein größerer Teil der Wärme nach oben abstrahlen. Aber auch dies würde das Problem nur zum Teil lösen; der Boden rund um den Graben wäre immer noch mächtig heiß und würde die Wärme zu Ihnen hin transportieren. Wenn ein frisches Lüftchen weht, würde ein Schwall heißer Luft von der Lava her in Windrichtung fortgetragen – und das ist bei Ringgräben generell ein Problem: Egal woher der Wind gerade weht, er weht Ihnen immer heiße Luft entgegen.

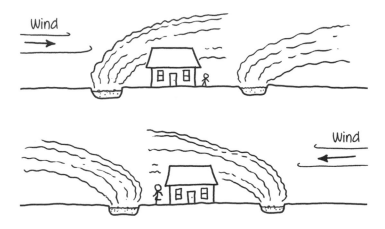

Zum Glück ist das Kühlen des Hauses einfacher als das Erhitzen des Grabens. Wenn Sie irgendwo kaltes Wasser haben, etwa eine nahegelegene Quelle oder einen Fluss, können Sie es durch Ihre Wände leiten, um die überschüssige Hitze abzuführen. Da Wasser eine hohe Wärmespeicherkapazität hat, kann man es dazu verwenden, eine Menge Hitze abzuziehen, wobei nur geringe Pumpkosten entstehen. Diese Strategie wurde von Technologiefirmen genutzt, um Serverräume zu kühlen: Google hat beispielsweise an der finnischen Küste ein Datencenter, das mit Meerwasser gekühlt wird.

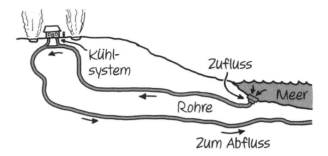

Vielleicht brauchen Sie auch eine Apparatur für die Belüftung von außerhalb des Grabens, besonders wenn Ihre spezielle Lavamischung dazu neigt, giftige Gase abzusondern. Zum Glück kann Ihnen da die Hitze der Lava aushelfen – wenn Sie Belüftungstunnel unter dem Graben einrichten, wird die von der Lava aufsteigende Luft durch die darunter liegenden Tunnel weitere Luft ansaugen. Dieser »natürliche Durchzug« wird auch als Kamineffekt bezeichnet. Man nutzt ihn für Kühltürme wie die über Atomreaktoren, und seinetwegen braucht man nicht so viele Ventilatoren zum Hineinbringen kalter Luft.

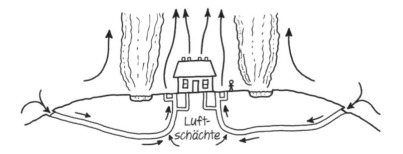

Aber aufgepasst – wenn Ihr Kühlsystem Wasser aus dem Ozean aufnimmt, kann es passieren, dass es plötzlich und unerwartet verstopft. Bei Kernreaktoren wurde manchmal die Notabschaltung ausgelöst, weil der Zufluss durch Quallenschwärme blockiert war.

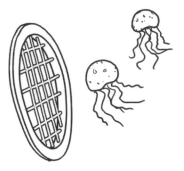

Die Quallen deuten auf ein noch tiefer gehendes Problem mit Lavagräben hin. So ein Lavagraben bietet zusätzlichen Schutz, aber er benötigt auch zusätzliche Infrastruktur, und die hat ihre eigenen Schwachstellen.

Der von Quallen verstopfte Wasserzufluss ist schlimm genug, aber aus der Perspektive eines Erzbösewichts sollten Sie sich über das Netzwerk von Luftschächten unter Ihrem Haus vielleicht noch mehr Sorgen machen. Denn wenn wir aus Actionfilmen eines gelernt haben, dann dies:

Am Ende gibt es immer jemanden, der sich über die Belüftungsschächte heranschleicht.

KAPITEL 10

Wie man's hinkriegt, Dinge zu werfen

Einer wohlbekannten Legende zufolge warf George Washington einst einen Silberdollar über einen großen Fluss.

Wie viele andere Anekdoten über Washington verbreitete sich auch diese Behauptung erst nach seinem Tod, und die Details sind schwer festzumachen. Manchmal ist es ein Silberdollar, manchmal ein Stein. Der besagte Fluss ist mal der Rappahannock, mal der viel breitere Potomac. Mit Sicherheit können wir nur sagen, dass es die Leute wirklich liebten, Geschichten über Washington zu erzählen, und offensichtlich wurde es als heroische Tat angesehen, wenn jemand etwas ohne tieferen Grund über einen Fluss warf.

Es ist nicht ganz klar, weshalb das Werfen eines Silberdollars über einen Fluss eine gute Qualifikation fürs Präsidentenamt darstellt, aber es scheint die Menschen beeindruckt zu haben. Wirklich schade, dass die Geschichte erst nach seinem Tod populär wurde, denn sonst hätte es richtig tolle Wahlplakate gegeben.

Welche Gegenstände hätte Washington über welche Flüsse werfen können? Und wie würde er im Vergleich zu anderen Präsidenten oder auch zu Nicht-Präsidenten dastehen?

Was passiert, wenn eine Person etwas wirft, lässt sich auf sehr abstrakte Weise so darstellen:

1. Person hat den Gegenstand.
2. ???
3. Der Gegenstand fliegt fort.

Bizarrerweise brauchen wir gar nicht zu wissen, was bei Schritt 2 geschieht – wir können trotzdem ziemlich gut abschätzen, wie weit jemand einen Gegenstand zu werfen vermag. Dazu müssen wir uns nur anschauen, welche Beschränkungen die Physik jener Person auferlegt.

Menschliche Körper sind von begrenzter Größe. Was immer der Werfer mit dem Wurfgegenstand anstellen mag – es muss in einem Bereich geschehen, der nahe um seinen Körper herum liegt.

Spieler irgendwo hier drin

Um einen Gegenstand zu werfen, muss eine Person ihn mithilfe ihrer Muskeln beschleunigen, und menschliche Körper können nur ein bestimmtes Maß an Muskelleistung auf einmal erbringen. In ganz verschiedenen Sportarten – vom Rudern übers Radfahren bis zum Sprint – ist die Leistung, die ein Spitzenathlet kurzzeitig einem Gegenstand übermitteln kann (etwa bei einem Ruderschlag), gewöhnlich auf etwa 20 Watt pro Kilogramm Körpergewicht begrenzt. Ein Sportler, der 60 Kilo wiegt, hätte demnach für den Wurf eine Leistung von 1200 Watt zur Verfügung.

Nehmen wir an, der Sportler wirft »mit dem ganzen Körper« und reicht auf der kleinen Strecke, bis der Ball seine Hand verlässt, seine volle Leistung an das Wurfobjekt weiter:

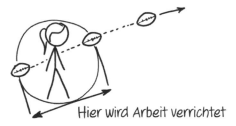

Hier wird Arbeit verrichtet

In diesem Fall können wir die Gleichungen für eine Bewegung unter konstanter Leistung[1] nutzen, um die Endgeschwindigkeit des Balls zu bestimmen:

$$\text{Geschwindigkeit} = \sqrt[3]{\frac{3 \times \text{Länge der Wurfbewegung} \times \text{Körpermasse} \times \text{Leistung}}{\text{Ballmasse}}}$$

Wenn wir das Durchschnittsgewicht eines MLB-Pitchers (94,3 kg) und die Masse eines Baseballs (145 g) einsetzen und annehmen, dass die Wurfbewegung eine Länge hat, die der Größe des Pitchers entspricht (1,88 m), sollten wir grob abschätzen können, wie schnell der Fastball eines Pitchers fliegt:

$$\text{Geschwindigkeit} = \sqrt[3]{\frac{3 \times 1{,}88 \text{ m} \times 94{,}3 \text{ kg} \times 20 \frac{W}{kg}}{145 \text{ g}}} \approx 150 \text{ km/h}$$

150 Kilometer pro Stunde – das ist fast genau die Durchschnittsgeschwindigkeit eines Four-Seam-Fastballs! Nicht schlecht für eine Formel, die nichts über den Pitcher weiß.

Wenn wir die Werte für einen Quarterback und einen Football einsetzen, kommen wir auf 108 km/h. Das ist ein bisschen schneller, als ein Football tatsächlich unterwegs ist (nämlich mit rund 96 km/h), aber zumindest liegt es nicht weit daneben.

$$\text{Geschwindigkeit} = \sqrt[3]{\frac{3 \times 1{,}90 \text{ m} \times 102 \text{ kg} \times 20 \frac{W}{kg}}{425 \text{ g}}} \approx 108 \text{ km/h}$$

Leider ist die Genauigkeit unserer Antwort vermutlich nur Zufall, denn mit diesem Modell gibt es ein Problem.

Unserer Gleichung zufolge könnte man extrem leichte Bälle beliebig schnell werfen. So könnte ein 14 Gramm schwerer Baseball

---

[1] Im Physikunterricht analysiert man meistens eine Bewegung unter konstanter *Krafteinwirkung*, und die Schüler kriegen diese Gleichungen nicht selten so häufig zu Gesicht, dass sie sie am Ende auswendig können. Die Gleichungen für eine Bewegung unter konstanter *Leistung* haben andere Exponenten und Koeffizienten und sind ein wenig undurchsichtiger. Lloyd W. Taylor vom Oberlin College hat sie 1930 in seiner Abhandlung *The Laws of Motion Under Constant Power* (Die Gesetze der Bewegung unter konstanter Leistung) dargestellt.

mit einem Tempo von 320 km/h losgeschleudert werden! Im wahren Leben kann der Pitcher nicht seine gesamte Leistung in den Ball umsetzen – er muss zum Werfen auch noch Teile seiner Hand und seines Arms auf Hochgeschwindigkeit beschleunigen. Um das Handgeschwindigkeitslimit zu berücksichtigen, können wir einen kleinen Korrekturfaktor hinzufügen. Er optimiert die Formel, indem er dem Ball ein wenig Gewicht hinzugibt – nämlich ein Tausendstel vom Körpergewicht des Footballspielers. Das soll das Gewicht des schnellsten Teiles seiner Hand abbilden. Es setzt der Wurfgeschwindigkeit für leichte Gegenstände eine Obergrenze, was auch mit der Realität übereinstimmt, und verzerrt die Ergebnisse für schwerere Objekte trotzdem nicht allzu sehr.[2]

Verbinden wir dies noch mit einer Näherungsformel für die Strecke, die ein Geschoss durch Luft fliegen kann[3], so erhalten wir eine **Einheitliche Theorie über Leute, die Zeug richtig weit werfen**:

$$V = \sqrt[3]{\frac{3 \times \text{Werfergröße} \times \text{Werfergewicht} \times \text{Ausgangsleistung}}{\text{Ballmasse} + \frac{\text{Körpermasse}}{1000}}}$$

Ausgangsleistung: 20 Watt pro Kilogramm für einen Athleten in gutem Trainingszustand, 10 Watt pro Kilogramm für einen gewöhnlichen Menschen

....

[2] Anmerkung: Jetzt unterschätzt die Formel die Wurfgeschwindigkeit eines Baseballspielers – es kommen nur etwa 130 km/h heraus. Ansonsten liefert sie aber vernünftige Resultate. Die Diskrepanz lässt sich vielleicht damit erklären, dass Baseballspieler nach vorn springen, was ihnen ein wenig vorwärts gerichtete Geschwindigkeit verleiht und den Wurf ein Stück weiter werden lässt. Aber das ist ein sehr einfaches Modell – wir wollen hier nicht so weit gehen, dass wir jede Abweichung erklären oder korrigieren.

[3] Diese Gleichung beruht auf Näherungswerten aus Peter Chudinovs Abhandlung *Approximate Analytical Investigation of Projectile Motion in a Medium with Quadratic Drag Force* (Approximative analytische Untersuchung der Bewegung eines Geschosses in einem Medium mit quadratisch wachsendem Strömungswiderstand, 2017). Wenn das Geschoss sehr kompakt oder die Luft dünn ist, entspricht sie der Standardgleichung zur Bestimmung der Flugweite eines Objekts, das in einem Winkel von 45 Grad abgeschossen wird (Reichweite = v^2/g), aber bei höheren Geschwindigkeiten spielt der Luftwiderstand eine größere Rolle, und man erhält geringere Flugweiten.

$$v_1 = \sqrt{\frac{2 \times \text{Ballmasse} \times \text{Schwerkraft}}{\text{Querschnittsfläche} \times \text{Luftdichte} \times \text{Strömungswiderstandskoeffizient}}}$$

$$\text{Reichweite} \approx \frac{v^2 \sqrt{2}}{\text{Schwerkraft} \sqrt{\frac{4}{5} \frac{v^4}{v_t^4} + 3 \frac{v^2}{v_t^2} + 2}}$$

v = Wurfgeschwindigkeit, v_t = Endgeschwindigkeit

Dieses Modell ist nicht perfekt. Es besteht aus einer unhandlichen Reihe von Gleichungen und basiert auf ganz wenigen Input-Variablen und extrem simplen Grundannahmen. Daher kann es nicht mehr liefern als Annäherungswerte. Wir könnten es viel genauer machen, wenn wir ein spezifischeres Verständnis der Wurfmechanik oder akkuratere Werte zu den Werfern einbrächten. Aber je spezifischer wir das Modell gestalten, desto enger wird sein Anwendungsbereich. Der eigentliche Spaß liegt doch darin, wie breit er ist. Wir können einfach *alles* einsetzen.

Sicher kann man das Modell verwenden, um herauszufinden, wie weit ein Quarterback einen Football werfen kann. Bei den längsten Pässen in der NFL ist der Ball mehr als 50 Meter in der Luft unterwegs, und unsere Gleichung liefert ein Ergebnis, das dem ziemlich nahe kommt.

NFL-Quarterback, Football → 66,7 m

Aber mit dieser Gleichung lässt sich auch herausbekommen, wie weit ein Quarterback andere Gegenstände werfen kann. Versuchen wir es mal mit einem Mixgerät, dem 5,2 kg schweren Vitamix 750:

NFL-Quarterback, 5,2-kg-Mixer → 16,5 Meter

Wir brauchen dazu nichts als eine ungefähre Vorstellung von Gewicht, Form und Strömungswiderstandskoeffizient des Mixers.

Und wir müssen uns auch nicht auf Quarterbacks beschränken, sondern können jeden in die Formel einsetzen, dessen Größe und Gewicht sich abschätzen lassen.

Ex-Präsident Barack Obama, Speerwerfen → 29,5 Meter

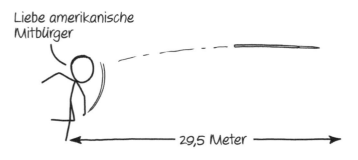

Singer-Songwriterin Carly Rae Jepsen, Mikrowellenherd → 3,65 Meter

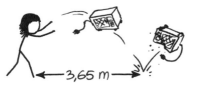

Sie können mit diesem Rechner auf *xkcd.com/throw* spielen.

Wenn Sie die Formel nehmen und Ihre Größe, Ihr Gewicht und

Ihr sportliches Niveau eingeben, finden Sie heraus, wie weit Sie alle möglichen Gegenstände werfen können.

Wählt mich!

Wenn meine Berechnungen stimmen, kann ich theoretisch einen Locher über eine Autobahn schmeißen.
(Hab's aber noch nicht versucht)

WASHINGTONS WURF

Was sagt unser Modell nun über George Washingtons Bravourstück mit dem Silberdollar aus?

Washington war für seine Sportlichkeit berühmt und liebte es, Dinge herumzuwerfen – Berichten zufolge warf er unten vom Fluss aus einen Steinbrocken auf die berühmte natürliche Brücke über den Cedar Creek (Virginia). Wir gestehen ihm deshalb ein Leistungsverhältnis von 15 Watt pro Kilogramm zu. Damit steht er auf halbem Wege zwischen einer normalen Person und einem gut trainierten Spitzensportler.

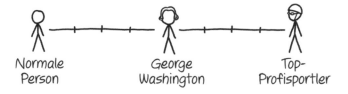

Normale Person   George Washington   Top-Profisportler

Der Strömungswiderstandskoeffizient eines Silberdollars hängt davon ab, wie er geworfen wird. Wenn er trudelt, hat er einen viel höheren Koeffizienten, aber wenn er wie eine Frisbeescheibe rotiert, fliegt er viel weiter.

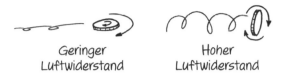

Geringer
Luftwiderstand

Hoher
Luftwiderstand

George Washington, Silberdollar (trudelnd) → 54 Meter
George Washington, Silberdollar (rotierend) → 142 Meter

Der Rappahannock ist an der Stelle, wo Washington angeblich den Dollar warf, nur 113 Meter breit. Sofern er der Münze den richtigen Drall verpasste, ist es durchaus möglich, dass ihm der Wurf gelang! (Der Potomac ist mit seinen mehr als 500 Metern eindeutig zu breit.) Und noch etwas bestätigt unsere Vermutung: Viele Leute haben es Washington erfolgreich nachgemacht. Im Jahre 1936 warf der ehemalige Pitcher Walter Johnson einen Silberdollar 118 Meter weit über den Rappahannock. Bereits einen Tag zuvor hatte der Baseballstar Lou Gehrig einen Silberdollar über einen 122 Meter breiten Abschnitt des Hudson River geworfen.

Unser Modell ist nur eine Annäherung an die echten Gegebenheiten. Aber die Antworten, die es liefert, sind offenbar nicht weit weg von der Wirklichkeit, und es ist bemerkenswert, dass wir mit so wenig physikalischem Grundlagenmaterial einigermaßen realistische Auskünfte über einen so komplexen physikalischen Vorgang wie das Werfen erhalten können.

Nun ja, zumindest sind sie in einem gewissen Sinne realistisch…

Carly Rae Jepsen, George Washington → 89 Zentimeter

Schubs!

←89 cm→

KAPITEL 11

Wie man's hinkriegt, Football zu spielen

Es gibt eine Menge Spiele, die »Fußball« oder »Football« heißen, und sie sind durch einen komplizierten Stammbaum miteinander verbunden.

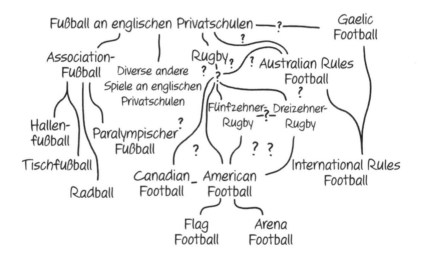

Ich weiß nicht, welche Version Sie spielen; vielleicht können Sie ja mal Ihre Mitspieler fragen oder genau beobachten, was die Leute tun, und aus dem Kontext erraten, wie das Spiel heißt.

Hört mal, Leute - was für Football spielen wir eigentlich?

Ich hab gesehen, wie jemand mit dem Fuß einen Ball schoss.

Das kann alles sein.
Sah der Ball rund aus?

Kann ich nicht so genau sagen ...

Also, nicht vergessen: Wenn ihr am Ball was Schwarzes und Weißes seht - kein Umgrätschen!

Die meisten Versionen haben eine Reihe gemeinsamer Elemente: Es gibt zwei Mannschaften von ungefähr zwölf Spielern. Jede Mannschaft steht auf einer Hälfte eines großen Spielfelds und versucht, einen Ball ins Tor auf der Seite der gegnerischen Mannschaft zu bringen. Das ist fast immer damit verbunden, dass man den Ball irgendwann schießt. Die einzelnen Versionen unterscheiden sich jedoch in der Frage, welche Teile des Körpers den Ball berühren dürfen.

Auf dem Feld befinden sich eine Menge Spieler, aber normalerweise kann immer nur einer von ihnen den Ball haben. So haben Sie reichlich Gelegenheit, einfach nur herumzulaufen, ohne sich jemals direkt mit dem Ball abgeben zu müssen. Wenn Sie sich bemühen, mächtig beschäftigt auszusehen, wird Sie vielleicht niemand wahrnehmen, solange Sie nicht in Ballnähe kommen.

Schließlich kann es aber doch passieren, dass jemand versucht, Ihnen den Ball zuzuspielen – das geschieht häufig, wenn Sie American Football spielen und der Quarterback sind. Oder vielleicht langweilt es Sie am Ende, immer nur umherzurennen, und Sie beschließen, den Ball anzunehmen – entweder indem Sie ihn abpassen oder (je nach Regelwerk) indem Sie ihn jemandem, der gerade vorbeikommt, entreißen.

Wenn Sie den Ball erst einmal haben, wird *jeder* seine Aufmerksamkeit auf Sie richten, und eine Menge Leute werden versuchen, Ihnen das Spielgerät wieder wegzunehmen. Falls Ihnen dieser Druck nicht zusagt, können Sie den Ball an einen Teamkollegen weitergeben.

Sollten Sie den nötigen Ehrgeiz verspüren, können Sie versuchen, selbst Punkte zu erzielen. Im Fußball wie im Football (und in vielen anderen Sportarten auch) erreicht man das im Allgemeinen auf ganz einfache Weise: Man muss den Ball im Tor unterbringen.

DEN BALL INS TOR WERFEN

Bei manchen Arten von Fußball können Sie Punkte machen, indem Sie den Ball aus der Entfernung ins Tor fliegen lassen. Das können Sie schaffen, indem Sie den Ball werfen oder schießen beziehungsweise ein anderes Körperteil einsetzen.

Schießen   Werfen   Kopfball   Blide

Möglicherweise haben Sie nicht die Option, den Ball direkt ins Tor zu werfen oder zu schießen. In manchen Fällen erlauben es die Regeln nicht, dass man auf diese Weise ein Tor erzielt – so kann der Quarterback beim American Football den Ball nicht einfach ins Tor werfen (obwohl das für ihn manchmal sehr verlockend sein muss).

Falls Sie den Beschluss fassen, den Ball ins Tor zu werfen oder zu schießen, sollten Sie sich die Distanz zum Tor und das Gewicht des Balles notieren und dann Kapitel 10: *Wie man's hinkriegt, Dinge zu werfen* zu Rate ziehen.

In Fußballvarianten, bei denen Sie den Ball direkt ins Tor schleudern dürfen, ist es möglicherweise nicht sehr effizient, aus großer Entfernung zu werfen. Beim Verbandsfußball ist es beispielsweise völlig legal, wenn der Torwart den Ball ins Tor der gegnerischen Mannschaft wirft, aber es passiert so gut wie nie. Versucht der Torwart, den Ball so weit zu werfen, dann wird dieser unterwegs gewöhnlich aufprallen, weiterrollen und sich verlangsamen, was dem gegnerischen Torwart jede Menge Zeit verschafft, ihn zu halten.

Wenn Sie einen Treffer erzielen wollen, aber nicht glauben, dass Sie den Ball von Ihrem aktuellen Standort aus ins Tor werfen können, müssen Sie ihn persönlich Richtung Tor bringen.

DEN BALL INS TOR BRINGEN

Wenn man die reine Entfernung betrachtet, sollte es nur etwa eine Minute dauern, bis man mit dem Ball zum gegnerischen Tor spaziert ist – und wenn man joggt, geht es noch viel schneller:

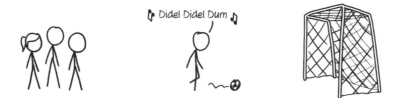

Aber seien Sie gewarnt: Die anderen Spieler sind womöglich nicht kooperativ – am wenigsten die von der gegnerischen Mannschaft.

Das andere Team könnte versuchen, Spieler zwischen Sie und das Tor zu bringen, um Sie daran zu hindern, dort anzukommen. Sofern Sie nicht wesentlich größer und stärker als die anderen Spieler sind, ist das ein echtes Problem – und zu Ihrem Unglück bestehen die meisten Footballteams aus Leuten, die sowohl groß als auch stark sind. Sie können versuchen, um diese Spieler herumzulaufen, aber das ist schwieriger, als man denkt – Footballspieler sind tüchtig schnell, und manchmal wissen sie, dass andere Leute sie austricksen wollen, und sind darauf vorbereitet.

Wenn ein anderes Team Sie davon abhält, zum Tor vorzudringen, hilft es nicht, einfach schneller zu rennen. Die Spieler wiegen genauso viel wie Sie, und es gibt viele von ihnen – sie werden Ihre Stoßkraft also fast vollständig absorbieren. Es wäre eine Menge Kraft vonnöten, um sich durch sie hindurchzuschieben.

Eine Möglichkeit, durch einen Wall aus gegnerischen Spielern zu kommen, läge darin, dass man sein Gewicht, seine Geschwindigkeit und seine Leistung erhöht.

Wenn jemand auf einem sehr großen Pferd sitzt, haben Reiter und Pferd zusammen etwa dasselbe Gewicht wie ein Footballteam, und das hohe Tempo des Pferdes wäre ein Vorteil in Sachen Stoßkraft. Damit würde es einfacher werden, sich durch die gegnerische Mannschaft zu schubsen.

Im Regelwerk der FIFA kommt das Wort »Pferd« nicht vor.[1] Sie könnten also argumentieren, dass es im gesamten Buch keine Vorschrift gibt, welche die Benutzung von Pferden beim Fußball verbietet. Es gibt Regeln gegen bestimmte *Ausrüstungsgegenstände*, aber ein Pferd ist ja keine Ausrüstung, sondern ein Pferd.

Kann sein, dass die Schiedsrichter Ihr Argument nicht überzeugend finden. Wenn Sie mit einem Pferd aufs Spielfeld reiten, ist es relativ wahrscheinlich, dass man versuchen wird, Sie zu stoppen. Schiedsrichter sind gemeinhin kleiner als Spieler, und es gibt immer nur wenige, aber trotzdem vergrößern sie die Zahl der Leute, durch die Sie sich den Weg zum Tor bahnen müssen. Vermutlich werden sie auch entscheiden, dass Ihr Tor nicht zählt, aber an diesem Punkt sind Sie wahrscheinlich ohnehin schon disqualifiziert.

Ein Pferd ist viel größer als ein Mensch und kann sicher eine Handvoll Leute aus der Bahn schubsen. Aber eine größere Menschengruppe wäre vielleicht eine so starke Barriere, dass selbst ein großes Pferd nicht hindurchkäme.

Die Filmtrilogie *Der Herr der Ringe* kulminiert in einer Schlacht, in der man Pferde sieht, die sich ihren Weg durch ein scheinbar endloses Meer von Orks bahnen und diese allesamt beiseite stoßen.

....

[1] In den Regeln der *National Football League* ist das Wort »Pferd« tatsächlich enthalten, aber nur im Zusammenhang mit einem Manöver, das »horse-collar tackle« (wörtlich: Pferde-Kummet-Tackle) heißt.

Könnte ein Pferd das schaffen, ohne dabei an Geschwindigkeit zu verlieren?

Wir können diese Frage mithilfe der Gleichungen für den Luftwiderstand beantworten – außer dass wir hier statt Luft die Orks einsetzen.

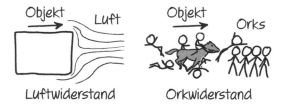

Die Basisformel zur Berechnung des Luftwiderstands ist die Strömungswiderstands-Gleichung:

$$\text{Strömungswiderstandskraft} = \frac{1}{2} \times \text{Strömungswiderstandskoeffizient} \times \text{Luftdichte} \times \text{Stirnfläche} \times \text{Geschwindigkeit}^2$$

Wenn ein Gegenstand durch die Luft fliegt, trifft er auf Luftmoleküle und muss sie aus dem Weg schieben. In gewissem Sinne stellt die Gleichung die Gesamtmasse der Luft dar, durch die sich der Flugkörper bewegen muss, und sie zeigt auch auf, wie viel Stoßkraft diese Luft in sich trägt:

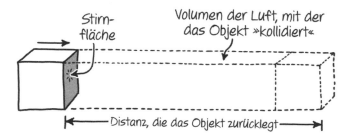

Die Hauptbestandteile der Gleichung können aus diesem Diagramm abgeleitet werden. Wenn ein Gegenstand schneller unterwegs ist, stößt er pro Sekunde mit mehr Luftmolekülen zusammen, und gleichzeitig bewegen sich auch diese Luftmoleküle bezüglich zum Gegenstand schneller – deshalb wird die Geschwindigkeit in der Formel zum Quadrat genommen. Wenn sich das Tempo eines Gegenstands verdoppelt, trifft er pro Sekunde auf doppelt so viel Luft, *und* die Luft ist doppelt so schnell; der Impuls, den die Luft pro Sekunde abgibt – ihre Schubkraft also –, steigt um den Faktor 4.[2]

Wir können mit dieser Gleichung berechnen, wie viel Leistung ein Gegenstand bringen muss, um den Widerstand zu überwinden und seine eigene Geschwindigkeit aufrechtzuerhalten. Energie ist Kraft mal Weg, und Leistung ist Energie pro Sekunde, also ist die Leistung, die der Gegenstand aufbringen muss, gleich der Strömungswiderstandskraft mal der Strecke, die der Gegenstand in einer Sekunde zurücklegt. Da nun aber »Weg pro Sekunde« nichts anderes als Geschwindigkeit ist, ist die Leistung gleich Strömungswiderstandskraft mal Geschwindigkeit. Um die Strömungswiderstandskraft zu berechnen, haben wir schon eine Multiplikation mit dem Quadrat der Geschwindigkeit vorgenommen, und nun müssen wir das Ganze *noch einmal* mit der Geschwindigkeit malnehmen:

$$\text{Leistung} = \frac{1}{2} \times \begin{array}{c}\text{Strömungswider-}\\\text{standskoeffizient}\end{array} \times \begin{array}{c}\text{Luft-}\\\text{dichte}\end{array} \times \begin{array}{c}\text{Stirn-}\\\text{fläche}\end{array} \times \begin{array}{c}\text{Geschwin-}\\\text{digkeit}^3\end{array}$$

Die hochgestellte »3« in der Formel zeigt uns deutlich: Wenn ein Gegenstand schneller wird, schießt die Leistung, die er auf-

....

[2] Wenn Sie schon in einigen Physikkursen gesessen haben und lange genug auf dieses Diagramm starren, werden Sie sich vielleicht wundern, was der Faktor ½ in der Gleichung zu suchen hat. Da der Strömungswiderstandskoeffizient ein dimensionsloser, willkürlich gesetzter Skalierungsfaktor ist, könnte man das »½« einsparen, indem man alle Strömungswiderstandskoeffizienten einfach verdoppelt. Der Sportphysiker John Eric Goff hat darauf hingewiesen, dass ein Faktor 1 (oder möglicherweise 2) natürlicher wäre, wenn man die Gleichung so ableitet, dass man vom Impuls der eintreffenden Luftmoleküle ausgeht. Wenn Sie allerdings den Luftwiderstand als kinetische Energie der eintreffenden Luft betrachten, ist es sinnvoller, den Faktor ½ aus der Formel für die kinetische Energie mit hinüberzunehmen. Physiker neigen dazu, das Phänomen auf diese Weise zu erklären: Sie sagen, die Strömungswiderstands-Gleichung stelle den »dynamischen Druck« der ankommenden Luft dar. Aber nicht jeder Experte geht damit konform – Frank White nennt den Faktor ½ in seinem Lehrbuch *Fluid Mechanics* (Strömungslehre) einfach einen »althergebrachten Tribut an Euler und Bernoulli«.

bringen muss, um den Strömungswiderstand zu überwinden, rasch in die Höhe.

Seltsamerweise können wir dieselbe Herangehensweise nutzen, um abzuschätzen, wie viel Energie ein Pferd aufbringen müsste, um eine Horde von Orks zu durchpflügen. Dabei behandeln wir die Orks als einheitliches Gas mit sehr großen Molekülen.

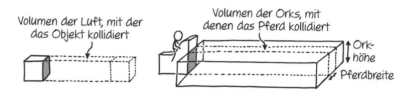

Volumen der Luft, mit der das Objekt kollidiert

Volumen der Orks, mit denen das Pferd kollidiert

Orkhöhe
Pferdbreite

Passt man die Gleichung an die Pferde-Orks-Geometrie an, so erhält man folgende Berechnungsgrundlage für die Leistung:

$$\text{Leistung} = \frac{\text{Dichte der}}{\text{Orkmenge}} \times \frac{\text{Ork-}}{\text{gewicht}} \times \frac{\text{Breite des}}{\text{Pferdebrustkorbs}} \times \frac{\text{Geschwin-}}{\text{digkeit}^3}$$

Anmerkung: Wir konnten den Faktor ½ und den Strömungswiderstandskoeffizienten weglassen. Bei einem »Gas« aus einzelnen, nicht miteinander agierenden Molekülen, die von der Frontseite eines in Bewegung begriffenen gewölbten Objekts abprallen, beträgt der Koeffizient nämlich ungefähr 2.

Im Film standen die Orks in einer Dichte von etwa 1 Ork/Quadratmeter. Wenn wir annehmen, dass jeder Ork 90 kg wiegt, dass das Pferd im Brustbereich 75 cm breit ist und dass es mit 40 km/h galoppiert, läuft es auf Folgendes hinaus:

$$\frac{1 \text{ Ork}}{\text{m}^2} \times \frac{90 \text{ kg}}{\text{Ork}} \times 0{,}75 \text{ m} \times (40 \text{ km/h})^3 \approx 97 \text{ Kilowatt}$$

Kann ein Pferd über einen längeren Zeitraum eine Leistung von fast 100 Kilowatt bringen? Dazu müssen wir wissen, wie hoch die Dauerleistung eines Pferdes ist. Praktischerweise gibt es die Einheit »Pferdestärke« bereits, und so brauchen wir die Einheiten bloß umzurechnen:

$$97 \text{ Kilowatt} \approx 130 \text{ Pferdestärken}$$

130 Pferdestärken sind zu viel für ein einziges Pferd. Ein Pferd kann über einen kurzen Zeitraum Arbeit für mehr als 1 Pferdestärke leisten – die Pferdestärke ist definiert als Arbeit über längere Zeit hinweg. Allerdings liegt die kurzzeitige Maximalleistung eines Pferdes eher im Bereich von 10 bis 20 Pferdestärken, also weit entfernt von den 130, die wir in der Filmszene brauchen. Um die nötige Leistung zum Durchbrechen der Orkmassen zu reduzieren, müsste das Pferd langsamer werden und in Trab verfallen.

Die Orkwiderstands-Gleichung lässt sich auch auf Footballspieler, Schiedsrichter und überhaupt jede andere feindliche Horde anwenden, durch die Sie auf einem Pferderücken stürmen wollen. Wenn Sie sich per Pferd durch einen Pulk aus Spielern schieben möchten, müssen Sie Ihr Tempo tüchtig drosseln. Dadurch bietet sich Ihren Gegnern allerdings die Chance, sich Ihnen entgegenzustemmen, auf Ihr Pferd zu klettern, um es zu überlasten, oder Ihr Bein zu packen und Sie aus dem Sattel aufs Spielfeld zu ziehen, wo man in traditioneller Manier gegen Sie vorgehen kann.

Nein, das ist mein Ball!
Den kriegt ihr nie!

Wie jede Trickserei büßt auch der Schachzug mit dem Pferd an Wirksamkeit ein, wenn die Gegenseite sich auf ihn vorbereiten kann. Hat die andere Mannschaft erst mal Wind von Ihrem Plan bekommen, wird sie sich mit Pferdeabwehrmaßnahmen darauf einstellen. Sie könnte lange Spieße in den Boden rammen, Gräben auf dem Spielfeld ausheben oder an strategisch wichtigen Punkten Leckereien anbringen, um Ihr Reittier abzulenken.

Trainer, ich höre da so ein Wiehern aus
dem anderen Umkleideraum ...

Okay, dann wählen wir die Spielvariante »Irreführung
der Kavallerie«. Johnson, du übernimmst die
Zonenabdeckung. Smith, du läufst in die Mitte, hältst
einen leuchtend roten Apfel hoch und sprichst ein paar
sanfte Worte.

Verstanden.

Aber da sowieso nur eine Handvoll Spieler auf dem Feld sind,
könnten Sie auch darauf abzielen, eine Bresche in die Verteidi-
gungslinie zu schlagen. Es ist möglich, dass es nur einige wenige
Kollisionen gibt und Sie durchkommen. Kein Läufer der Welt
kann ein Pferd in vollem Galopp einholen, und wenn Sie es erst
mal bis hinter die Verteidiger geschafft haben, bietet sich Ihnen ein
freies Schussfeld bis zum Tor.

KAPITEL 12

Wie man's hinkriegt, das Wetter vorherzusagen

Welches Wetter kriegen wir morgen?

Sprechen die Leute über das Wetter an ihrem Wohnort, hört man oft eine alte Redewendung: »Wenn Ihnen das Wetter in [*hier den Ort einsetzen*] nicht gefällt, dann warten Sie einfach fünf Minuten.« Wie jeder clevere Ausspruch wird auch dieser gewöhnlich Mark Twain zugeschrieben. In diesem Fall stammt er wohl wirklich von ihm, aber wenn doch nicht, können Sie ihn ja Dorothy Parker oder Oscar Wilde in den Mund legen.

Die Leute zitieren diesen Spruch so ziemlich überall in den gemäßigten Breiten, denn das Wetter ändert sich hier dauernd, und aus irgendeinem Grund überrascht uns das immer wieder aufs Neue.[1] Die Veränderungen können schwer vorhersagbar sein, aber da das Wetter zu den Dingen gehört, mit denen jeder irgendwie umgehen muss – schließlich sind wir alle gemeinsam auf dem Grund der Erdatmosphäre gefangen –, versuchen wir trotzdem, Prognosen zu treffen.

Es gibt viele Möglichkeiten, das Wetter vorherzusagen; manche sind besser, andere schlechter. Die besten modernen Wettervorhersagen arbeiten mit ausgefeilten Computermodellen, aber beginnen wir mit einer altehrwürdigen Technik: dem wilden Drauflosraten.

....

[1] Wir Menschen sind echt gut darin, uns von vorhersehbaren Veränderungen überraschen zu lassen. Jedes Mal, wenn ich einen Freund oder eine Freundin mit Baby sehe, kann ich es mir nicht verkneifen, zu dem Kleinen zu sagen: »Oh, bist du aber gewachsen!« Irgendwas in mir erwartet offenbar, dass Babys immer gleich groß bleiben oder mit der Zeit kleiner werden.

Ihre 5-Tages-Vorhersage
Temperatur und Wind

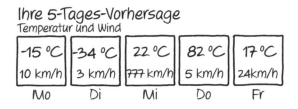

-15 °C	-34 °C	22 °C	82 °C	17 °C
10 km/h	3 km/h	777 km/h	5 km/h	24km/h
Mo	Di	Mi	Do	Fr

Das funktioniert überhaupt nicht gut.

Deine Prognosen sind fürchterlich.

Wetter hat mit Chaostheorie und Quantenmechanik zu tun und ist im Kern unvorhersehbar.

Du hast gesagt, es kommen 3000 Liter Regen und Stürme von 1200 km/h.

Ja, da haben wir echt noch mal Glück gehabt ...

Eine etwas bessere Methode besteht darin, dass man sich einfach nur anschaut, wie das Wetter an diesem Ort und zu dieser Jahreszeit im Durchschnitt aussieht. Man nennt das eine *klimatologische Prognose*.

In Gegenden, in denen sich das Wetter nicht groß ändert, etwa in den Tropen, ist das eine ziemlich gute Vorgehensweise. Mitte Juli beträgt die durchschnittliche Tageshöchsttemperatur in Honolulu (Hawaii) beispielsweise 31 °C. Das können wir nutzen, um schon mal eine Vorhersage für den Juli des nächsten Jahres zu treffen:

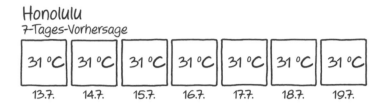

Und hier sind die tatsächlich aufgezeichneten Temperaturen für diese Tage im Jahr 2017 (Quelle: *Weather Underground*):

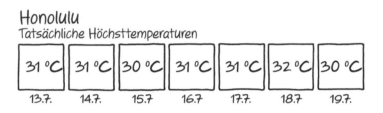

Schön! Unsere »Vorhersage« hat der Wirklichkeit ziemlich gut standgehalten. An vier der sieben Tage haben wir mit der Temperatur genau ins Schwarze getroffen, und unsere Abweichung betrug nie mehr als ein Grad. Auf uns warten Ruhm und Reichtum als Wetterpropheten!

Nun wollen wir diese tolle Methode auf Saint Louis (US-Bundesstaat Missouri) anwenden, und zwar für den Monat September. Die durchschnittliche Tageshöchsttemperatur liegt dort Mitte September bei 26 °C. Das machen wir uns für unsere Vorhersage zunutze:

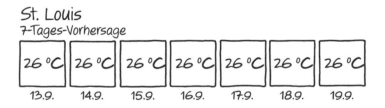

Und hier die wirklichen Temperaturen für diesen Zeitraum im Jahr 2017:

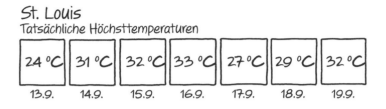

St. Louis
Tatsächliche Höchsttemperaturen

24 °C	31 °C	32 °C	33 °C	27 °C	29 °C	32 °C
13.9.	14.9.	15.9.	16.9.	17.9.	18.9.	19.9.

Huch! Da lagen wir aber *weit* daneben.

Vorhersagen, die auf langjährigen Durchschnittswerten beruhen, funktionieren in den Tropen besser, denn dort gibt es nicht so große Wetterschwankungen. Saint Louis hingegen liegt in der gemäßigten Klimazone[2], wo das Wetter von den Bewegungen großer, langsamer Hoch- und Tiefdrucksysteme bestimmt wird. Das kann zu Hitzewellen, Kälteeinbrüchen und jeder Menge Gejammer führen.

Insgesamt scheint das Raten auf Grundlage von Durchschnittswerten eine schlechte Strategie zu sein. Doch bevor wir zu den guten Strategien übergehen, sollten wir noch eine andere schlechte in Betracht ziehen – nämlich die Annahme, dass sich das Wetter niemals ändern wird.

Das klingt bescheuert, denn das Wetter ändert sich ja ständig, aber trotzdem ändert es sich nicht *so* schnell. Wenn es jetzt regnet, ist es sehr wahrscheinlich, dass es auch in 30 Sekunden noch regnen wird. Wenn es momentan ungewöhnlich heiß ist, stehen die Chancen recht gut, dass es in einer Stunde noch immer ungewöhnlich heiß sein wird. Sie können dieses Prinzip nutzen, um eine Vorhersage zu treffen – schauen Sie sich einfach an, wie das Wetter gerade jetzt ist. Genau so sieht dann auch Ihre Vorhersage aus. Man nennt das eine *Persistenzprognose*.

Für die unmittelbare Zukunft funktioniert die Persistenzprognose besser als eine Vorhersage auf Grundlage von langjährigen Durchschnittswerten, und auf lange Zeiträume funktioniert die Vorhersage nach Durchschnittswerten besser. In Weltgegenden, in denen die Wettermuster dazu neigen, tagelang fortzubestehen, fährt man mit Persistenzprognosen besser. In anderen Gegenden

....
2   Stand vom Frühjahr 2019.

hat das Wetter von heute fast keine Beziehung zum Wetter von morgen, und man fährt mit Prognosen nach Durchschnittswerten besser.

COMPUTER

In den Jahren nach dem Zweiten Weltkrieg, ganz am Beginn des Computerzeitalters, startete der Mathematiker John von Neumann ein Projekt, in dem er Computer für die Wettervorhersage nutzen wollte. 1956 kam er zu dem Schluss, dass solche Vorhersagen in drei Bereiche unterteilt werden können: die Kurzfrist-, die Mittelfrist- und die Langfristprognose. Dabei fand er heraus, dass die Methoden in jedem dieser drei Bereiche unterschiedlich sein müssen und dass der mittlere Bereich – die Mittelfristprognose – am vertracktesten ist.

Die Kurzfristprognose umfasst die nächsten Stunden oder die unmittelbaren Folgetage. In diesem Bereich lässt sich das Wetter vorhersagen, indem man genügend Daten sammelt und dann jede Menge mathematische Operationen mit ihnen vornimmt. Die Atmosphäre verhält sich gemäß den relativ gut entschlüsselten Gesetzen der Strömungslehre. Wenn man den aktuellen Zustand der Atmosphäre messen kann, lässt sich eine Simulation erstellen, die zeigt, wie sich das Ganze weiterentwickeln wird. Diese Simulationen liefern uns ziemlich gute Vorhersagen für die nächsten paar Tage.

Wir können die Prognosen verbessern, indem wir mehr Informationen über den Zustand der Atmosphäre zusammentragen und Daten aus Wetterballons, Wetterstationen, Flugzeugen und Ozeanbojen miteinander verknüpfen. Wir können auch die Simulationen verbessern, indem wir mehr Rechenleistung nutzen, um sie in immer größerer Auflösung laufen zu lassen.

Aber wenn wir versuchen, die Vorhersage auf mehrere Wochen auszudehnen, stoßen wir auf ein Problem.

Edward Lorenz, der 1961 zum Thema »computergestützte Wetterprognosen« forschte, machte folgende Feststellung: Wenn er von einer Simulation zwei Versionen ablaufen ließ, die sich nur in einer Winzigkeit unterschieden – etwa indem er die Temperatur an einem bestimmten Ort von 10 °C auf 10,001 °C nachjustierte –, kam am Ende etwas total Unterschiedliches heraus. Zunächst war diese Verschiedenheit gar nicht wahrnehmbar, aber nach und nach wuchs sich der kleine Unterschied zu etwas Größerem aus und verbreitete sich im gesamten System. Schließlich sahen sich beide Systeme selbst im großen Maßstab überhaupt nicht mehr ähnlich. Lorenz prägte dafür den Begriff *Schmetterlingseffekt*, weil er sich vorstellte, dass der Flügelschlag eines Schmetterlings auf der einen Seite der Welt irgendwann die Bahn von Stürmen auf der anderen Seite der Welt verändern könnte. Aus dieser Idee entwickelte sich die Chaostheorie.[3]

Weil das Wetter ein chaotisches System ist, glauben wir, dass Mittelfristprognosen – *Wie wird das Wetter in einem Monat oder in einem Jahr sein?* – im Grunde unmöglich sind. Inzwischen haben wir einige langsam verlaufende Zyklen entdeckt, die saisonale Veränderungen steuern, etwa El Niño und die Pazifische Dekaden-Oszillation. Sie liefern uns Anhaltspunkte zu den allgemeinen Kennzeichen der nächsten Saison. Aber es ist möglich, dass es nie möglich sein wird, am 1. Mai vorherzusagen, ob am 1. Oktober mit Regen zu rechnen ist.

Die Langfristvorhersage erstreckt sich über einen Zeitraum von Jahrzehnten oder Jahrhunderten und entspricht dem, was wir heute als Prognose des Klimawandels bezeichnen. Über lange Zeithorizonte gleichen sich die chaotischen Tag-zu-Tag-Variationen aus, und das Klima wird von langfristigen Energie-Einträgen und -Abgaben beherrscht. Es wird vermutlich nie möglich sein, perfekte Klimavoraussagen zu treffen, denn das den Phänomenen zugrundeliegende Chaos kann immer Sand ins Getriebe streuen, aber zumindest lässt sich mit einiger Sicherheit sagen, wie sich die Dinge im Durchschnitt entwickeln werden. Wenn sich das Quantum Sonnenlicht, das in die Atmosphäre eintritt, erhöht, wird auch

....

3 Und laut *Jurassic Park* führte sie auch irgendwie zu einem Haufen menschenfressender Dinosaurier.

die Durchschnittstemperatur steigen. Wenn die CO_2-Menge in der Atmosphäre sinkt, entweicht mehr Infrarotstrahlung von der Erdoberfläche, und die Temperatur geht zurück. In diesem Prozess gibt es alle möglichen komplizierten Rückkopplungsschleifen, von denen wir manche noch nicht vollständig verstehen, aber das Grundverhalten des Systems ist im Prinzip vorhersehbar. Wir haben also drei Bereiche:

- **den kurzfristigen:** Wetter vollkommen vorhersagbar, wenn die Computersimulationen gut genug sind
- **den langfristigen:** Wetter schwer mit Gewissheit vorhersagbar, aber Durchschnittsangaben möglich
- **den mittelfristigen:** Wettervorhersagen vielleicht wirklich unmöglich

Die Leute haben sich seit jeher über unzutreffende Wetterprognosen beschwert. Heute tun sie das natürlich immer noch, aber vielleicht sind die Klagen nicht mehr ganz so verbreitet wie früher. In dem Maße, wie wir unsere Computersimulationen und Datenerhebungen verbessern, werden die Kurzfristvorhersagen – also die für eine 5-Tage-Prognose – ständig akkurater. 2015 waren sie schon genauso zutreffend, wie es 1995 die 3-Tage-Prognosen gewesen waren. Noch Mitte des 20. Jahrhunderts waren Wettervorhersagen, die mehr als zwei oder drei Tage umfassten, nicht besser gewesen als die Prognosen, die man mithilfe der simplen Persistenzmethode gewinnen konnte – und für die braucht man überhaupt keinen Computer! Inzwischen erstellen unsere besten Computermodelle Vorhersagen, die für einen Zeitraum von bis zu 9 oder 10 Tagen die Prognosen jener einfachen Methoden übertreffen.

Allgemein haben sich die Wetterprognosen im letzten halben Jahrhundert mit einer Rate von 1 Tag pro Jahrzehnt verbessert, was auf 1 Sekunde pro Stunde hinausläuft.[4]

....

[4] Wenn Sie einen Physiker ärgern wollen, erwähnen Sie ihm gegenüber, dass die Internationale Einheit für »Sekunden pro Stunde« *Radiant* heißt.

Physikalische Berechnungen legen nahe, dass es für solche simulationsgestützten Vorhersagen eine fundamentale Grenze gibt, die bei wenigen Wochen liegt. Über zwei oder drei Wochen hinaus macht das dem System innewohnende Chaos eine Voraussage unmöglich.

Aber um das Wetter vorherzusagen, brauchen Sie gar nicht unbedingt einen Supercomputer.

ABENDROT, SCHÖNWETTERBOT

Der Volksmund behauptet, man könne das Wetter nach der Farbe des Himmels vorhersagen. So heißt es im Englischen: *Red sky at night, sailor's delight. Red sky at morning, sailors take warning* (Roter Himmel am Abend ist dem Seemann eine Freude. Roter Himmel am Morgen: Seeleute, seht euch vor!).

Ähnliche Redewendungen existieren schon seit langer Zeit und in verschiedenen Sprachen – eine Version findet sich sogar in der Bibel.[5] Dass sich solche Sprüche so lange erhalten haben, liegt daran, dass die Sache tatsächlich funktioniert, zumindest in bestimmten Teilen der Welt. Mit den Wolken selbst hat die Abendrot-Morgenrot-Methode gar nicht so viel zu tun, wie Sie vielleicht denken. Stattdessen nutzen wir die Sonne, um eine Art Röntgenbild der Atmosphäre über dem Horizont zu machen, und nehmen die Wolken über uns dann als Bildschirm, auf welchen wir die Ergebnisse projizieren!

....

5   »Des Abends sprecht ihr: Es wird ein schöner Tag werden, denn der Himmel ist rot; und des Morgens sprecht ihr: Es wird heute Ungewitter sein, denn der Himmel ist rot und trübe.« Matthäus 16, 2-3.

Hä, was?

In den gemäßigten Breiten bewegen sich die Wettersysteme meist von West nach Ost. Sie sind nicht allzu schnell unterwegs – im Allgemeinen zieht das Wetter mit dem Tempo eines Autos um die Erde, manchmal auch langsamer. Ein Sturmsystem, das jetzt noch anderthalbtausend Kilometer weiter westlich liegt, wird also erst morgen bei Ihnen ankommen. Wegen der Krümmung der Erde und des atmosphärischen Dunsts können Sie die fernen Wolken dort im Westen nicht sehen – ansonsten wären Wetterprognosen viel einfacher!

Der Trick mit dem roten Himmel kommt um diese Schwierigkeit herum, indem er die Sonne mit einsetzt. Rote Wellenlängen können sich leichter durch Luft bewegen als blaue. Wenn die Sonne im Westen untergeht, dringt ihr Licht durch Hunderte Kilometer Atmosphäre, und dabei wird es extrem rot. Schließlich trifft es auf die Wolken über Ihnen. Die kürzeren blauen Wellenlängen hingegen prallen in der Luft ab und werden in andere Richtungen geschickt. Daher ist der Himmel auch blau – er reflektiert blaues Licht. Weiße Wolken reflektieren alle Farben; wenn also rotes Licht auf sie scheint, sehen auch sie rot aus.

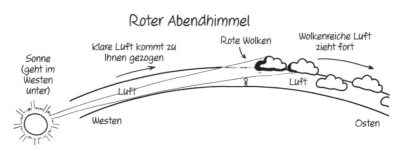

Roter Abendhimmel

Wenn es im Westen Regenwolken gibt, wird das rote Sonnenlicht gestoppt, ehe es bis zu Ihnen gelangen kann, und der Sonnenuntergang sieht nicht besonders rot aus:

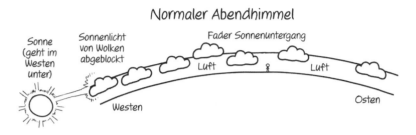

Gibt es andererseits klare Luft über Hunderte Kilometer in öst-
licher Richtung hinweg, kann das Sonnenlicht so gut die Atmosphäre durchdringen, dass es bis zum Himmel über Ihrem Kopf
gelangt und diesen rot färbt. Wenn es dort Wolken gibt, erleuchtet
das rote Licht sie und sorgt auf diese Weise für einen spektakulären Sonnenaufgang.

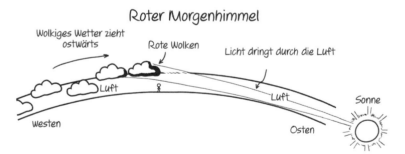

Da das Wetter von West nach Ost zieht, bedeutet ein roter
Abendhimmel, dass es über unseren Köpfen noch Wolken gibt, im
Westen aber klaren Himmel. Das verrät uns, dass es vermutlich
auch bei uns aufklaren wird.

Ein roter Morgenhimmel bedeutet hingegen, dass es klare Luft nach Osten hin gibt, aber Wolken über unseren Köpfen. Die Schönwetterzone bewegt sich also gerade von uns fort, und die Wolken ziehen hinein.

In den Tropen funktioniert der Spruch nicht, denn dort herrschen Winde vor, die von Ost nach West wehen und sich allgemein weniger gut vorhersagen lassen. Andererseits ist das Wetter in den Tropen aber auch viel stabiler – mal abgesehen von gelegentlichen, unvorhersehbaren Wirbelstürmen –, und so besteht weniger Bedarf an solchen Faustregeln.

DIE GOLDENE STUNDE

Aus dem Filtereffekt der Atmosphäre erklärt sich zum Teil, weshalb Fotografen die Zeit kurz nach Sonnenaufgang und kurz vor Sonnenuntergang als »goldene Stunde« bezeichnen. Das gleiche warme, rötlichere Licht, das farbenprächtige Sonnenuntergänge erzeugt, führt zu guten Porträtaufnahmen – und zu tollen Fotos vom Abendhimmel.

Das bedeutet, dass Sie in den gemäßigten Breiten bereits eine Ahnung vom bevorstehenden Wetter bekommen können, wenn Sie sich anschauen, welche Fotos im Internet gepostet werden. Wenn wir abends Facebook anklicken und dort Fotos vom Sonnenuntergang sehen, die mehr rote und gelbe Pixel haben als üblich, oder Selfies in warmem Licht, die eine ungewöhnlich hohe Zahl von Likes bekommen, weist uns das darauf hin, dass sich das schlechte Wetter verzieht. Fotos vom Sonnenaufgang und strahlende Morgenselfies könnten dagegen ein böses Omen sein.

Die Fotofarben-Prognose mag zwar nicht so verlässlich sein wie ein Supercomputer, der die Veränderungen in der Atmosphäre simuliert, aber für eine alte, in einen einprägsamen Reim gefasste Methode ist sie doch ganz schön beeindruckend.

Wenn Sie zufällig kein Seemann sind, können Sie den Wortlaut ja nach Ihren Bedürfnissen frisieren.

> Weißt du, wie der Spruch geht?
>
> Post' ein schönes Bild zur Nacht, dann wird der Regen fortgebracht.
>
> Wenn das Morgenselfie zündet, das schöne Wetter bald entschwindet.

Wie man erfolgreich rumkommt

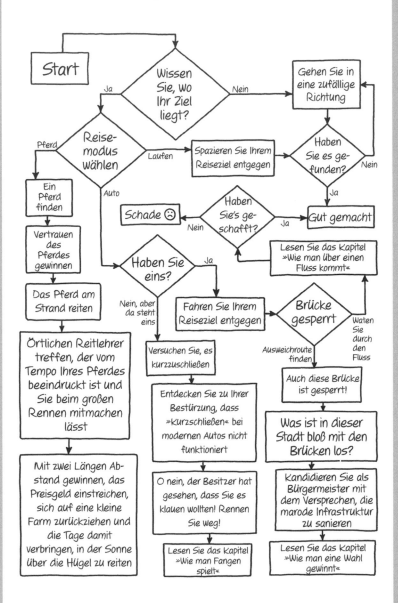

KAPITEL 13

Wie man's hinkriegt, Fangen zu spielen

Beim Fangen sind die Spielregeln einfach: Ein Spieler ist der Fänger; er jagt den anderen hinterher und versucht, einen Spieler zu berühren. Wenn er das schafft, wird der Abgeschlagene zum neuen Fänger.

Es gibt zahllose Abwandlungen dieser Grundregeln, ja sogar eine internationale Liga namens *World Chase Tag*. Sie richtet Wettkämpfe aus, bei denen die Athleten einander verfolgen und dabei Hindernisse überwinden– ähnlich wie beim Parkour. Die Standardversion von Fangen, wie sie auf dem Spielplatz praktiziert wird, hat allerdings sehr wenige spezielle Regeln. Es gibt weder Spielstände noch Tore, weder Ausrüstung noch ein klar definiertes Spielfeld. Solche Fangspiele haben normalerweise nicht einmal ein festgelegtes Ende. Man kann beim Fangen nicht gewinnen; man kann einfach nur aufhören zu spielen.

In einem idealisierten Fangspiel, bei dem manche Spieler schneller sind als andere und jeder mit seiner Höchstgeschwindigkeit unterwegs ist, müsste sich am Ende theoretisch ein natürliches Gleichgewicht einstellen. Wenn der Fänger nicht der langsamste Spieler ist, wird er einen langsameren Mitspieler fangen und abschlagen und damit aufhören, Fänger zu sein. Aber irgendwann wird der langsamste Spieler Fänger sein. Er wird es nicht schaffen, einen anderen Spieler zu erwischen und abzuschlagen, sodass er für immer Fänger bleiben muss.

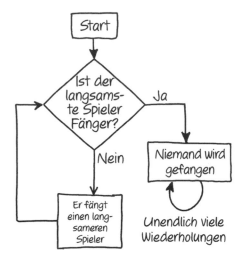

Wenn das Spiel nie endet, muss ein Nicht-Fänger ständig rennen. Bei einer Verschnaufpause riskiert er ein Hase-und-Schildkröte-Szenario wie in Äsops Fabel. Falls Sie schneller als der Fänger sind, aber jede Nacht acht Stunden schlafen wollen, müssen Sie darauf achten, einen ausreichenden Vorsprung zu gewinnen, sodass Sie verschnaufen können, ohne dass Ihr Gegner Sie einholt.

Unser Modell ist noch immer hochgradig idealisiert. Im wirklichen Leben haben Läufer nicht einfach eine »Maximalgeschwindigkeit«. Manche sind über kurze Distanzen schnell, während andere ihr Tempo über einen längeren Zeitraum hinweg halten können. Wenn wir unser allzu simples Fangspiel-Modell um diese Tatsache ergänzen, wird es langsam interessanter.

Stellen wir uns ein Fangspiel zwischen Usain Bolt (dem schnellsten Sprinter der Welt) und Hicham El Guerrouj (dem Weltrekordhalter über eine Meile) vor. Wir wollen dabei annehmen, dass beide Läufer auf dem Höhepunkt ihrer sportlichen Fähigkeiten sind und so laufen wie in ihrem jeweiligen Weltrekordrennen.

Usain Bolt   Hicham El Guerrouj
(schnell, kurzzeitig) (schnell, eine ganze Weile)

Langstreckenläufer und Sprinter bauen auf verschiedene physiologische Mechanismen, um ihre Leistung zu erbringen. Ein Sprinter stützt sich auf anaerobe Prozesse, die ihm über eine kurze Strecke hinweg eine Menge Energie liefern, aber nach einer oder zwei Minuten die Energiereserven des Körpers aufbrauchen. Langstreckenläufer setzen eher auf aerobe, Sauerstoff verbrauchende Prozesse, die sie über die lange Distanz stetig mit Energie versorgen.

Usain Bolt hält gegenwärtig die Weltrekorde in den meisten Sprintdisziplinen. Er ist der schnellste Mensch auf unserem Planeten... außer wenn er weiter als ein paar hundert Meter laufen muss. Seine Zeit über 400 Meter ist gut, liegt aber mehr als zwei Sekunden über dem Weltrekord.[1] Auf noch längeren Strecken kann

....

[1] 400 Meter sind gerade weit genug, um die anaeroben Reserven eines Sprinters aufzubrauchen und ein wenig aerobe Energie zu erfordern.

er nicht mal mit einem guten Highschool-Läufer mithalten. Wie sein Agent dem Magazin *The New Yorker* verriet, ist Bolt in seinem ganzen Leben nie eine Meile gelaufen.

Nehmen wir an, das Spiel beginnt mit El Guerrouj als Fänger – obwohl es nicht wirklich darauf ankommt, wer es am Anfang ist. Wenn nämlich Bolt den Fänger macht, sprintet er einfach drauflos und schlägt El Guerrouj binnen Sekunden ab.

Um nicht seinerseits gefangen zu werden, läuft Bolt los. Zunächst hat er einen Vorteil: Durch seine Sprintfähigkeiten gewinnt er schnell einen Vorsprung gegenüber dem langsameren El Guerrouj. Nach einer halben Minute hat er 300 Meter zurückgelegt und ist seinem Verfolger um volle 70 Meter voraus.

70 Meter

Jenseits der 30 Sekunden aber wird sich der Abstand allmählich verringern. Wenn El Guerrouj dem Sprintstar etwas mehr als anderthalb Minuten auf den Fersen bleibt, wird er ihn kurz vor der 700-Meter-Marke einholen und abschlagen.

Der ausgepumpte Bolt könnte versuchen, ihm nachzujagen, wäre aber nicht mehr in der Lage, ihn einzuholen.

Uff
...ich muss erst mal ...
...erst mal durchschnaufen ...

Sofern Sie nicht selbst ein Marathon-Champion sind, werden gute Langstreckenläufer beim Fangen Ihnen gegenüber stets im Vorteil sein. Egal ob Sie Usain Bolt heißen, Uwe Boll[2], Ugo Boncompagni[3] oder *Usnea barbata*[4], Sie werden einen Marathonläufer nicht fangen, wenn der erst mal auf Touren gekommen ist.

Und wenn Sie nun in Bolts Schuhen stecken und jemandem gegenüberstehen, der ein besserer Langstreckenläufer ist – sind Sie dann dazu verdammt, auf ewig Fänger zu sein?

Nun ja, möglicherweise.

WIE MAN EINEN LANGSTRECKENLÄUFER EINHOLT

Wenn Sie es nicht schaffen, einen Läufer im Laufen zu fangen, können Sie es mit einer wirkungsvolleren Option versuchen: mit Gehen.

Beim Gehen kommt man langsamer voran als beim Laufen, aber es ist bedeutend energieeffizienter; es kostet weniger Sauerstoff und weniger Kalorien pro Kilometer. Deshalb kann ein gesunder

....
[2] Ein Regisseur von Horrorfilmen.
[3] Geburtsname von Papst Gregor XIII.
[4] Eine Flechtenart.

Mensch vielleicht nur mit Mühe einen Kilometer rennen, andererseits aber mehrere Stunden ohne ernsthafte Probleme gehen. Das Laufen stellt höhere Anforderungen an Ihr aerobes System, und wenn Ihr Körper diese Anforderungen nicht zu erfüllen vermag, können Sie nicht weiterlaufen. Langstreckenläufer lernen auf eine Weise zu rennen, die sie möglichst wenig Energie verschwenden lässt, und außerdem konditionieren sie ihr Herz-Kreislauf-System so, dass es genau die Energiemenge liefert, die für einen Ausdauerlauf nötig ist.

Wanderer bewältigen den etwa 3500 Kilometer langen Appalachian Trail meist in fünf bis sieben Monaten. Wer es in fünf Monaten schaffen will, muss pro Tag im Durchschnitt gut 23 Kilometer zurücklegen. Nehmen wir also an, Sie können ein Tempo von 23 Kilometern pro Tag unbegrenzt durchhalten.

Yiannis Kouros, ein sehr erfolgreicher Langstreckenläufer, rannte einmal 290 Kilometer binnen 24 Stunden. Wenn Sie Kouros im Wanderschritt verfolgen, könnte er am ersten Tag 160 Kilometer laufen, um Ihnen erst mal weit genug zu entkommen; dann könnte er sich fast eine Woche lang ausruhen, bis Sie ihn eingeholt haben. Wenn Sie in seine Nähe kommen, läuft er halt 160 Kilometer weiter.

Wenn Kouros ein normales Leben führen möchte, aber entschlossen ist, sich nie fangen zu lassen, könnte er zwei oder drei Häuser im Abstand von etwa 160 Kilometern kaufen. Wenn Sie sich dem einen Haus nähern, rennt er zum nächsten. Auf diese Weise kann er in jedem Haus etwa eine Woche Rast einlegen, bevor Sie herankommen und ihn dazu zwingen, zum nächsten Haus zu flüchten.

Hoffentlich sind auch seine potentiellen Familienmitglieder allesamt Marathonläufer – andernfalls wird er viel mehr Mühe haben, seinen Vorsprung zu halten.

Mach schnell, sie holt auf!

WIE MAN EINEM MARATHONLÄUFER ENTKOMMT

Endlich ist es Ihnen gelungen, sich an Kouros heranzuschleichen und ihn, als er gerade nicht aufgepasst hat, abzuschlagen. Aber jetzt haben Sie ein neues Problem: Er wird Sie seinerseits wieder abschlagen, ehe Sie bis drei zählen können. Sie werden ihm bestimmt nicht davonrennen können.

Wenn Sie keine Chance haben, im Rahmen der geltenden Regeln zu gewinnen, können Sie sich diese Regeln ja vielleicht ein bisschen zurechtbiegen. Angenommen, Sie hüpfen auf einen Zauberroller, der Sie so schnell »laufen« lässt, wie Sie wollen.

Kouros, Ihr Verfolger, lehnt es ab, sich auf dieses Niveau herabzulassen, und besteht darauf, Ihnen auf die gute altmodische Art nachzusetzen. Egal wie weit Sie rollern, er wird Sie unablässig verfolgen – aber wenn Sie richtig weit wegkommen, gewinnen Sie jede Menge Zeit zum Ausruhen und Entspannen.

Sie können versuchen, mit der Fußgänger-Funktion bei Google Maps herauszufinden, zwischen welchen beiden Punkten auf der Erde die längste Wanderstrecke liegt. Diese Punkte ändern sich immer mal wieder, wenn Google seine Karten aktualisiert, aber der Art Scientist Martin Krzywinski hat sie in einer Liste zusammengestellt. Ein vielversprechender Kandidat ist eine Reise von Quoin Point (Südafrika) nach Magadan, einer Stadt an der russischen Ostküste.

Die Route ist ungefähr 22 500 Kilometer lang. Sie führt durch 16 Länder, beinhaltet die Nutzung von Fähren, um über Flüsse und Kanäle zu kommen[5], und hat insgesamt mehr als zwei Dutzend Grenzübertritte zu bieten. Alles in allem umfasst die Wegbeschreibung rund 2 000 einzelne Richtungsangaben.

Rechts abbiegen. 25,4 km gehen. Die Straße Nr. 138 nehmen. 1,9 km gehen. Tansania betreten. Weiter geradeaus gehen …

Die Route ist hügelig, so dass man insgesamt mehr als 100 Kilometer auf und ab läuft, und führt durch so ziemlich jede Klimazone, vom tropischen Regenwald durch heiße Wüsten bis in die sibirische Tundra. Es lässt sich schwer sagen, wie schnell Ihr Verfolger sie bewältigen wird, aber die Rekordzeit für eine Wanderung über den gesamten Appalachian Trail liegt gegenwärtig bei etwas mehr als 41 Tagen, was einem Tagesdurchschnitt von 85 Kilometern entspricht. Bei diesem Tempo würde die Strecke von Quoin Point nach Magadan ungefähr neun Monate dauern.

So können Sie endlos lange hin und her reisen und etwa einmal pro Jahr Ihre Zelte abbrechen, um wieder durch die Welt zu streifen – bis Ihr Verfolger endlich aufgibt.

Oder Sie können sich mit ihm zusammensetzen und die Dinge besprechen. Wenn ein Fangspiel niemals endet und immer jemand der Fänger sein muss, weshalb soll man sich das nicht aufteilen? Statt immerfort kreuz und quer durch die Welt zu rennen, können Sie sich einfach ein hübsches Fleckchen zum Wohnen aussuchen –

....

[5]   Je nach den aktuellen Straßensperrungen und Grenzprozeduren müssen Sie eventuell auch eine Fähre über den Nubia- bzw. Nasser-See nehmen, um die sudanesisch-ägyptische Grenze zu passieren.

vielleicht eine Stadt, die Sie auf Ihren Reisen kennengelernt haben. Sie und Ihre Mitspieler könnten in benachbarte Häuser ziehen, und jeden Tag übernimmt ein anderer die Rolle des Fängers…

…indem Sie und Ihre neuen Nachbarn sich allmorgendlich *High Five* geben.

Vielleicht kann man beim Fangen ja doch gewinnen.

KAPITEL 14

Wie man's hinkriegt,
Ski zu fahren

Skifahren ist damit verbunden, dass man sich lange, flache Gegenstände unter die Füße schnallt und mit ihnen über eine Oberfläche oder einen Hang hinab gleitet. Die Oberfläche ist gewöhnlich Wasser, entweder in gefrorener oder in flüssiger Form. Aber es *muss* nicht immer Wasser sein.

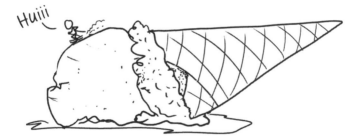

Sie können jeden Abhang hinuntergleiten, wenn er nur steil genug ist. Steht ein Gegenstand auf einer Schräge, zieht ihn die Gravitation teilweise nach unten und teilweise die Schräge hinab. Er beginnt zu rutschen, wenn die Kraft, die ihn über den Untergrund zieht, größer wird als die Reibungskraft.

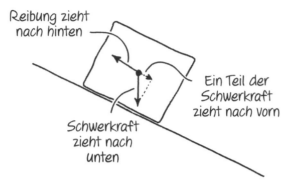

Je nachdem, aus welchem Material Ihre Skier und der Untergrund sind, kommen Sie leichter oder schwerer ins Rutschen. Mit Gummiskiern auf einem Hang aus Zement brauchen Sie ein ziemlich großes Gefälle, um hinabzugleiten. Das ist vermutlich der Grund dafür, dass Gummiskifahren auf Zement so unpopulär ist.[1]

Für jede Kombination aus Untergrundmaterial und Skimaterial kann man mithilfe einer physikalischen Beziehung errechnen, wie steil der Hang sein muss, damit man ihn hinabrutscht. Zunächst sieht es nach einem schwierigen Rechenproblem aus, aber durch glückliche Fügung heben die meisten komplizierten Teile einander auf, und man landet bei dieser schnörkellosen Gleichung:

$$\text{Reibungskoeffizient} = \tan (\text{Mindestneigungswinkel})$$

Um den erforderlichen Neigungswinkel herauszufinden, können Sie die Gleichung umstellen:

$$\text{Mindestneigungswinkel} = \tan^{-1} (\text{Reibungskoeffizient})$$

Diese Gleichung ist herrlich unkompliziert und steht darin in einer Reihe mit $E = mc^2$ [2] und $F = ma$. Anders als jene etwas berühmte-

----

[1] Man könnte buchstäblich sagen, dass diese Disziplin nie so richtig Fahrt aufgenommen hat.

[2] Die zweite 2 ist eine Fußnote, kein Exponent.

ren Gleichungen taugt sie nur für unser sehr spezifisches Problem, aber trotzdem ist es doch hübsch, wie einfach sie ist.

Hier ist eine Tabelle mit den Reibungskoeffizienten für verschiedene Ski- und Untergrund-Materialien:

	Skimaterial		
Untergrund aus...	Gummi	Holz	Stahl
Beton	0,90	0,62	0,57
Holz	0,80	0,42	0,25
Stahl	0,70	0,25	0,74
Gummi	1,15	0,80	0,70
Eis	0,15	0,05	0,03

Und hier eine Liste mit Reibungskoeffizienten und dem mindestens notwendigen Neigungswinkel, damit Sie ins Rutschen kommen:

- 0,01/0,6 Grad (Fahrrad auf Rädern)[3]
- 0,05/3 Grad (Teflon auf Stahl, Skier auf Schnee)
- 0,1/6 Grad (Diamant auf Diamant)
- 0,2/11 Grad (Plastiktüten auf Stahl)
- 0,3/17 Grad (Stahl auf Holz)
- 0,4/22 Grad (Holz auf Holz)
- 0,7/35 Grad (Gummi auf Stahl)
- 0,9/42 Grad (Gummi auf Beton)

Holzskier würden auf einer 17 Grad steilen Stahlrampe funktionieren. Wenn die Skier aus Gummi wären, müsste die Stahlrampe ein Gefälle von 35 Grad haben, damit Sie ins Rutschen kämen. Der Reibungskoeffizient von Gummi und Beton ist sogar noch höher,

....

3 Fahrräder haben zwar Räder, sind aber trotzdem der Reibung ausgesetzt – die Räder übertragen lediglich einen Teil der Reibung vom Boden auf die Achslager.

nämlich 0,9; Sie bräuchten einen ganz schön steilen Hang (etwa 42 Grad), damit Sie hinabrutschen könnten. Das sagt Ihnen auch, dass eine Person, die Turnschuhe mit Gummisohlen anhat, keinen betonierten Hang hochsteigen kann, der steiler als 42 Grad ist.

In gewissem Sinne sind Skifahrer einfach Bergsteiger, die im Besteigen von Bergen ungewöhnlich schlecht sind, das aber mit einem sehr guten Gleichgewichtsgefühl wieder wettmachen.

Verglichen mit den meisten anderen Oberflächen, ist Eis rutschig, und auf Schnee – der eigentlich extravagantes Eis ist – gleitet man ähnlich gut. Dadurch sind diese Materialien eine gute Wahl zum Skifahren und für vergleichbare Aktivitäten, und so verwundert es auch nicht, dass jede Sportart bei den Olympischen Winterspielen irgendwie mit Gleiten zu tun hat.

Weshalb man auf Eis so gut rutscht, ist ein bisschen rätselhaft. Lange Zeit glaubte man, der Druck einer Schlittschuhkufe würde die Eisoberfläche zum Schmelzen bringen und eine dünne, schlüpfrige Wasserschicht erzeugen. Im späten 19. Jahrhundert legten Wissenschaftler und Ingenieure dar, dass der Druck einer solchen Kufe den Schmelzpunkt des Eises von 0 auf minus 3,5 Grad Celsius senken könne. Über Jahrzehnte hinweg akzeptierte man diese sogenannte Druckaufschmelzung als Standarderklärung dafür, wie Schlittschuhlaufen funktioniert. Aus irgendwelchen Gründen wies niemand darauf hin, dass man ja auch bei Temperaturen

unter −3,5 °C eislaufen kann. Die Theorie von der Druckaufschmelzung würde eigentlich nahelegen, dass dies unmöglich ist,
und doch machen Eisläufer es ständig.

Die tatsächliche Erklärung dafür, dass Eis so glatt ist, ist überraschenderweise noch immer ein Gegenstand der physikalischen
Forschung. Allgemein scheint es darauf hinauszulaufen, dass es
auf der Eisoberfläche eine Schicht flüssigen Wassers gibt, weil die
Wassermoleküle nicht fest ins Kristallgitter des Eises eingeschlos-
sen sind. So ist ein Eiswürfel ein bisschen wie ein Kleidungsstück
mit ausgefranstem Saum. Im Inneren des Kleidungsstücks sind die
Fäden in gut strukturierter Form miteinander verbunden, aber zu
den Rändern hin werden sie weniger fest zusammengehalten. Dadurch steigt die Wahrscheinlichkeit, dass sie sich lösen und he-
rumbaumeln. Genauso lockern sich die Wassermoleküle am Rand
eines Eisstücks; sie wandern herum und bilden eine dünne Wasserschicht. Trotzdem ist noch nicht völlig geklärt, welche Eigenschaften diese Wasserschicht hat und welche Wechselwirkung sie
mit einem Schlittschuh entfaltet.

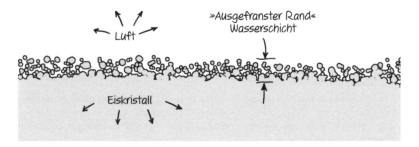

Wenn man bedenkt, wie viel Zeit die moderne Physik mit so tiefen und abstrakten Welträtseln wie der Suche nach Gravitationswellen oder dem Higgs-Boson zubringt, kann man nur staunen, wie viele grundlegende Alltagsphänomene noch immer nicht richtig entschlüsselt sind. Außer der Geschichte mit den Schlittschuhen verstehen die Physiker zum Beispiel auch noch nicht so richtig, weshalb sich in Gewittern elektrische Ladungen aufbauen, warum Sand in einer Sanduhr mit dieser ganz bestimmten Geschwindigkeit rinnt oder wieso Ihr Haar statisch aufgeladen wird, wenn Sie einen Luftballon daran reiben. Zum Glück können Ski- und Schlittschuhläufer über Schnee und Eis gleiten, ohne darauf warten zu müssen, dass die Physiker es endlich herausbekommen haben.

Schnee ist ohnehin schon ziemlich glatt, aber um noch ein bisschen mehr Glätte zu gewinnen, bringen Skiläufer gern Wachs auf ihre Skier auf. Das Wachs bildet eine halbflüssige Schicht und hält spitze Eiskristalle davon ab, sich in das harte Material der Skier zu bohren und diese langsamer zu machen.

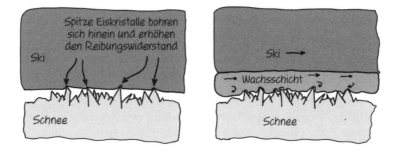

Gewachste Skier haben auf Schnee einen Reibungskoeffizienten von etwa 0,1. Sobald sie in Bewegung kommen, reduziert er sich sogar noch auf die Hälfte.[4] Deshalb brauchen Sie ein Gefälle von 5 Grad, damit Sie unter Ihrem eigenen Gewicht ins Gleiten kom-

....

[4] Wenn sich ein Gegenstand zu bewegen beginnt, hat er einen niedrigeren Reibungskoeffizienten. Deshalb zieht es Ihnen so schnell die Füße weg, wenn Sie auf einer vereisten Stelle ausrutschen. Sobald sich Ihre Schuhe zu bewegen beginnen, verlieren sie komplett die Bodenhaftung.

men, aber wenn Sie erst mal losgerutscht sind, reichen etwa 3 Grad aus, damit Sie nicht wieder anhalten.

Wenn Sie erst einmal einen Abhang hinuntergleiten, werden Sie so lange immer schneller, bis entweder der Schnee alle ist oder Sie ein Tempo erreicht haben, bei welchem Sie der Luftwiderstand stärker nach hinten schiebt, als die Gravitation Sie nach vorn zieht. Da der Luftwiderstand erst bei höheren Geschwindigkeiten so richtig ins Spiel kommt, kann selbst ein sanft abfallender Hang Skifahrer oder Rodler auf ein hohes Tempo bringen, wenn er nur lang genug ist. Die theoretische Höchstgeschwindigkeit eines Rodlers oder Skifahrers auf einem unendlich langen Hang mit fünf Prozent Gefälle liegt bei knapp 50 km/h – beziehungsweise bei 70 km/h, wenn der Sportler besonders aerodynamisch ist. Bei einem Gefälle von 25 Prozent sollte ein aerodynamischer Skiläufer oder Rodler eine Geschwindigkeit von mehr als 160 km/h erreichen können.

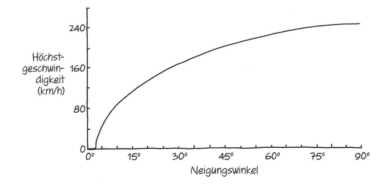

Der Weltrekord für die höchste Geschwindigkeit auf Skiern liegt bei etwa 250 km/h, aber die Leute behalten ihn nicht so genau im Auge, weil es letztendlich nicht besonders interessant ist, diese Grenze weiter hinauszuschieben. Um ein höheres Tempo zu erzielen, muss man sich einfach nur einen längeren und steileren Hang suchen. Wenn man so vorgeht, wird das Skifahren nach und nach dem Fallschirmspringen ähnlich. Allerdings ist es eine gefährlichere Version von Fallschirmspringen, denn hier fällt man nicht durch freie Luft, sondern fliegt über den Erdboden. Wer mit 250 km/h auf Skiern unterwegs ist, kann Hindernissen nur schwer ausweichen, und selbst wenn man einen scheinbar glatten Hang findet, können ein kleiner Huckel oder eine ganz sachte Biegung sofort tödliche Auswirkungen haben.

Wenn das Wettkampfergebnis in einer Sportart stark mit dem Todesrisiko korreliert, ist das für diese Sportart ganz klar ein Problem. Geschwindigkeitsskifahren wurde bei den Olympischen Winterspielen von 1992 einmal probeweise ins Programm aufgenommen, aber nach einer Reihe von tödlichen Unfällen wird es heute kaum noch wettkampfmäßig betrieben.

WENN SIE UNTEN ANKOMMEN

Wenn Sie auf Skiern einen Abhang hinunterfahren, erreichen Sie schließlich einen Punkt, an dem es nicht mehr weitergeht. Das kann mehrere Ursachen haben:

- Bäume, Felsen oder Hügel stehen im Weg herum.
- Sie sind am Fuß des Berges angekommen.
- Es gibt keinen Schnee mehr.

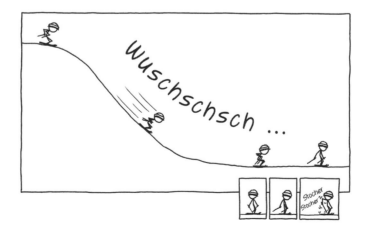

Wenn Ihnen das Skifahren Spaß macht und Sie nicht einfach aufhören wollen, haben Sie mehrere Optionen.

Falls Bäume im Weg stehen, können Sie versuchen, diese zu entfernen; mehr dazu finden Sie in Kapitel 25: *Wie man's hinkriegt, einen Baum zu schmücken.* Falls Felsbrocken im Weg liegen, können Sie in Kapitel 10 nachschauen (*Wie man's hinkriegt, Dinge zu werfen*). Dort erfahren Sie, ob Sie die Felsen eventuell fortschaffen können. Falls Sie den Fuß des Berges erreicht haben, können Sie versuchen, weiter vorwärts zu beschleunigen; nützliche Ratschläge dazu finden Sie in Kapitel 26: *Wie man's hinkriegt, schnell irgendwo hinzukommen* oder in Kapitel 13: *Wie man's hinkriegt, Fangen zu spielen.* Falls Sie weiter den Hang hinabfahren wollen, obwohl gar kein Hang mehr da ist, gehen Sie zu Kapitel 3: *Wie man's hinkriegt, ein Loch zu graben.*

Und wenn Ihnen der Schnee ausgegangen ist, lesen Sie einfach hier weiter.

WAS TUN, WENN IHNEN DER SCHNEE AUSGEHT?

Wie wir bei unserer Untersuchung der Reibungskräfte gelernt haben, funktionieren Skier auf den meisten Oberflächen nicht besonders gut. Es gibt ein paar künstliche Skihänge, die mit speziellen reibungsarmen Polymeren arbeiten. Diese haben eine stoppelige, haarbürstenartige Textur, die für eine gewisse Geschmeidigkeit sorgt und die Skier ein wenig eintauchen lässt. Man hat auch spezielle Skier entworfen, die sich auf Gras oder anderen Oberflächen verwenden lassen, aber sie haben Räder oder Ketten, und man gleitet mit ihnen nicht.

Wenn Sie weiterhin auf Schnee laufen wollen, aber keiner mehr da ist, müssen Sie sich halt selbst welchen machen.

Etwa 90 Prozent der US-amerikanischen Skiorte verwenden Kunstschnee, um sicherzustellen, dass die Hänge weiß sind, sobald es so kalt ist, dass der Schnee liegen bleibt, und dass es die ganze Skisaison über verschneite Hänge gibt, selbst wenn das Wetter nicht mitspielt. Dieser Kunstschnee hilft auch beim Reparieren von Stellen, an denen der Schnee weggeschmolzen ist oder von den Skiläufern abgetragen wurde.

Schneemaschinen erzeugen Kunstschnee mit Druckluft und Wasser. Sie schaffen einen Strom aus winzigen Eiskristallen und benebeln diese Eiskristalle, wenn sie in der Luft schweben, mit weiteren Wassertröpfchen. Beim Niedersinken des Nebels frieren die Wassertröpfchen an den Eiskristallen fest und bilden Schneeflocken.

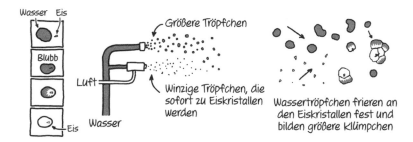

Die auf solche Weise geformten Schneeflocken sind kompakter und eher missgestaltet, wenn man sie mit der zarten Form natürlicher Flocken vergleicht. Natürliche Schneeflocken haben viel mehr Zeit, in einer Wolke zu wachsen – ein Wassermolekül nach dem anderen. Das erlaubt die Entstehung komplexer und symmetrischer Formen. Kunstschnee bildet sich rasch aus einer Handvoll Tropfen, die plump aneinandergepappt werden. Er entsteht in der kurzen Zeit, die das Wasser braucht, um von der Zerstäuberdüse bis zum Boden zu gelangen.

Natürliche Schneeflocke   Künstliche Schneeflocke

Nehmen wir an, Sie brauchen zum Skifahren eine anderthalb Meter breite Bahn und wollen mit 32 km/h hinabsausen. Wasser macht schätzungsweise 10 Prozent des Volumens von Naturschnee aus, die übrigen 90 Prozent sind Luft. Je nachdem, wie leicht und fluffig der Schnee ist, kann dieses Verhältnis aber ganz schön variieren. Der Einfachheit halber sei angenommen, dass Sie ungefähr 20 cm schweren Schnee unter Ihren Skiern haben wollen – Schnee, der ein Achtel so dicht ist wie Wasser. Seine Masse wäre dann die einer 2,5 cm dicken Wasserschicht. Die insgesamt benötigte Wassermenge wäre:

$$1{,}5 \text{ m} \times 0{,}2 \text{ m} \times \frac{1}{8} \times 32 \text{ km/h} \approx 333 \frac{\text{Liter}}{\text{Sekunde}} \approx 1200 \frac{\text{m}^3}{\text{h}}$$

Um über die Länge eines Fußballfelds Ski zu fahren, würden Sie fast 4000 Liter Wasser brauchen und dazu die nötige Technik, um es in Schnee zu verwandeln.

Wasser

Sie werden Mühe haben, Maschinen zu finden, die Ihnen den Schnee schnell genug herstellen können. Die größten Schneemaschinen schaffen vielleicht 100 Kubikmeter pro Stunde. Das sind nur zehn Prozent Ihres Bedarfs, und so benötigen Sie etliche von diesen Geräten.

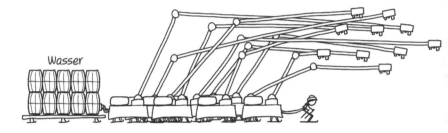

Der Schnee aus typischen Schneemaschinen braucht ordentlich Zeit, um zum Boden hinabzusinken. Sie müssen den Schnee also ein ganzes Stück weit von Ihrem gegenwärtigen Standort produzieren, damit er genügend Zeit hat, sich zu setzen. Außerdem könnten es die Luftbewegungen schwierig machen, genügend Schnee auf einem schmalen Pfad zusammenzubekommen.

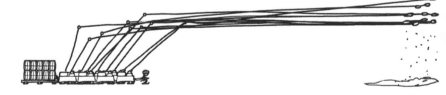

Das Niedersinken muss so langsam erfolgen, weil die Wassertröpfchen eine Weile brauchen, um ihre Wärme durch Verdunstung an die Luft abzugeben. Erst dann können sie sich an die Eiskristalle anhängen. Es gibt zwar Wege, die Tröpfchen schneller runterzukühlen, aber sie haben einige Nachteile.

Wenn man dem Luft-Wasser-Strom Niedertemperatursubstanzen injiziert – beispielsweise Flüssigstickstoff –, können diese die Temperatur herabsetzen und zu beinahe augenblicklichem Gefrieren führen. Mit solchen Methoden lässt sich rasch Schnee erzeugen, und manche Firmen nutzen sie für besondere Events in Gegenden, wo die Lufttemperatur so hoch ist, dass man auf normale Weise keinen Kunstschnee hinbekommt. In Skiorten werden diese kryotechnischen Gefriermethoden im Allgemeinen *nicht* eingesetzt – es wäre viel zu teuer und zu energieaufwändig, Wasser auf diese Weise gefrieren zu lassen.

Für Ihre kleine, ultraschmale Skipiste könnte Flüssigstickstoff gerade noch erschwinglich sein. Wenn Sie ihn in kleinen Tanks kaufen, könnte Ihre Abfahrt 40 Euro pro Sekunde kosten, aber bei Industrieanbietern bekommen Sie sicher einen günstigeren Preis, wenn Sie große Mengen abnehmen.

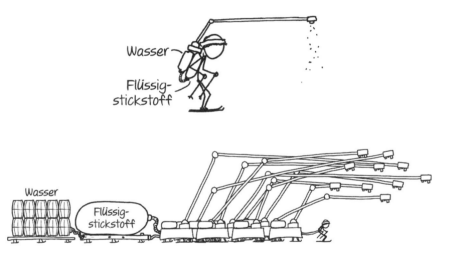

Es muss nicht unbedingt flüssiger Stickstoff sein – Sie könnten es auch mit anderen kryogenen Gasen probieren. Flüssiger Sauerstoff ist flüssigem Stickstoff ähnlich und ebenso leicht herzustellen. Theoretisch könnte man ihn zum Schneemachen verwenden. Trotzdem ist das nicht zu empfehlen. Flüssigstickstoff verdankt seine Popularität als kryogene Flüssigkeit unter anderem der Tatsache, dass er chemisch so reaktionsträge ist. Von flüssigem Sauerstoff lässt sich das nicht behaupten.

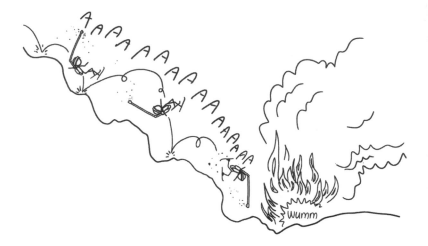

WIE KRIEGT MAN ES EFFIZIENTER HIN?

Sie könnten den Schneeverbrauch reduzieren, wenn Sie es irgendwie schaffen würden, den Schnee in Ihrem Rücken aufzuschaufeln und wiederzuverwenden, statt immerzu neuen Schnee herzustellen.

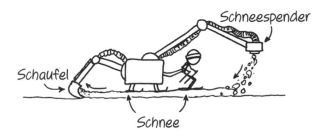

Wenn Sie eine Art Plane unter den Schnee legen, können Sie die ganze Schneeschicht mit minimalen Verlusten aufnehmen und erneut nutzen.

Je enger Sie die Schneetransferschleife machen, desto weniger Schnee brauchen Sie.

Sie können den Kreislauf sogar so gestalten, dass er kleiner als Ihr Körper wird. Dazu müssen Sie den Schneestrom um Ihre Beine herumführen statt über Ihren Kopf...

...und plötzlich merken Sie, dass Sie im Grunde die Rollschuhe neu erfunden haben.

KAPITEL 15

Wie man's hinkriegt, ein Paket zu verschicken

(und zwar aus dem Weltall)

Wenn man sich die Durchschnittswerte von 2001 bis 2018 anschaut, ist immer gerade einer von anderthalb Milliarden Menschen im Weltraum – in den meisten Fällen an Bord der Internationalen Raumstation.

Möchten die Besatzungsmitglieder der ISS ein Paket aus der Station zur Erde befördern, legen sie es in das nächste Raumschiff, das heimwärts fliegt. Aber wenn in nächster Zeit kein Abflugtermin zur Erde ansteht oder die NASA es satthat, die Retouren Ihrer Onlinekäufe zuzustellen, müssen Sie die Dinge vielleicht selbst in die Hand nehmen.

Auf dem Rücksendeetikett steht, ich kann es von überallher losschicken.

Du hättest die Schuhe anprobieren sollen, bevor du sie hier hoch gebracht hast.

Einen Gegenstand aus der Internationalen Raumstation zurück zur Erde zu bringen, ist ganz einfach: Sie brauchen ihn nur aus der Tür zu werfen und abzuwarten. Irgendwann wird er auf die Erde fallen.

In der Umlaufbahn der ISS gibt es noch sehr kleine Restbestände von Atmosphäre. Viel ist es nicht, aber doch genug, um einen winzigen, immerhin noch messbaren Reibungswiderstand hervorzurufen. Diese Kraft bewirkt, dass sich die Gegenstände früher oder später verlangsamen, in eine immer niedrigere Umlaufbahn fallen und am Ende in die Erdatmosphäre eintreten, wo sie gewöhnlich verbrennen. Auch die ISS spürt diesen Widerstand und nutzt Korrekturdüsen, um ihn auszugleichen. In regelmäßigen Abständen lässt sie sich in eine höhere Umlaufbahn schieben, um den Höhenverlust wettzumachen. Ansonsten würde sie nach und nach absacken und schließlich auf die Erde zurückfallen.

Unabsichtlich schicken Astronauten auf diese Weise ständig Sendungen zur Erde. Während ihrer Arbeiten im Außenbereich der ISS ist ihnen bereits eine ganze Reihe bunt gewürfelter Objekte aus den Händen gefallen, darunter eine Zange, eine Kamera, eine Werkzeugtasche und ein Spachtel, mit dem ein Astronaut testweise einen Reparaturkleber aufbringen sollte. Jeder dieser unbeabsichtigt geschaffenen Satelliten kreiste ein paar Monate oder Jahre um die Erde, bevor er seine Umlaufbahn schließlich nicht mehr halten konnte.

Upps!
Äh, Kontrollzentrum, hier spricht Adler Eins.

Ich habe … äh … das Vergnügen, den Start unseres neuesten Satelliten zu verkünden.

Ein Päckchen, das Sie aus der Tür schmeißen, wird das gleiche Schicksal erleiden wie all die verlorenen Einzelteile, Taschen und Ausrüstungsstücke, die im Laufe der Jahre von der Station weggedriftet sind: Es wird aus der Umlaufbahn geraten und in die Atmosphäre eintreten.

Orbitale Lieferung

Versandoption	Lieferfrist	Preis
○ Express (Ballistische Lieferung)	45 Minuten	70 Mio. $
○ Beschleunigt (Lieferung mit Sojus und Luftpost)	3-5 Tage	200.000$
◉ Normal (Atmosphärischer Widerstand)	3-6 Monate	Gratis

Bei dieser Versandmethode gibt es zwei große Probleme: Zunächst einmal wird Ihr Päckchen in der Atmosphäre verbrennen, ehe es überhaupt den Boden erreicht. Und zweitens: Falls es doch überlebt, können Sie nicht wissen, wo es niedergehen wird. Um Ihr Päckchen ordnungsgemäß zuzustellen, müssen Sie diese beiden Probleme lösen.

Schauen wir uns zuerst an, wie man das Päckchen heil und ganz auf den Erdboden bekommt.

DIE AUFHEIZUNG BEIM WIEDEREINTRITT

Wenn Dinge in die Atmosphäre eintreten, verglühen sie häufig. Das liegt nicht an irgendwelchen unheimlichen Eigenschaften des Weltraums, sondern kommt zustande, weil im Orbit alles so *schnell* unterwegs ist. Treffen Objekte bei solchen Geschwindigkeiten auf die Luft, hat diese keine Zeit, aus dem Weg zu strömen. Sie wird komprimiert, heizt sich auf und verwandelt sich in Plasma – und oftmals wird das Objekt dabei geschmolzen oder verdampft.

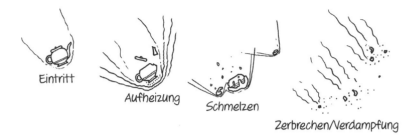

Um unsere Raumschiffe vor der Zerstörung zu bewahren, befestigen wir an ihrer Frontseite Hitzeschilde. Sie absorbieren die beim Wiedereintritt entstehende Hitze und schützen so das übrige Raumschiff.[1] Wir geben ihnen auch eine ganz bestimmte Form, die dabei hilft, zwischen der Stoßwelle und der Oberfläche des Raumfahrzeugs ein Luftkissen zu schaffen. So wird das heißeste Plasma von der Außenhaut ferngehalten.

....

[1] Warum eigentlich bremsen Raumfahrzeuge nicht mithilfe von Raketen ab, um dann mit so niedriger Geschwindigkeit in die Atmosphäre einzutreten, dass sie keinen sperrigen Hitzeschild mehr benötigen? Die Antwort ist einfach: Es würde viel zu viel Treibstoff kosten. Raumfahrzeuge, welche bei der Landung Raketen einsetzen (etwa der *Curiosity*-Rover oder die wiederverwendbaren Trägerraketen von SpaceX) nutzen zum Abbremsen größtenteils den atmosphärischen Widerstand und greifen nur für die letzte Phase der Landung auf Raketen zurück.
Wenn man ein Raumschiff so schnell in Gegenrichtung zur Schwerkraft schicken will, dass es auf eine Umlaufbahn kommt, braucht man eine Treibstoffmenge, die Dutzende Male so schwer ist wie das Raumschiff selbst. Deshalb sind Raketen auch so groß. Das Abbremsen würde etwa dieselbe Menge Treibstoff erfordern. Statt ein Raumfahrzeug, das eine Tonne wiegt, mithilfe von 20 Tonnen Treibstoff ins All zu schicken, müsste man dann also das eine Tonne schwere Raumfahrzeug *und* die 20 Tonnen Treibstoff zum Abbremsen bei der Rückkehr ins All schicken. So hätte man im Grunde ein 21 Tonnen schweres Raumfahrzeug, das beim Start 420 Tonnen Treibstoff benötigen würde. Verglichen mit 420 Tonnen Treibstoff ist ein 50 Kilo schwerer Hitzeschild die *weitaus* effizientere Lösung.

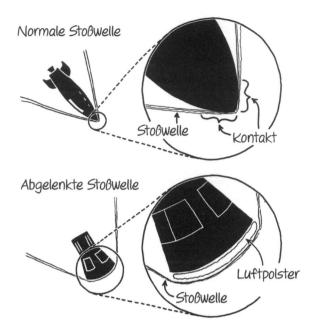

Normale Stoßwelle

Stoßwelle Kontakt

Abgelenkte Stoßwelle

Luftpolster
Stoßwelle

Welches Schicksal ein auf die Atmosphäre treffendes Objekt ereilt, hängt von seiner Größe ab.

Die Erdatmosphäre wiegt so viel wie eine 10 Meter starke Wasserschicht. Um herauszufinden, ob ein Meteor es vermutlich schaffen wird, die Atmosphäre bis zum Erdboden zu durchdringen, können Sie sich vorstellen, dass er *wirklich* auf eine 10 Meter dicke Wasserschicht trifft. Wenn das Objekt mehr wiegt als das Wasser, das es zur Seite schieben müsste, um die Erdoberfläche zu erreichen, wird es wahrscheinlich durchkommen. Für eine grobe Schätzung funktioniert das ziemlich gut!

Sehr große Objekte – von den Ausmaßen eines Hauses oder größer – haben genügend Trägheit, um die Atmosphäre zu durchstoßen und auf den Boden zu schlagen, ohne allzu viel an Geschwindigkeit zu verlieren. Das sind die Dinge, die auf der Erde Krater zurücklassen.

Kleinere Objekte – alles von Kieselstein- bis Autogröße – sind *zu* klein, um durch die Atmosphäre zu schmettern. Wenn sie auf die Atmosphäre treffen, heizen sie sich auf, bis sie zerbrechen oder verdampfen, manchmal auch beides. Bisweilen überleben einige Bruchstücke von ihnen den Wiedereintritt, entweder weil andere Teile die Hitze absorbiert und damit als Schutzschild fungiert haben oder weil sie aus einem Material sind, das die Bedingungen beim Wiedereintritt aushält. Dann verlieren sie allerdings ihre Umlaufgeschwindigkeit und stürzen mit Endgeschwindigkeit schnurstracks Richtung Erdboden. Nach dem kurzen Hitzeschub während des Zerbrechens dauert der freie Fall durch die kalte obere Atmosphäre mehrere Minuten, weshalb Meteoriten oft sehr kalt sind, wenn man sie auffindet.

Die verbliebenen Bruchstücke schlagen mit relativ geringer Geschwindigkeit auf dem Boden auf. Wenn sie auf lockerer Erde oder im Schlamm landen, kann es zwar sein, dass es ein wenig spritzt, aber sie werden kaum einen Krater hinterlassen. Deshalb sind alle Einschlagkrater auf der Erde groß: nur große, schwere Objekte behalten ihre kinetische Energie vom Weltraum bis hinab zum Erdboden. Es gibt Einschlagkrater, die nur einen Durchmesser von wenigen Metern haben und kaum größer sind als die Objekte, die sie schufen, und es gibt solche Krater mit einem Durchmesser von Hunderten oder Tausenden Metern – aber dazwischen gibt es nichts.

Werden sie's durch die Atmosphäre schaffen?

Kartoffel: Nein

Königsfelsen: Ja

60-Meter-Bleikugel: Ja

Auto: Vielleicht
einige Teile

Ohne Hitzeschild zerbersten Raumflugkörper in der Atmosphäre. Wenn größere Raumflugkörper ohne Hitzeschild in die Atmosphäre eintreten, schaffen es gewöhnlich nur 10 bis 40 Prozent ihrer Masse bis auf die Erdoberfläche; der Rest schmilzt oder verdampft. Deshalb sind Hitzeschilde so beliebt.

Wenn Sie Ihr Päckchen auf seinem Weg zur Erde hinab schützen wollen, können auch Sie einen Hitzeschild verwenden. Die einfachste Ausführung ist der *ablative* Hitzeschild, der während seines Einsatzes selbst verbrennt. Im Unterschied zu den hitzebeständigen Kacheln am Space Shuttle ist er nicht wiederverwendbar, aber dafür ist er schlichter und kommt mit einem breiteren Spektrum an Umweltbedingungen klar. Dann müssen Sie die Kapsel nur noch so formen, dass sie in die richtige Richtung zeigt: Der Hitzeschild muss vorn liegen, das Päckchen hinten – und ab geht's.

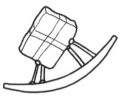

Es könnte auch empfehlenswert sein, für die letzte Phase des Fallens einen Fallschirm hinzuzufügen, aber wenn Ihr Päckchen nicht viel wiegt oder der Inhalt bruchsicher ist (Socken, Küchenpapier oder ein Brief), könnte es den Fall mit Endgeschwindigkeit relativ unbeschadet überstehen.

Jedes Objekt, das mit dem Ziel konstruiert wurde, den Wiedereintritt zu überstehen, hat zum Schutz einen gewölbten Hitzeschild bekommen – mit wenigen Ausnahmen.

DIE KOFFER DER APOLLO-MISSIONEN

Im Rahmen des Apollo-Programms wurden sieben Astronauten-teams losgeschickt, die auf dem Mond landen sollten. Jede Besatzung trug unter anderem einen koffergroßen »Experimentier-baukasten« bei sich, der auf der Mondoberfläche verbleiben, dort Messungen ausführen und Informationen zur Erde übermitteln sollte. Sechs der sieben Gerätekästen wurden mit Radioaktivität aus Plutonium betrieben. (Das erste, von Apollo 11 mitgeführte Experimentierpaket war einfacher. Seine Elektronik funktionierte mit Solarzellen, aber um warm zu bleiben, verwendete es trotzdem Plutonium-Heizelemente.)

Sechs der Apollo-Teams landeten auf dem Mond und stellten ihre Koffer dort auf. Das siebte, Apollo 13, tat es bekanntermaßen nicht. Nachdem ein Teil ihres Raumschiffs explodiert war[2], brachen die Astronauten ihre Mission ab und flogen zurück zur Erde. Alle kamen wohlbehalten an, es war eine heldenhafte Aktion usw. usf. Aber reden wir lieber über diesen Koffer.

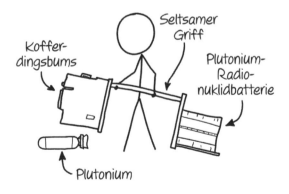

Koffer-dingsbums

Seltsamer Griff

Plutonium-Radio-nuklidbatterie

Plutonium

Da es die Astronauten nicht bis auf den Mond schafften, konnten sie den mit Plutonium gefüllten Koffer auch nicht dort abstellen, und so kam er mit ihnen wieder auf die Erde zurück. Das war ein Problem.

....

2 Es war nicht so schlimm, wie es sich anhört. Okay, es war *fast* so schlimm.

Nur das Kommandomodul mit den Astronauten an Bord war so entworfen, dass es unbeschadet auf die Erdoberfläche zurückkehren konnte. Die anderen Teile des Raumschiffs, darunter auch die Mondlandefähre, sollten in der Atmosphäre verglühen. Im Kommandomodul reichte der Platz aber nur für die Astronauten und ihre Untersuchungsproben. Der Koffer und der separat gelagerte Plutoniumkern mussten in der dem Untergang geweihten Landefähre bleiben. Falls der Behälter mit dem Plutonium zerbrochen wäre, hätte er das radioaktive Material in der Atmosphäre verteilt.[3]

Zum Glück hatten die für den Koffer verantwortlichen Ingenieure diese Möglichkeit schon vorher bedacht. Das Plutonium steckte in einem Behälter mit robusten Wänden, der ungefähr die Form und die Größe eines kleinen Feuerlöschers hatte. Es wurde darin von Schichten aus Graphit, Beryllium und Titan abgeschirmt. Durch den Schutzmantel würde der Behälter den Wiedereintritt überstehen, selbst wenn der Rest der aufgegebenen Mondlandefähre in Stücke barst.

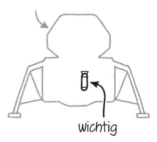

Nicht wichtig

wichtig

Als die Apollo-Astronauten sich der Erde näherten und ins Kommandomodul kletterten, ließen sie den Koffer in der Mondlandefähre zurück; dann zündeten sie die Triebwerke dieses Moduls und lenkten es in einen Bereich über dem Tongagraben, einen der

....

3 Andererseits *war* das Mitte des 20. Jahrhunderts eben so. Hätten sie sich über radioaktive Partikel in der Atmosphäre schreckliche Sorgen gemacht, hätten sie es sich vielleicht noch mal überlegt, ob sie ihre ganzen Atombomben wirklich hochgehen lassen sollen. Aber was weiß ich – mich gab es damals noch nicht.

tiefsten Teile des Pazifiks. Der Behälter fiel also ins Meer und sank auf den Grund. In den seither verstrichenen Jahrzehnten wurde in der Gegend nie irgendwelche übermäßige Radioaktivität gemessen, was dafür spricht, dass der Schutzmantel seinen Job gemacht hat. Der Plutoniumbehälter liegt bis heute tief auf dem Grund des Pazifiks. Das Plutonium ist inzwischen ungefähr zur Hälfte zerfallen, aber es produziert im Jahre 2019 noch immer mehr als 800 Watt Wärme. Vielleicht kuschelt sich gerade ein Tiefseegeschöpf, dem es ein bisschen kalt war, an den Behälter.

EINEN BRIEF SCHICKEN

Wenn man um die ingenieurtechnischen Schwierigkeiten des Wiedereintritts herumkommen will, ist eine der besten Optionen, ganz auf den Hitzeschild zu verzichten und stattdessen eine einfachere Lösung zu wählen: einen robusten Briefumschlag.

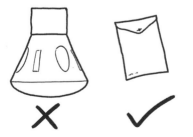

Leichtgewichtige Objekte sind dem Strömungswiderstand stärker ausgeliefert und beginnen daher schon in größeren Höhen mit geringerer Luftdichte, langsamer zu werden. Da die Luft dort so dünn ist, heizt sie das Objekt nicht so stark auf, und obgleich der Wiedereintritt länger dauert, können die Spitzentemperaturen viel niedriger liegen. Tatsächlich ergaben Berechnungen von Justin Atchison und Mason Peck, dass ein Objekt, welches wie ein Blatt Papier geformt und so gebogen ist, dass es mit der flachen Seite voran fällt, theoretisch auf »sanfte« Weise in die Atmosphäre eintreten könnte, ohne dabei jemals besonders hohe Temperaturen zu erreichen.

Wenn Sie Ihre Nachricht auf einen Bogen Backpapier drucken, auf Alufolie oder irgendein anderes dünnes und leichtes Material, das eine Erwärmung übersteht, könnten Sie sie vielleicht einfach aus der Tür des Raumschiffs werfen. Falls es die richtige Form behält, gelangt es möglicherweise unversehrt bis auf den Erdboden. Ein japanisches Forscherteam wollte das einmal versuchen und Papierflugzeuge aus der ISS werfen lassen. Es entwarf diese Flieger so, dass sie die Hitze und den Druck beim Wiedereintritt überstehen konnten, aber bedauerlicherweise kam ihr Projekt nie durch.

Ein per Hand aus der ISS gestoßenes Päckchen wird allmählich auf immer niedrigere Umlaufbahnen gelangen. Dabei ist kaum zu steuern, an welchem Punkt es schließlich landen wird. Den genauen Landeort des Päckchens zu bestimmen, ist viel schwerer, als es einfach zur Erde zu befördern.

Zur Erde zurückkehrende Raumfahrzeuge versuchen im Allgemeinen zu kontrollieren, wo sie landen. Manche tun das mit größerer Präzision als andere. Die verbrauchten Trägerraketen von SpaceX können sich selbst so präzise steuern, dass sie direkt auf ihrem Zielpunkt an Deck eines Schiffes niedergehen, während die älteren Apollo- und Sojus-Raumschiffe ihre vorgesehenen Landeorte gewöhnlich um mehrere Kilometer verfehlten.[4] Raumflugkörper mit unkontrolliertem Wiedereintritt – Ihr Päckchen beispielsweise – können ihren vorgesehenen Landeplatz um Hunderte oder gar Tausende von Kilometern verpassen.

....

4   Die Apollo-Kommandomodule landeten im Ozean, und die Sojus-Raumschiffe landen in einem großen leeren Gebiet in Kasachstan, wo es unwahrscheinlich ist, dass sie etwas rammen.

Sie können die Zielgenauigkeit der Zustellung verbessern, indem Sie das Päckchen mit voller Wucht fortschleudern. Ein rasanter Wurf kann es schneller in die Atmosphäre hinabbefördern; es gibt dann nicht jene lange Verzögerung durch den atmosphärischen Widerstand, der die Umlaufbahnen von Objekten in schwer vorhersagbarer Weise langsam verfallen lässt. Es überrascht Sie vielleicht, dass Sie das Päckchen nicht Richtung Erde werfen sollten, sondern lieber von der Erde weg. Wenn Sie es nämlich erdwärts werfen, wird es noch genug Vorwärtsgeschwindigkeit haben, um auf einer Umlaufbahn zu bleiben – es wäre dann einfach nur ein etwas anderer Orbit. Sie wollen aber doch, dass es Geschwindigkeit *verliert*.

Je kräftiger Sie das Päckchen fortschmeißen, desto präziser wird die Landung ausfallen. Die ISS ist mit fast 8 Kilometern pro Sekunde unterwegs, aber zum Glück müssen Sie Ihrem Päckchen kein *so* hohes Tempo mitgeben. Damit Ihre Sendung in die Atmosphäre befördert wird, reicht es, wenn sie mit gerade mal 100 Metern pro Sekunde von der Umlaufgeschwindigkeit auf ISS-Höhe wegfliegt. Leider ist es schwierig, etwas mit 100 m/s loszuwerfen. Beim Baseball kommen selbst die schnellsten Pitcher nicht über 50 m/s. Golfbälle allerdings fliegen schnell genug. Sollte also ein Golfspieler in der Nähe der ISS herumschweben, könnte er einen Golfball möglicherweise mit einem einzigen Schlag aus dem Orbit bringen. Falls Ihr Päckchen die Größe eines Golfballs hat, können Sie es mit dieser Zustellmethode versuchen.

Wenn Sie das Päckchen mit 100 m/s losschicken, wird es unter einem Abwärtswinkel von etwa 1° in die Atmosphäre eintreten, womit sich der *Trümmerkorridor* – jener Bereich, in dem das Päckchen landen könnte – über mehr als 3000 Kilometer erstreckt. Wenn Sie beispielsweise Berlin angepeilt haben, könnte es irgendwo zwischen Schottland und der Krim niedergehen. Falls Sie ihm ein noch höheres Tempo mitgeben können – 250 oder 300 m/s –, wird es mit einem steileren Winkel in die Atmosphäre eintreten, und der Trümmerkorridor verengt sich auf einige hundert Kilometer. Doch egal wie schnell und präzise Sie auch werfen mögen – durch die Unvorhersehbarkeit von Turbulenzen und Winden werden Sie immer eine Streubreite von einigen Kilometern haben.

MIR

Im März 2001 stand die Raumstation *Mir* kurz vor ihrem Wiedereintritt in die Atmosphäre. Man erwartete, dass sie weitgehend verglühen würde, aber einige der größeren Module hatten eine gewisse Chance, bis zur Erdoberfläche durchzukommen. Die Planer im russischen Kontrollzentrum versuchten den Wiedereintritt so zu steuern, dass die Teile über einem menschenleeren Bereich des Pazifiks niedergehen, aber wo genau sie landen würden, wusste niemand.

Die Fastfoodkette *Taco Bell* machte sich das für eine einzigartige Werbeaktion zunutze: Sie ließ im Pazifik eine riesige Plane treiben, auf der eine Zielscheibe aufgemalt war, und versprach jedem Amerikaner einen Gratis-Taco, wenn irgendein Bruchstück der *Mir* die Zielscheibe traf.

Leider schlug dann aber kein einziges Trümmerteil auf der Zielscheibe ein.[5] Die meisten größeren Stücke stürzten auf etwa 40 Grad südlicher Breite und 160 Grad westlicher Länge in den Ozean. Dort befindet sich der »Raumschiff-Friedhof«, eine weit von bewohntem Land entfernte Region, in der die Überbleibsel von mehr als 100 Raumfahrzeugen aufplatschten. Auch die Reste der *Mir* sanken dort auf den Meeresgrund.

....

[5] Ist es *Taco Bell* damit ernst gewesen? Nun ja, teilweise schon. Sie kauften eine 10 Millionen Dollar teure Versicherungspolice, um im unwahrscheinlichen Fall eines »Erfolgs« die Nachfrage nach kostenlosen Tacos befriedigen zu können. Diese Police wurde bei *SCA Promotions* erworben, einer Firma, die Absicherung für die Gewinne bei Werbe-Preisausschreiben gewährt. Wenn eine Firma jemandem, der eine schwierige Aufgabe löst, einen großen Preis geben will, zahlt sie eine festgelegte Summe an *SCA Promotions*, und *SCA Promotions* zahlt das Preisgeld aus, falls es fällig wird. Allerdings war die Prämie, die *Taco Bell* für die Versicherung zahlen musste, vermutlich nicht sehr hoch – denn sie platzierten ihre Zielscheibe nahe der australischen Küste, Tausende Kilometer westlich des Wiedereintrittspfads.

Obwohl in vielen eBay-Auktionen anderes behauptet wurde, fand man nie ein offiziell anerkanntes Trümmerteil der *Mir*. Sollten Sie auf eines stoßen, könnten Sie versuchen, es zum Firmensitz von *Taco Bell* in Irvine (Kalifornien) zu bringen. Vielleicht dürfen Sie es ja gegen einen Taco eintauschen.

WIE MAN DAS PÄCKCHEN ADRESSIERT

Schon möglich, dass Sie Ihr Paket nicht sehr zielgerichtet losschicken können. Das ist aber kein Grund zur Verzweiflung – es bedeutet noch lange nicht, dass es nicht zugestellt werden könnte! Sie müssen nur herausfinden, welche Adresse Sie am besten draufschreiben. In den 1960er-Jahren musste die US-Regierung allerdings erfahren, dass die Frage, was man auf ein Weltraumpäckchen schreibt, ziemlich knifflig sein kann.

Die ersten Spionagesatelliten der USA verwendeten Filmkameras. Nachdem sie ihre Fotos geschossen hatten, ließ man die Kapseln mit den Filmen zurück auf die Erde fallen. Wenn alles glatt lief, wurden sie auf ihrem Rückweg geortet, und eine Maschine der Luftwaffe angelte sie buchstäblich mit einem langen Haken aus der Luft.

Und das soll funktioniert haben?

Nicht immer lief es nach Plan. Mehrere Kapseln kehrten unkontrolliert zur Erde zurück. Eine ging in der Arktis nahe Spitzbergen nieder und wurde nie gefunden. Anfang 1964 ging ein Aufklärungssatellit aus der Corona-Reihe im Orbit entzwei, nachdem er ein paar hundert Fotos gemacht hatte. Er sendete keine Signale mehr und steuerte auf einen unkontrollierten Wiedereintritt zu. Regierungsbeamte verfolgten das mit großer Sorge; sie versuchten zu bestimmen, wo er in die Atmosphäre eintreten würde. Schließlich wurde klar, dass er irgendwo bei Venezuela niedergehen würde. Beobachter in diesem Gebiet sollten den Himmel immer im Auge behalten, und am 26. Mai 1964 sahen sie Trümmerteile über der venezolanischen Küste entlangstreichen.

Die Regierungsbeamten vermuteten, der Satellit sei im Ozean gelandet, aber in Wahrheit war er ins Grenzgebiet zwischen Venezuela und Kolumbien gefallen. Ein paar Bauern entdeckten ihn, nahmen ihn auseinander, entfernten die Goldscheiben, die sie darin fanden[6], und versuchten den Rest zu verkaufen. Ein Bauer machte aus der Fallschirmleine ein Zaumzeug für seine Pferde. Als niemand die Kapsel kaufen wollte, übergab man sie den venezolanischen Behörden, und die kontaktierten die USA.

Bis 1964 stand auf den Rückkehrkapseln in einschüchternden Lettern: VEREINIGTE STAATEN und GEHEIM. Das sollte die Leute davon abhalten, die Kapseln zu öffnen und an ihren streng vertraulichen Inhalt zu gelangen. Nach dem Zwischenfall in Venezuela änderten die Vereinigten Staaten ihre Beschriftungsstrategie. Statt eine strenge Warnung auszusprechen, stempelte man einfach eine Nachricht in acht Sprachen drauf: Wer die Kapsel zur nächsten US-Botschaft oder zu einem Konsulat brachte, sollte eine Belohnung erhalten.

Gar nicht
verdächtig

Fundstück bitte zur
US-Botschaft
bringen
10.000 $ Belohnung

....

[6] Die Goldscheiben waren Bestandteil eines wissenschaftlichen Experiments. Das wissenschaftliche Experiment war Bestandteil der Verhüllungsstory – nur für den Fall, dass jemand fragen sollte, was der Satellit da oben so trieb.

Wenn Sie die Chancen maximieren wollen, dass der Finder mithilft, Ihr Päckchen an den vorgesehenen Empfänger zu bringen, ist Schmiergeld vielleicht der gangbarste Weg.

KAPITEL 16

Wie man's hinkriegt, sein Haus mit Energie zu versorgen

(auf der Erde)

Ihr Zuhause ist voll von Sachen, die eine Steckdose brauchen. Wie versorgen Sie Ihr Haus mit Strom?

Ein typischer US-amerikanischer Haushalt verbraucht im Jahresmittel etwa ein Kilowatt Strom im Monat. Beim Strompreis von 2018 waren das auf ein Jahr gerechnet insgesamt 1100 Dollar (ca. 970 €). Hätte Ihr eigener Grund und Boden eine günstigere Alternative zu bieten?

Zunächst wollen wir uns einige der möglichen Bezugsquellen

anschauen, die Sie anzapfen könnten, und dafür ein typisch amerikanisches Eigenheim zugrunde legen.

Ein mittleres neugebautes Einfamilienhaus in den USA steht auf einem etwa 800 Quadratmeter (bzw. 0,2 Acre) großen Grundstück, von dem das Haus selbst 25 % einnimmt. Nehmen wir an, dass Sie in genau so einem Haus leben, und berücksichtigen, zu welchen Energiequellen Sie durch Ihr Stückchen Land Zugang haben.

In früheren Zeiten war es üblich, dass Ihnen, wenn Sie ein Stück Land besaßen, auch die Luftsäule über und die Erde unter diesem Land gehörten. Genau das wird mit der Maxime *Cuius est solum, eius est usque ad coelum et ad inferos*[1] ausgedrückt, was so viel heißt wie: »Das Grundstück, das Ihnen gehört, erstreckt sich bis hinauf in den Himmel und bis hinab zur Hölle.«

....

[1] Da die drei hier genannten Wörter z. T. späte Formen des Lateins sind, werden im Folgenden die klassisch lateinischen Vokabeln *caelum*, *solum*, *inferna* als Kategorien verwendet. (Anm. d. Übers.)

In der heutigen Zeit ist es möglich, dass Ihr Eigentumsrecht auf verschiedene Art und Weise beschränkt ist, zum Beispiel durch das Bauplanungsrecht, die staatliche Luftfahrtbehörde und den Weltraumvertrag von 1967, der Besitzansprüche auf den offenen Weltraum verbietet. Unter Umständen sind Ihre Besitzrechte auch nach unten hin begrenzt. Das hängt damit zusammen, dass Förderrechte oft unabhängig vom Landbesitz verkauft werden, sodass Ihnen vielleicht das Grundstück gehört, nicht aber alles, was darunter begraben ist.

Dennoch wollen wir hier einfach davon ausgehen, dass Sie auf Ihr Land zugreifen können. Im Folgenden sehen Sie einige der Ressourcen, von denen Sie erwarten dürfen, sie in den drei genannten Sphären vorzufinden.

TEIL 1: SOLUM (DIE ERDKRUME)

Pflanzen

Pflanzen wachsen auf der Erde. Manchmal tun sie das derart hemmungslos, dass man sich sehr anstrengen muss, um ihnen Einhalt zu gebieten.

Pflanzen können als Treibstoff verbrannt werden, was allerdings nicht unbedingt die sauberste und effektivste Art ist, um Elektrizität zu erzeugen. Wenn Sie auf Ihrem Stück Land Bäume wachsen lassen und ernten, dann könnten Sie das Holz verbrennen und dadurch eine konstante Stromquelle haben.

Falls möglich, sollte Ihr Wald vor allem auf der Sonnenseite des Hauses liegen (auf der Nordhalbkugel also im Süden).

Die Produktivität eines Waldbaugebiets hängt von den eingesetzten Pflegepraktiken ab. Trotzdem schätzt die *National Association of Conservation Districts*, eine übergeordnete staatliche US-Umweltbehörde, dass die Holzproduktion eines rund 16 130 000 m² (bzw. 16 130 km²) großen und weitgehend naturbelassenen Kiefernwalds permanent 1 Megawatt elektrische Energie liefern kann. Das bedeutet: Wenn Sie Ihren Garten (abzüglich der 25 Prozent Fläche, die Ihr Haus einnimmt) mit Bäumen vollstellen, dann könnten Sie damit…

$$\frac{800 \text{ m}^2 \times 75\% \times 1 \text{ MW}}{16\,130\,000 \text{ m}^2} \approx 38 \text{ Watt}$$

… knapp 38 Watt Strom erzeugen. Das ist ausreichend, um Ihr Telefon zu laden, ein Tablet oder einen kleinen Laptop zu betreiben, aber nicht annähernd genug, um ein ganzes Haus mit Strom zu versorgen.

Andere Kulturpflanzen mögen da effizienter sein. So könnte die in weiten Teilen des Mittleren Westens und im Herzen der USA verbreitete Rutenhirse rund 1 Kilowatt Strom je 4000 m² erzeugen und diesen Wert in anderen Regionen womöglich sogar noch verdoppeln oder verdreifachen. Doch leider würde das noch immer nicht für Ihr ganzes Haus reichen – selbst wenn Sie sie nicht nur im Garten, sondern auch auf dem Dach anpflanzen würden.

Wasser

Wasser fließt unter dem Einfluss der Schwerkraft über den Erdboden, und diese gravitationsabhängige Energie kann man mithilfe von hydroelektrischen Turbinen abschöpfen.

Auf die gesamte Landfläche der USA, deren mittlere Höhe rund 760 Meter über NN beträgt, fallen im Durchschnitt jährlich rund 787 Millimeter Regen herab. Wäre das ganze Land ein gleichmäßig ebenes Plateau von 760 Metern Höhe, auf das der Regen zuerst herabfällt und anschließend über die Ränder schwappt, …

Jährliche Regenmenge in den USA
(leicht vereinfachte Darstellung)

... dann würden dadurch insgesamt 1,7 Terawatt Strom erzeugt:

$$\frac{0,787 \text{ m}}{\text{Jahr}} \times \text{Landfläche der USA} \times \text{Wasserdichte} \times 9,805 \frac{\text{m}}{\text{s}^2} \times 760 \text{ m} = 1,7 \text{ TW}$$

In den USA gibt es etwa 120 Millionen Haushalte, das wären also 14 Kilowatt pro Haushalt!

Die traurige Nachricht für Ihr Haus lautet aber, dass es sich dabei um eine sehr optimistische Schätzung handelt. In den Vereinigten Staaten regnet es größtenteils in niederen Lagen, und nicht alles davon landet in Strömen, die leicht zu nutzen wären. Nach Angaben des US-Energieministeriums beläuft sich die Gesamtsumme der landesweit verfügbaren Wasserkraft auf 85 Gigawatt, und dazu müsste man erst Staudämme in Naturschutzgebieten und an malerischen Flüssen errichten. Das ist 1/20stel der oben genannten Zahl und nur 700 Watt pro Haushalt.

TEIL 2: INFERNA (DIE UNTERWELT)

Brennstoffe in der Erde

Nehmen wir an, dass Ihr 800-m²-Grundstück einem Zwölfmilliardstel der USA entspricht und deshalb über 1/12 000 000 000stel aller förderbaren Rohstoffreserven des Landes verfügt. In Wahrheit liegen all diese Vorkommen natürlich in kleinen, übers ganze Land verteilten Lagerstätten, sodass Sie entweder viel mehr oder viel weniger als die im Folgenden genannte Menge hätten. Hier sehen Sie aber, was es unter Ihrem Land zu finden gäbe, wenn jene Vorkommen gleichmäßig verteilt wären.

- **3 Barrel Rohöl.** Jedes dieser Fässer Rohöl kann ungefähr 6 Gigajoule Energie liefern. Drei davon würden deshalb reichen, um Ihr Haus etwa sieben Monate lang mit Strom zu versorgen.
- **Knapp 1100 Kubikmeter Erdgas.** Genug für etwas mehr als 16 Monate Strom für Ihr Heim.
- **19 Tonnen Kohle.** Die Energiedichte von Kohle liegt bei annähernd 20 Megajoule pro Kilogramm, weshalb diese 19 Tonnen Ihr Haus 12 Jahre lang mit Strom versorgen könnten.
- **42,5 Gramm Uran.** Für Ihr Haus würde das in einem herkömmlichen Kernreaktor ein paar Monate Strom bedeuten, in einem »schnellen Neutronenreaktor«, einem fortschrittlichen Reaktortypen, dagegen mehr als ein Jahrzehnt. Diese sogenannten schnellen Brüter sind viel effizienter, ihr Betrieb ist aber auch viel teurer. Zudem bringen sie es mit sich, dass das Uran nahezu bis zu dem Punkt angereichert wird, wo es für Atomwaffen nützlich sein könnte, weshalb solche Reaktoren die internationalen Regulierungsbehörden bisweilen nervös machen.

Addiert man all diese unterirdischen Brennstoffe auf, dann sind sie gleichbedeutend mit einer Energiemenge, die für einige Jahrzehnte reicht. Tatsächlich würde Ihr Stück Land aber nicht wirklich all jene Brennstoffe enthalten – ja, mit an Sicherheit grenzender Wahrscheinlichkeit sogar *keinen* einzigen davon. Doch selbst wenn: Für einen einzelnen Hausbesitzer wäre der Energieaufwand, um einen dieser Stoffe auszugraben, höher als die Energie, die dieser erzeugen würde. Darüber hinaus können es sich die Menschen mit Blick auf die Folgen für das Weltklima bestimmt nicht leisten, alle in der Erde verborgenen fossilen Brennstoffe zu verfeuern. Vielleicht ist es deshalb am besten, wenn Sie sie einfach dort lassen.

Geothermische Energie

Die Erde kühlt sich immer noch ab. Das gilt sowohl für die Hitze, die bei ihrem anfänglichen Kollaps zu einer Kugel entstanden ist, als auch für die tief im Erdinneren erzeugte Hitze durch den radioaktiven Zerfall von Kalium, Uran und Thorium. Die Abkühlung des Planeten erfolgt durch Abgabe von Wärme über seine Oberfläche. In den meisten Gegenden ist diese Wärme in der Regel sehr schwach und kaum wahrnehmbar. An einigen Orten lässt sie sich aber nur sehr schwer ignorieren.

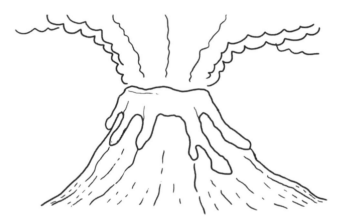

In einer normalen und geologisch ruhigen Gegend dürfte die Wärmeströmung um die 50 Milliwatt pro Quadratmeter betragen. Im Prinzip sollte Ihr Grundstück deshalb auf unbestimmte Zeit Zugang zu 40 Watt Wärmeenergie haben. Zur ernsthaften Gewinnung von geothermischer Energie müssen Brunnen bis tief hinab in die Erde gebohrt werden, in denen man anschließend Wasser nach unten pumpt und dieses durch das warme Gestein erhitzen lässt. Dabei werden die Wärmevorräte aus dem umliegenden Gestein erneuert, sodass man in Wirklichkeit allen anderen die Wärme abgräbt.

In der Praxis ist die Nutzung von Geothermie nur in geologisch aktiven Regionen zweckmäßig, wo dicht unter der Erdoberfläche hohe Temperaturen anzutreffen sind. Ein ausgedehntes geothermisches Kraftwerk im Norden Kaliforniens, genannt *The Geysers*, produziert auf je 4000 Quadratmetern etwa 77 Kilowatt Strom. Sollten Sie also zufällig dort wohnen, dann könnten Sie Ihr Haus problemlos mit Strom versorgen. In geologisch ruhigeren Gegenden ist Geothermie stattdessen wohl eher eine mögliche Quelle für etwas zusätzliches warmes Wasser – bestenfalls.

Tektonische Platten

Das Leben an einer Plattengrenze hätte durchaus seine Schattenseiten, doch vielleicht fänden Sie auch Wege, um davon zu profitieren. Der Erdboden übt über eine gewisse Entfernung eine bestimmte Kraft aus, und Kraft mal Entfernung ist Energie. Zwei bis drei Zentimeter im Jahr sind zwar nicht viel, doch hinter dieser Bewegung steckt eine praktisch unbegrenzte Menge Kraft. Könnten Sie sich diese zunutze machen, um Elektrizität zu erzeugen?

Rein theoretisch schon!

Nehmen wir an, Sie würden zwei gigantische Kolben bauen, die auf jeweils einer Seite der Verwerfung großflächig in der Erdkruste verankert werden, und diese Kolben dafür nutzen, einen zwischen ihnen liegenden Flüssigkeitsvorrat zu komprimieren.

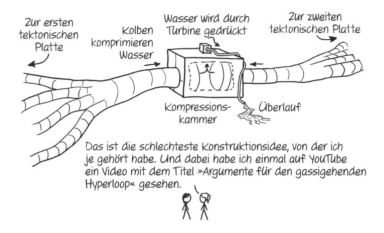

Mit der Zeit würde der Druck auf die Flüssigkeit ansteigen und könnte dazu verwendet werden, eine Turbine anzutreiben. Der maximale Druck, den diese Apparatur theoretisch erzeugen könnte, wäre abhängig davon, welchem Druck der Kolben standhalten könnte. Bei einer maximalen Zugfestigkeit des Kolbenmaterials von 800 MPa, einer Breite der Kolben gleich der Breite Ihres Gartens und einer doppelt so großen Kolbenhöhe (die Kolbenköpfe hätten also eine rund 1600 Quadratmeter große Oberfläche) würde sich die insgesamt theoretisch verfügbare Energiemenge mittels der Rechnung Bewegungsrate der Verwerfung mal Kolbenoberfläche mal Druck ergeben, also:

$$\frac{0{,}025\,\text{m}}{\text{Jahr}} \times 1600\,\text{m}^2 \times 800\,\text{MPa} = 1\,\text{KW}$$

Dieses ganze System ist lächerlich und aus vielerlei Gründen technisch nicht umsetzbar, und vermutlich würden Sie sogar noch ein paar neue finden, sollten Sie so etwas tatsächlich zu bauen versuchen. Doch einer der Gründe, warum diese Idee lächerlich ist, sind ihre Kosten.

Die »Wurzeln« jener Struktur, die den Generator in der Erdkruste verankern würden, müssten sich ziemlich weit nach außen erstrecken, sonst würde die Kruste schlicht wegbrechen und es käme zur Bildung neuer Verwerfungslinien. Das Raumvolumen dieser »Wurzeln« läge im Bereich von mehreren Millionen Kubikmetern. Wenn sie aus Stahl wären und fünf Kilometer weit in jede Richtung reichen würden, hätten sie ein Gewicht von 60 Milliarden Tonnen und würden um die 40 Milliarden Dollar kosten.

Nun sind 40 Milliarden (36 Millionen Euro) zugegeben eine Stange Geld, aber Sie würden auch jedes Jahr 1100 Dollar (knapp 1000 Euro) an Stromkosten sparen. In diesem Tempo würden Sie Ihr Geld in …

$$\frac{40 \text{ Milliarden } \$}{\frac{1100 \ \$}{\text{Jahr}}} = 36 \text{ Millionen Jahre}$$

… 36 Millionen Jahren wieder reinholen.

Aber alles, was nach den ersten 36 Millionen Jahren kommt, ist bares Geld!

Musst du nicht ständig neues Land kaufen, weil deins nach Norden wandert?

Tja, man muss Geld ausgeben, um Geld zu verdienen.

TEIL 3: CAELUM (DAS HIMMELSZELT)

Die Sonne

Die durchschnittliche Menge an Sonnenenergie, die auf ein Stück Land in den USA fällt, ist abhängig vom Breitengrad, der Wolkendecke und der Jahreszeit, doch üblich sind etwa 200 Watt pro Quadratmeter. Dieser Durchschnittswert bezieht sich auf das ganze Jahr: Wenn die Sonne am höchsten steht, können es bis zu 1000 Watt Energie sein, doch Wolken, die Jahreszeiten und die Tatsache, dass es nachts dunkel ist, ziehen den Durchschnitt nach unten. (Versorgungsunternehmen rechnen normalerweise mit Kilowattstunden. Bezogen auf diese Einheit entsprechen 200 Watt ungefähr 5 kWh pro Tag[2].)

Moderne Solarmodule wandeln rund 15 Prozent der Sonnenenergie in Elektrizität um. Wenn Sie Ihren ganzen Garten also mit einer Solaranlage zubauen, werden Sie 25 Kilowatt einfangen – viel mehr, als Sie brauchen:

$$800 \text{ m}^2 \times 200 \, \frac{W}{m^2} \times 15 \, \% = 25\,000 \text{ W}$$

Sie könnten den Wirkungsgrad noch erhöhen, indem Sie die Module zur Sonne hin kippen. Auf diese Weise können Sie entweder mehr Fläche füllen – auf Kosten Ihrer Nachbarn – oder für dieselbe Energiemenge weniger Bodenfläche verbrauchen ...

Ein paar Montagevarianten für Solarmodule

| Einfach, aber irgendwie ineffizient | Verbesserter Wirkungsgrad mit nach oben gekippten Modulen und Dachmontage | + Sehr effizient – Nervt die Nachbarn; verdammt Sie zu einem Leben in Dunkelheit |

---

2 Ein Hinweis zu den Einheiten: Bei »1,38 Kilowatt« handelt es sich nicht um einen Messwert *pro Jahr*, sondern nur um die Strommenge, die ein durchschnittlicher Amerikaner im zeitlichen Mittel verbraucht. Die Leute sind es gewohnt, den Stromverbrauch in Kilowattstunden (die Energiemenge, die nötig ist, um ein Kilowatt eine Stunde lang zu liefern) zu messen, weil er so auch berechnet und verkauft wird. Das ist vollkommen in Ordnung, physikalisch gesehen aber etwas schräg, schließlich könnte man den Durchschnitt einfach in »Kilowatt« ausdrücken. So als würde man sagen, dass eine Straße »6000 Quadratmeter pro Kilometer« breit ist und nicht einfach sechs Meter.

...aber der Effekt wäre insgesamt relativ gering. Das Ausschlusskriterium für Solarenergie ist im Allgemeinen nämlich nicht die vorhandene Fläche, sondern der Preis der Module. Eine 800 m² große Solaranlage dürfte im Jahr 2019 über zwei Millionen Dollar kosten – und noch mehr, wenn Sie in der Lage sein wollen, die erzeugte Energie zu speichern, falls die Sonne doch einmal verschwinden sollte.

Beim US-Strompreis von 13 Cent/kWh im Jahr 2018 würde sich eine Solaranlage auf unserem Stückchen Land nach 14 Jahren amortisiert haben. Allerdings könnte sich dieser *Payback-Zeitraum* durch diverse Steueranreize und die Möglichkeit, überschüssigen Strom gegen Bezahlung ins Netz einzuspeisen, beträchtlich verkürzen. In sonnenreichen und/oder solchen Gegenden, die über eine großzügige Förderung für erneuerbare Energien verfügen, können sich neue Solarmodule bereits nach wenigen Jahren rentieren.

Wind

Die Menge an vorhandener Windenergie hängt davon ab, wie windig es in Ihrer Gegend ist und wie weit über Ihrem Grundstück Sie zu bauen bereit sind. Die Windgeschwindigkeit steigt im Allgemeinen mit zunehmender Höhe an. Wenn Sie ein höheres Windrad aufstellen, können Sie mit diesem demnach mehr Strom gewinnen. Das *National Renewable Energy Laboratory*, das nationale Forschungszentrum für Erneuerbare Energien der Vereinigten Staaten, hat das vorhandene Windkraftpotential für verschieden hohe Windräder im ganzen Land kartiert und die verfügbare Energie in Watt pro Quadratmeter angegeben. Dadurch ist es möglich, die Energiemenge, die durch ein Windrad bekannter Größe strömen wird, zu berechnen.

Eine Gegend mit *normalen* Windverhältnissen wie St. Louis hat ein Windkraftpotential von 100 W/m² in 50 Metern, von 200 W/m² in 100 Metern und von vielleicht 400 W/m² in 200 Metern Höhe. In sehr windreichen Gegenden wie den Rocky Mountains kann die Energiedichte mehr als das Vierfache betragen, in windarmen

Landstrichen wie dem Bundesstaat Alabama oder im Herzen von Georgia dagegen nur ein Viertel.

Falls Ihr 800-m²-Grundstück quadratisch ist, können Sie darauf ein Windrad mit 28 Meter Durchmesser unterbringen. Und wenn es die Hauptwindrichtung erlaubt, dieses Windrad diagonal aufzustellen, dann sind sogar bis zu 40 Meter drin.

Die Kreisfläche eines 28-Meter-Windrads ist 616 m². Bei einer Aufstellhöhe von 50 Metern und einem Energiepotential von 100 W/m² wird die verfügbare Energiemenge knapp 62 Kilowatt betragen. Die Energieeffizienz von Windrädern liegt aber nicht bei 100 Prozent. Stattdessen können sie dem Wind, der durch sie hindurchströmt, nach dem Betzschen Gesetz niemals mehr als 60 Prozent seiner Energie entziehen. In der Praxis liegt die tatsächlich eingefangene Menge (aufgrund von schwankenden Windgeschwindigkeiten und Übertragungsverlusten) sogar eher bei 30 Prozent der durchschnittlich verfügbaren Energie. Dennoch sind 30 Prozent von 62 Kilowatt immerhin noch knapp 19 Kilowatt – genug, um Ihr eigenes Haus *und* die Häuser von 18 Ihrer Nachbarn mit Strom zu versorgen.

Wenn man davon ausgeht, dass ein 50 Meter hoch über dem Erdboden aufragendes Windrad mit 28 Metern Durchmesser in Ihrer Nachbarschaft für einige Problem sorgen dürfte, könnte so eine großmütige Geste durchaus nützlich sein. Die Spitzen der Rotorblätter werden sich nach unten hin nur 36 Meter über dem Erdboden befinden. Wir hoffen also, dass Sie keine überdurchschnittlich hohen Bäume haben.[3] Und außerdem sollten Sie die Nachbarskinder vermutlich davon abbringen, Drachen steigen zu lassen.

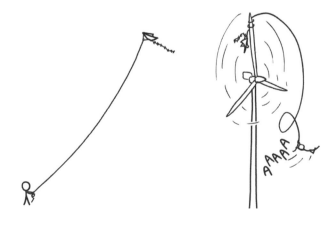

---

3 Falls doch, nicht mehr lange.

Einige theoretische Modelle des Universums gehen davon aus, dass die Quantenfelder, aus denen der Weltraum besteht, in einem sogenannten »falschen Vakuum« existieren. Nach dem Urknall ging die Grundsubstanz des Weltraums von einem hochenergetischen und chaotischen Zustand – dem sogenannten Quantenschaum – in seine gegenwärtige Gestalt über. Aus Sicht jener Modelle hat sich der Weltraum in dieser Form noch nicht richtig stabilisiert. Stattdessen trage die Raumzeit selbst eine gewisse Spannung in sich, die – sofern richtig gestört – aufgelöst werden könne, woraufhin sich der Weltraum in einem vollkommen entspannten und ruhigen Zustand einrichten würde.

In all diesen Modellen steht das falsche Vakuum dafür, dass in jedem Kubikmeter Weltraum ein gigantisches Quantum an Energie schlummert. Ihr Garten hat jede Menge leicht zugänglichen Raum, weshalb die Frage lautet: Könnten Sie einen Vakuumzerfall anstoßen und Ihr Stromproblem für alle Zeiten lösen?

Auf der Suche nach einer Antwort wandte ich mich an die Astrophysikerin Dr. Katie Mack, eine Expertin in Sachen Untergang des Universums. Ich fragte sie, wie viel Energie freigesetzt würde, wenn jemand in seinem Garten einen Vakuumzerfall anstoßen würde, und ob derjenige damit sein Heim mit Strom versorgen könnte. Ihre Antwort: »Bitte tun Sie das nicht.«

»Wenn man das Vakuum an einem bestimmten Ort zersetzen könnte, würde es im Prinzip die Energie des Higgs-Feldes freisetzen, und zwar vermutlich in Form außerordentlich heftiger Energiestrahlung«, so Mack. »Doch abgesehen von dieser Energie würde sich das echte Vakuum mit Lichtgeschwindigkeit in Form einer Blase ausbreiten, und die würde Sie einhüllen, bevor Sie irgendetwas von der Energie abschöpfen könnten. Dieses echte Vakuum würde Sie zu Asche verbrennen und alle Teilchen zerstören, aus denen Sie bestehen. Und schließlich würde es das gesamte Universum verschlingen, um es im nächsten Augenblick wieder in sich zusammenfallen zu lassen.«

Zu unserem Glück existiert das Universum schon so lange, ohne sich aufgelöst zu haben. Diese Tatsache legt nahe, dass ein Vakuumzerfall in absehbarer Zeit nicht besonders *wahrscheinlich* ist, selbst wenn jene Theorien zum falschen Vakuum korrekt sein sollten.

»Falls wir mit unserem aktuellen Verständnis der Teilchenphysik richtig liegen, ist der Vakuumzerfall zwar so gut wie unvermeidlich«, fügte Dr. Mack hinzu. »Trotzdem ist die Wahrscheinlichkeit, dass das irgendwann innerhalb der nächsten paar Billionen Jahre passiert, verschwindend gering. Doch es gibt bessere und effizientere Wege, Energie zu gewinnen. Warum nicht zum Beispiel ein winziges Schwarzes Loch erzeugen und dessen Hawking-Strahlung wie ein Lagerfeuer nutzen? So hätte man – je nach seiner Masse – ein schönes gleichmäßiges Glühen, das viele Jahre lang anhält, bevor es sich zum Schluss in einer spektakulären Explosion selbst auflöst!«

Das klingt doch sehr viel praktischer.

KAPITEL 17

Wie man's hinkriegt, sein Haus mit Energie zu versorgen

(auf dem Mars)

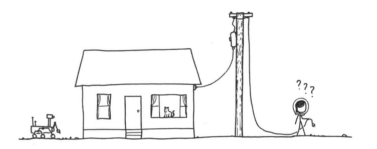

Auf dem Mars kommt man viel schwerer an Strom heran als auf der Erde.

Das hat zum Teil die offensichtliche Ursache, dass es dort kein Stromnetz gibt. Aber selbst wenn wir eins errichten, werden die üblichen Quellen, von denen wir auf der Erde elektrischen Strom beziehen, auf dem Mars nicht so gut funktionieren.

Art der Energiequelle	Funktioniert das auf dem Mars?	Grund
Windkraft	nicht wirklich	die Luft ist zu dünn
Solarenergie	so lala	die Sonne ist weiter weg
Fossile Brennstoffe	nein	keine fossilen Rohstoffe
Geothermie	so lala	geringe geologische Aktivität
Wasserkraft	nein	keine Flüsse
Kernkraft	nur, wenn Sie Ihren Brennstoff selbst mitbringen	bestimmte geologische Prozesse sind nötig, um Uran zu konzentrieren
Fusionsenergie	nein	funktioniert nicht einmal auf der *Erde*

Eine sehr ungewöhnliche potentielle Energiequelle gibt es auf dem Mars jedoch. Um an sie heranzukommen, müssen Sie lediglich bereit sein, einen Mond zu vernichten.

Sie müssen aber kein schlechtes Gewissen haben, wenn Sie den Marsmond Phobos vernichten, er ist sowieso längst dem Tode geweiht.

Unser eigener Mond umkreist die Erde langsamer, als sie sich dreht, weshalb die Gezeitenreibung zwischen Erde und Mond jene verlangsamt und diesen beschleunigt. Weil diese Reibung den Mond beschleunigt, drängt sie ihn zusehends weiter von der Erde ab.[1] Auf dem Mars sieht die Sache ganz anders aus, weil Phobos den Mars *schneller* umrundet, als dieser sich dreht. Deshalb zieht die Gezeitenreibung stärker an ihm, wodurch sich seine Umlaufbahn immer mehr verengt und Phobos dem Mars immer näher kommt.

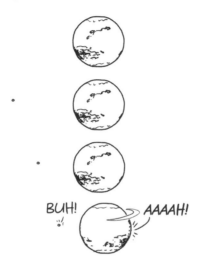

Phobos mag im Vergleich zu anderen Monden nicht besonders schwer sein (die Masse des Erdmonds ist um das Siebenmillionenfache größer), doch für menschliche Verhältnisse ist er immer noch ziemlich groß.

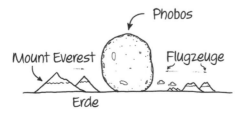

....

1 Wenn Sie mehr darüber wissen wollen, lesen Sie Kapitel 27: *Wie man's hinkriegt, pünktlich zu sein.*

Aufgrund seiner Masse und Geschwindigkeit führt Phobos auf seinem Orbit um den Mars eine riesige Menge kinetischer Energie mit sich. Energie, die Sie theoretisch anzapfen können.

PHOBOS-LEINE

Der Vorschlag, Phobos an die Leine zu nehmen, ist nicht neu. Normalerweise besteht der Zweck einer solchen Leinenidee darin, die Position und kinetische Umlaufenergie von Phobos effizient zur Bewegung großer Mengen Fracht zur Marsoberfläche oder davon weg zu nutzen. Das geht oft damit einher, dass man ein Ende der Leine als eine Art »Himmelshaken« zum Greifen der Fracht verwenden will, die den Mars verlässt.

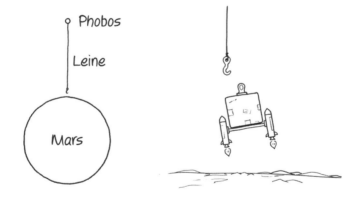

Mit so einer Leine könnte man aber auch direkt von Phobos Energie beziehen. Wenn man eine 5820 Kilometer lange Leine an seiner zum Mars gewandten Seite befestigen würde, dann hinge deren unteres Ende bis in die Marsatmosphäre hinein. Dieses lose Ende würde mit einer Geschwindigkeit von 530 Meter pro Sekunde (m/s) – also mit rund 1,5-facher Schallgeschwindigkeit auf der Erde – durch die Marsatmosphäre fliegen. Weil die Atmosphäre auf dem Mars aber vor allem aus Kohlendioxid besteht, breitet sich der Schall dort langsamer aus[2], und deshalb sind 530 m/s gleich dem 2,3-Fachen der marsianischen Schallgeschwindigkeit.

WINDTURBINEN[3]

Auf der Marsoberfläche sind Windräder nicht ganz so nützlich, weil die Luft so dünn und träge ist, dass sie selbst ein einzelnes Rotorblatt nur mit Mühe in Bewegung setzen könnte. Am Ende der Leine würde der Wind allerdings mit Mach 2,3 vorbeipfeifen, und *das* ist eine ganz andere Geschichte. Die Energie der Luft, die an der Leine vorbeirauschen würde, läge bei 150 Kilowatt pro Quadratmeter. Durch ein Windrad von 20 Meter Durchmesser würden deshalb 50 Megawatt potentielle Energie strömen, genug also, um eine ganze Stadt mit Strom zu beliefern.

Windrad auf der Erde

Windrad auf dem Mars

In der Regel sind Windräder nicht für den Überschallbetrieb konzipiert, weil solche Überschallwinde, abgesehen von Meteoriteneinschlägen, Vulkanausbrüchen und atomaren Schockwellen, auf der Erde selten vorkommen. Es gibt aber tatsächlich einige Turbinen, die für die Montage an Überschallflugzeugen oder Raketen entwickelt wurden. Diese Turbinen sind dafür konzipiert, aus

....

[2] Aufgrund der niedrigeren Schallgeschwindigkeit auf dem Mars klänge Ihre Stimme bedeutend tiefer, wenn Sie versuchen würden zu sprechen.
[3] In Bezug auf Windkraft wird im Deutschen v. a. der Begriff »Windrad« gebraucht. Im Laufe des Kapitels geht es aber auch um andere Typen von Windturbinen. (Anm. d. Übers.)

dem Luftstrom um den Rumpf Strom zu erzeugen, unter anderem, um bei möglichen Triebwerksausfällen die Systeme an Bord mit Strom zu versorgen. Solche Überschallturbinen haben ein stromlinienförmiges Design und kurze Stummelrotoren, und vermutlich wird auch Ihre Turbine auf dem Mars eher so aussehen müssen als wie ein klassisches Windrad.

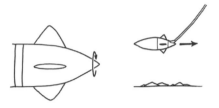

Ihre Turbine wird von Phobos durch die Marsatmosphäre gezogen werden, wodurch sich der Impuls des Mondes abschwächen und seine Kreisbahn immer weiter nach innen verlagern wird. Jede zusätzliche Turbine wird Sie nicht nur mehr Strom gewinnen, sondern Phobos auch schneller sinken lassen. Ein kleiner Hinweis: Je näher Phobos kommt, desto stärker werden Sie die Leine kürzen müssen, damit sie nicht auf dem Boden aufschlägt. Zum Glück wird die kürzere Leine nicht mehr so massiv sein müssen wie zuvor, um ihr eigenes Gewicht tragen zu können. Was wiederum heißt, dass Sie auf lange Sicht in der Lage sein werden, mit derselben Menge an Leinenmaterial mehr Turbinen zu halten.

Die gesamte verfügbare Energiemenge, wenn man Phobos bis zur Oberseite der Marsatmosphäre herunterholt, beträgt:

$$G \times \text{Masse Mars} \times \text{Masse Phobos} \times \frac{1}{2} \times \left(\frac{1}{\text{Radius Mars} + 100\ \text{km}} - \frac{1}{9376\ \text{km}} \right) \approx 4 \times 10^{22}\ \text{J}$$

Jeder US-Amerikaner verbraucht im Durchschnitt 1,38 Kilowatt Strom[4]. Demnach führt Phobos genügend Energie mit sich, um den Elektrizitätsbedarf einer Bevölkerung von der Größe der Vereinigten Staaten fast drei Jahrtausende lang zu bedienen. Selbst

....

[4]   In Deutschland sind es je Einwohner rund 0,76 Kilowatt. (Anm. d. Übers.)

wenn viele Nachbarn einziehen sollten, ist deshalb noch immer jede Menge Phobos-Energie im Umlauf.

Solche Weltraumleinen-Projekte erfordern riesige Mengen an Material, das wird auch bei diesem hier nicht anders sein. Selbst eine dünne Leine von Phobos zum Mars wiegt bereits mehrere tausend Tonnen, und dieses Gewicht wird weiter zunehmen, je mehr und umso größere Turbinen Sie hinzufügen. Die Energiemenge, die von so einer Leinenturbine erzeugt wird, ist proportional zu der Kraft, die die Leine auf sie ausübt. Jedes zusätzliche Watt an Turbinenkapazität erhöht demnach die Belastung der Leine, sodass diese noch stärker werden muss, um der Beanspruchung standzuhalten. Umgekehrt können wir uns vorstellen, dass jedes zusätzliche Kilogramm Leinenmaterial eine bestimmte Menge Energie »produziert«.

Gewicht und Leistungsfähigkeit der Leine werden zum einen davon abhängen, welches Material Sie verwenden, und zum anderen von einer Vielzahl von technischen Details. Im Allgemeinen wird Ihre Leine pro Kilogramm Material wahrscheinlich aber höchstens zwei Watt Energie liefern. Doch weil sie diese Energiemenge über viele Jahrzehnte hinweg quasi unendlich produzieren kann, summieren sich jene zwei Watt zu einer viel größeren Gesamtenergie pro Kilogramm, als das bei herkömmlichen Energieträgern wie Batterien, Erdöl oder Kohle der Fall ist[5].

Wie groß der Wirkungsverlust der Turbinen ist, lässt sich nur schwer sagen. Aufgrund des quasi unbegrenzten Luftstroms wird Ihr Hauptanliegen aber eher darin bestehen, den »verlorenen« Luftwiderstand an der Leine zu reduzieren als die gesamte Energie der hindurchströmenden Luft einzufangen. Möglich ist auch, dass sich andere Turbinen-Bauarten als effizienter und verlässlicher erweisen werden. Vielleicht wäre es gut, mit so etwas wie Darri-

....

[5] Die Leine hat jedoch nicht annähernd so viel Energie wie Plutonium, bei dem jedes Kilo über Jahrzehnte hinweg viele hundert Watt Wärme erzeugt. Man kommt allerdings nur schwer an große Mengen Plutonium heran. Das Marsfahrzeug *Curiosity*, das vielleicht sogar Ihr marsianischer Nachbar ist, wird von einem Fünf-Kilo-Brocken Plutonium angetrieben, den die NASA für teures Geld gekauft hat.

eus-Rotoren, widerstandsbasierten Turbinen oder solchen Designs herumzuexperimentieren, die den Magnus-Effekt ausnutzen. All diese Systeme finden auf der Erde in speziellen Fällen Anwendung.

Neben den Wirkungsverlusten im Zusammenhang mit den Turbinen werden Sie auch darüber nachdenken müssen, wie Sie den Strom von der Turbine zu Ihrem Haus auf dem Marsboden bekommen, was unweigerlich zu weiteren Verlusten führen wird. Für die Stromübertragung käme so ziemlich alles infrage: von Mikrowellenenergie, die durch die Luft gebeamt wird, bis zum Abwurf riesiger Mengen von wiederaufladbaren Akkus Richtung Marsoberfläche.

Wenn ein Mond auf seinem Orbit zu nah um den Mutterplaneten kreist, dann können die Gezeitenkräfte so stark werden, dass sie Material von der Mondoberfläche herunterreißen. Die Entfernung, bei der das passiert, heißt Roche-Grenze. Je weiter sich Phobos dem Mars annähert, desto eher wird er auseinanderbrechen und einen Ring aus Trümmern um den Mars hinterlassen. Vielleicht sollten Sie irgendeine Art von superstarkem Netz benutzen, um das zu verhindern und Phobos zusammenzuhalten. Oder Sie lassen zu, dass er in mehrere kleine Monde zerfällt, die sich anschließend jeweils viel leichter mit Netzen zusammenhalten lassen.

Eine derartige Orbital-Turbine verfügt über eine besonders seltsame Eigenschaft: Je länger man sie benutzt, desto mehr Strom liefert sie! Ihre Leine übt einen bestimmten Widerstand auf den Mond aus, wodurch Phobos einerseits nach unten gezogen, andererseits aber auch schneller wird, denn niedrigere Umlaufbahnen sind schneller. Ein schnellerer Orbit heißt eine schneller bewegte Leine und damit auch schnellere Luftströme und mehr Energie von der Turbine. Zu Phobos' Lebzeiten wird Ihre Leine also ununterbrochen immer mehr Strom produzieren.

WENN PHOBOS LANDET

Wenn Phobos durch den vorhandenen Widerstand am Ende seine ganzen 4×10^{22} Joule Energie verloren hat, wird er die Marsatmosphäre erreichen. Das könnte erst in vielen Jahrtausenden passieren oder schon innerhalb der nächsten paar Jahre. Alles hängt davon ab, wie viel Strom Ihr Haus verbraucht und ob andere Siedler die Turbinen ebenfalls anzapfen.

Phobos hat eine ähnliche Größe wie der Gesteinsbrocken, der am Ende der Kreidezeit mit der Erde zusammenstieß und dadurch zum Aussterben der meisten Dinosaurier führte. Ähnlich verheerend wird der Einschlag von Phobos auf dem Mars sein, und zwar unabhängig davon, ob er zu diesem Zeitpunkt aus einem Stück besteht oder aus mehreren. Über Tausende von Jahren wird die Leine potentielle Energie von Phobos verbraucht und insgesamt 4×10^{22} Joule davon hinunter zum Planeten geliefert haben, während der Mond auf seinem Sinkflug gleichzeitig beschleunigt wurde. Phobos'

Aufprall auf der Marsoberfläche wird eine ähnlich große Energiemenge freisetzen – allerdings auf einmal.

Dieser Aufprall wird den Mars mit einer gigantischen Narbe überziehen und riesige Mengen an Trümmern in den Weltraum schleudern, wobei das Meiste davon als geschmolzener Gesteinsregen wieder vom Himmel herabfallen und jeden Punkt der Marsoberfläche erreichen wird. Wie so oft zahlt man also auch in diesem Fall für die Folgen einer »kostenlosen« Energiequelle einen hohen Preis.

Dennoch werden die apokalyptischen Konsequenzen nicht in jeglicher Hinsicht negativ sein. So ist es möglich, dass sich einige der tiefer liegenden Marstäler bis zum Nachlassen des Lavaregens für kurze Zeit genügend stark erhitzen, dass Wasser in flüssiger Form dauerhaft in Pools auf der Oberfläche existieren könnte.

Falls Ihr Haus zufällig in einem dieser Täler liegen sollte, lesen Sie weiter in Kapitel 2: *Wie man's hinkriegt, eine Poolparty zu schmeißen.*

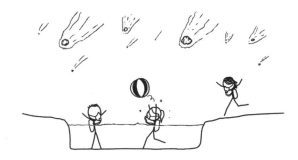

KAPITEL 18

Wie man's hinkriegt, Freunde zu finden

Wenn Sie einfach drauflos marschieren, werden Sie früher oder später mit jemandem zusammenstoßen.

Das könnte eine Weile dauern. Vielleicht haben Sie Glück und steuern mitten in eine Menschenmenge hinein. Falls Sie aber gerade in einer dünn besiedelten Region sind, könnte es ebenso gut Wochen dauern. Wenn Sie in einer Gegend mit einer bestimmten Anzahl von Leuten von einem zufällig gewählten Punkt aus losmarschieren, dann können Sie mithilfe des physikalischen Konzepts der *mittleren freien Weglänge* die Zeit berechnen, bis Sie jemand anderen über den Haufen laufen:

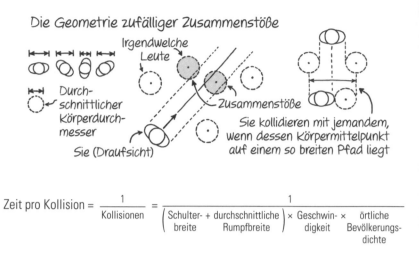

$$\text{Zeit pro Kollision} = \frac{1}{\text{Kollisionen}} = \frac{1}{\left(\begin{array}{c}\text{Schulter- + durchschnittliche}\\ \text{breite} \quad \text{Rumpfbreite}\end{array}\right) \times \begin{array}{c}\text{Geschwin-}\\ \text{digkeit}\end{array} \times \begin{array}{c}\text{örtliche}\\ \text{Bevölkerungs-}\\ \text{dichte}\end{array}}$$

Manche Gegenden machen Begegnungen definitiv leichter als andere. Hier sehen Sie die mittleren Kollisionsintervalle für ein paar verschiedene Gegenden und Orte:

- Kanada: 2,5 Tage
- Frankreich: 2 Stunden
- Delhi: 75 Sekunden
- Paris: 40 Sekunden
- Mercedes-Benz-Stadion in Atlanta bei einem ausverkauften Football-Spiel: 0,6 Sekunden
- Auf dem Spielfeld: 3 Minuten

Wenn man mit anderen Leuten physisch zusammenstoßen will, wird man in einem bis oben gefüllten Football-Stadion mehr Erfolg haben als in den borealen Nadelwäldern Kanadas, das ist logisch. Und sollten Sie die Sache mit dem Stadion *wirklich* versuchen, dann werden Sie auf den Rängen mehr Kollisionen haben als auf dem Spielfeld, auch wenn jene auf dem Feld vermutlich etwas heftiger sein werden.

Freund!!

In den meisten Fällen führen zufällige Begegnungen jedoch nicht zu Freundschaften, und das ist auch in Ordnung. Bisweilen beklagen sich die Leute, dass man alle aus ihrer täglichen Routine herausholen müsste, dass jeder Einzelne zu sehr in seiner eigenen kleinen Welt gefangen sei. Doch alle Menschen haben ihr eigenes Leben. Und nicht jeder sucht zwangsläufig genau im selben Moment wie Sie nach einer neuen Bindung.

Wie können Menschen also überhaupt Freundschaften schließen, wenn es so schwierig ist, mit anderen in Kontakt zu kommen?

Einige Antworten auf die Frage, wo und wie Menschen Freunde finden, können wir aus Umfragen gewinnen. So hat man US-Amerikaner im Rahmen einer Gallup-Studie im Jahr 1990 gefragt, wo sie die meisten ihrer Freunde kennengelernt hatten. Die häufigste Antwort war »bei der Arbeit«, gefolgt von »in der Schule«, »der Kirche« und »der Nachbarschaft«, »in Vereinen und Initiativen« sowie »durch andere Freunde«.

Im Rahmen einer etwas fundierteren Erhebung, die in der Fachzeitschrift *Sociological Perspectives* veröffentlicht wurde, bat Dr. Reuben J. Thomas 1000 Teilnehmer aus den USA anzugeben, wie sie ihre zwei besten Freunde getroffen hatten. Ausgehend von den Antworten erstellte die Studie dann ein Diagramm, wie Freundschaften in unterschiedlichen Altersstufen entstehen.

Einige Horte der Freundschaft blieben im Laufe des Lebens relativ gleich. So schlossen in jedem Alter rund 20 Prozent der Leute neue Freundschaften durch die Familie, gemeinsame Freunde, religiöse Gruppen oder bei Begegnungen in der Öffentlichkeit. Manch andere Quellen der Freundschaft sprudeln zu bestimmten Zeiten des Lebens, um danach wieder zu versiegen. So dominiert zuerst die Schule und dann die Arbeit, während Menschen in zunehmendem Alter, wenn die Rente näher rückt, viel eher in der Nachbarschaft und bei Ehrenämtern Freunde finden.

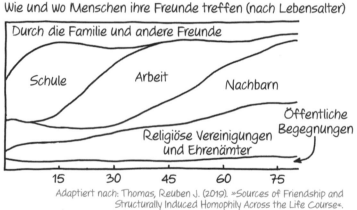

Wie und wo Menschen ihre Freunde treffen (nach Lebensalter)

Durch die Familie und andere Freunde

Schule   Arbeit   Nachbarn

Religiöse Vereinigungen und Ehrenämter   Öffentliche Begegnungen

15   30   45   60   75

Adaptiert nach: Thomas, Reuben J. (2019). »Sources of Friendship and Structurally Induced Homophily Across the Life Course«. Sociological Perspectives. (DOI: 10.1177/0731121419828399)

Diese Studien liefern uns zumindest einige Antworten auf die Frage, wo Menschen Freundschaften schließen. Zwar sind es nicht unbedingt die Orte, die Sie aufsuchen sollten, um Ihre Chancen auf neue Freunde zu maximieren, aber dennoch beginnen dort die meisten Freundschaften.

Wie schaffen Sie es aber, eine Bekanntschaft in eine Freundschaft zu verwandeln, sobald Sie tatsächlich jemanden getroffen haben?

Hopphopp, rein in den Trichter!

Zuerst die schlechte Nachricht: Es gibt keinen Zauberspruch oder Trick, der jemanden zu Ihrem Freund macht. Andernfalls könnten Sie diesen Kniff auf alle möglichen Leute anwenden, und zwar egal, wer derjenige wäre oder wie er sich fühlte. Und wenn es Ihnen egal ist, wer jemand ist oder wie er sich fühlt, dann sind Sie nicht sein Freund.

Immanuel Kant entwickelte diesbezüglich den sogenannten »kategorischen Imperativ«, eine Regel, die den Kern seiner Ethik bildete. Er formulierte sie in mehreren unterschiedlichen Varianten, von denen die zweite Formulierung lautete: »Handle so, dass du die Menschheit [...] jederzeit zugleich als Zweck, niemals bloß als Mittel brauchst.«

Etwas prägnanter formulierte es Oma Wetterwachs, eine Figur in Terry Pratchetts Roman *Ruhig Blut!*. Ein junger Mann wollte ihr erklären, dass das Wesen der Sünde etwas Kompliziertes sei, woraufhin sie zu ihm sagte, nein, das sei sehr einfach: »[...] Sünde ist, wenn man Menschen wie Dinge behandelt [...]«.

Das ist ein ziemlich guter praktischer Ratschlag, egal ob man sich der Philosophie hinter dem kategorischen Imperativ anschließt oder nicht. Menschen merken es einfach, wenn sie wie Dinge behandelt werden. Welche Fehler wir sonst auch haben mögen – wenn es darum geht, die Absichten von anderen einzuschätzen, haben wir Menschen einen jahrtausendealten Erfahrungsschatz. Dieses Talent ist viel älter und reicht viel tiefer als die Fähigkeit, unsere Gefühle in Worte zu fassen. Mögen wir manchmal noch so kurzsichtig und verwirrt sein und eine Menge Fehler machen –

Verachtung und Herablassung können wir immer noch meilenweit gegen den Wind wittern.

Während es also leicht sein dürfte, Menschen zu *treffen*, gibt es keine genaue Anleitung dafür, wie Sie sich mit ihnen *anfreunden* können – schließlich bedeutet Freundschaft, dass einem die Gefühle anderer Menschen wichtig sind. Und es gibt keine Möglichkeit, selber herauszufinden, wie jemand sich fühlt – ganz egal, wie viele Nachforschungen und Überlegungen Sie anstellen mögen. Sie müssen denjenigen einfach fragen…

Ah cool, Terry Pratchett!

Jep, ich lese die Bücher alle paar Jahre neu.

Welches davon gefällt dir am besten?

Die Scheibenwelt ist super, aber ich glaub, am meisten mag ich die Nomen-Trilogie.

Ach, und wie ist die so?

Großartig! Sie …

…und dann zuhören, was er Ihnen zu sagen hat.

Wie man Geburtstagskerzen auspustet

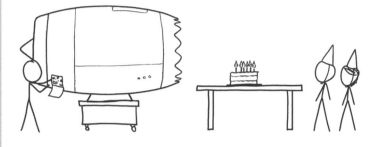

Wie man einen Hund Gassi führt

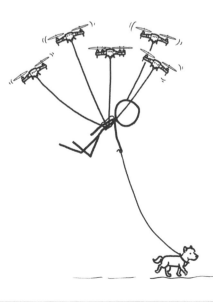

KAPITEL 19

TWEEEE

Wie man's hinkriegt, eine Datei zu senden

Das Versenden großer Dateien kann schwierig sein.

Moderne Software-Systeme haben sich mittlerweile davon verabschiedet, in »Dateien« zu denken. Sie zeigen Ihnen keinen Ordner voller Bilddateien, sondern eine Fotosammlung. Doch Dateien gibt es immer noch und wird es wahrscheinlich auch in den kommenden Jahrzehnten noch geben, und solange wir Dateien haben, werden wir sie an Leute schicken müssen.

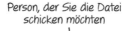

Person, der Sie die Datei
schicken möchten

Computer mit
Datei

Der einfachste und naheliegendste Weg zum Verschicken einer Datei ist, sich das Gerät mit der Datei darauf unter den Arm zu klemmen, direkt zum beabsichtigten Empfänger zu gehen und es ihm auszuhändigen.

Computer durch die Gegend zu tragen, kann schwierig sein (besonders die früheren, die so groß waren wie ein ganzer Raum). Es wäre auch möglich, das Teil des Computers mit der Datei darauf herauszulösen, statt den ganzen Computer herumzutragen. Dann können Sie dieses Teil der anderen Person mitbringen und ihr erlauben, dass sie es mit ihrem eigenen Gerät verbindet. Auf Desktop-Computern sind die Dateien vermutlich auf einer Festplatte gespeichert, die sich häufig ausbauen lässt, ohne den ganzen Computer kaputtzumachen.

Bei manchen Geräten ist der Datenspeicher jedoch fest mit der Elektronik verbunden, was das Herauslösen problematischer macht.

Eine bequemere und weniger destruktive Alternative sind Wechselspeicher. Sie können eine Kopie der Datei erstellen, auf ein Speichermedium packen und sie dann an jemanden weitergeben.

Als Möglichkeit des Informationstransfers besitzt das Herumtragen von Speichermedien eine verblüffend hohe Datentransferrate. So enthält ein Koffer voller microSD-Karten viele Petabyte Daten. Daher wird es, wenn Sie sehr große Datenmengen übertragen wollen, fast immer schneller gehen, Kartons voller Festplatten auf dem Postweg zu versenden als die Daten im Internet zu übertragen.[1]

....

[1] In *What if?* können Sie im Kapitel »Die Datentransferrate von FedEx« mehr darüber lesen.

Wenn Sie Daten an einen ganz bestimmten Ort schicken möchten, der fußläufig zu weit weg, für den Postversand aber ungeeignet ist – etwa auf einen benachbarten Berggipfel –, dann könnten Sie dafür unter Umständen irgendein autonomes Gefährt einsetzen, das Ihre Daten transportiert. Zum Beispiel könnte eine Lieferdrohne problemlos ein kleines Bündel voller SD-Karten mit vielen Terabyte Daten tragen.

Drohnen vom Bautyp Quadrocopter funktionieren auf größere Entfernungen nicht besonders gut, weil ihre Akku-Ladekapazitäten begrenzt sind. Eine Drohne, die ihre eigene Batterie mit sich herumtragen muss, kann nur für eine gewisse Zeit in der Luft schweben. Je länger das sein soll, desto größer muss die Batterie sein, was aber auch mehr Gewicht und mehr Energieverbrauch bedeutet. Aus demselben Grund, warum ein Haus, das von Düsentriebwerken getragen wird, nur für ein paar Stunden in der Luft schweben kann[2], liegt die Flugzeit bierdeckelgroßer Drohnen im Bereich von wenigen Minuten. Und selbst die größeren, in der Fotografie eingesetzten Modelle können in der Regel weniger als eine Stunde in der Luft bleiben. Aus diesem Grund käme eine mit einer microSD beladene Mini-Drohne nur wenige Kilometer weit, ehe ihr der Saft ausginge – selbst wenn sie sehr schnell fliegen würde.

....

[2] Siehe Kapitel 7: *Wie man's hinkriegt, einen Umzug zu stemmen.*

Sie könnten Ihre Reichweite noch steigern, indem Sie die Drohne größer machen, Solarmodule hinzufügen, höher in die Luft steigen und schneller fliegen. Oder Sie wenden sich an die wahren Meister des sparsamen Langstreckenflugs:
Schmetterlinge.

Auf ihren Wanderungen durch Nordamerika reisen Monarchfalter Tausende Kilometer weit, und einige legen sogar den ganzen Weg von Kanada nach Mexiko in einer einzigen Wandersai-
son zurück. Wer im Frühling oder Herbst an der Ostküste der USA
nach oben schaut, kann bisweilen beobachten, wie sie lautlos ein
paar hundert Meter über der Erde vorbeigleiten. Mit ihrer außerge-
wöhnlichen Reichweite stellen sie Drohnen (und selbst viele große
Fluggeräte) in den Schatten.

Man könnte jetzt denken, dass Schmetterlinge gegenüber bat-
teriebetriebenen Fluggeräten einen unfairen Vorteil hätten, weil
sie jederzeit anhalten können, um Nektar zu schlürfen und ihren
»Akku aufzuladen«. Und natürlich werden Schmetterlinge, wenn
möglich, bestimmt auftanken, sie müssen es aber nicht unbedingt.
Eine andere Schmetterlingsart, der Distelfalter (*Vanessa cardui*), ist
sogar noch beeindruckender. Er legt 4000 Kilometer zurück, um
von Europa nach Zentralafrika zu gelangen, ein Flug, der ihn über
das Mittelmeer *und* durch die Sahara führt.

Schmetterlinge bewältigen solche Reisen allein mithilfe von
Energie aus kleinen Fettreserven. Ein Grund, warum sie so viel effizienter fliegen können als Drohnen, ist, dass sie sich von der Luft
nach oben tragen lassen. Sie machen thermische Aufwinde und Tal-

winde an Bergen ausfindig, halten ihre Flügel in Position und reiten die Luft aufwärts, genau wie ein Geier, Habicht oder Adler.

Könnten Sie einen Schmetterling also dazu bringen, eine Datei für Sie zu transportieren, wenn Sie sie jemandem entlang seiner Zugroute schicken möchten?

Schmetterlinge sind in der Lage, Lasten zu tragen. In den USA etikettieren ehrenamtliche Helfer bei Gruppen wie *Monarch Watch* jedes Jahr zehn- bis hunderttausende Monarchfalter, um ihre Wanderungen nachzuverfolgen und ihren Bestand zu überwachen (der in den letzten Jahrzehnten rückläufig war). Die kleineren der Etiketten wiegen rund ein Milligramm, doch es hat schon Falter gegeben, die mit größeren Etiketten von zehn Milligramm und mehr am Ziel ihrer Reise ankamen.

MicroSD-Karten wiegen mehrere hundert Milligramm, was in etwa dem Gewicht eines einzelnen Schmetterlings entspricht. Die Tiere hätten demnach große Mühe, sie zu tragen. Es gibt aber keinen Grund, weshalb ein Speichermedium nicht noch kleiner gemacht werden könnte. MicroSD-Karten tragen Speicherchips, deren Speicherdichte bis zu einem Gigabyte pro Quadratmillimeter betragen dürfte. Angesichts solcher Dimensionen könnte ein Schmetterling ohne Weiteres einen winzigen Chip mit einem Gigabyte Daten transportieren. Und falls Ihre Datei größer sein sollte, könnten Sie sie auf mehrere Schmetterlinge verteilen und mehrere Kopien verschicken, um für Redundanz zu sorgen.

Wären Ihre Daten schließlich am Ziel angelangt, müsste der Empfänger zunächst sehr viele Schmetterlinge kontrollieren, um alle Einzelteile der Datei zusammenzufügen. Es könnte deshalb sein, dass Sie eine Art sensorischen Schmetterlingsscanner erfinden müssen, der es dem Anderen erlaubt, viele Schmetterlinge gleichzeitig zu durchleuchten.

Dieses Problem könnten Sie umgehen, indem Sie auf DNA-basierte Speicherverfahren zurückgreifen, und außerdem würden Sie damit auch gleich Ihre Bandbreite drastisch erhöhen. Wissenschaftlern ist es gelungen, Daten zu speichern, indem sie sie erst in einer DNA-Probe verschlüsselt und diese dann sequenziert haben, um die Daten wiederherzustellen. Mit solchen Systemen sind Datendichten möglich, die weit über alles hinausgehen, was wir mit Chips leisten können: In einem einzigen Gramm DNA lassen sich viele hundert Petabyte Daten speichern und wiederherstellen.

Jedes Jahr treffen mehrere zehn bis hundert Millionen Monarchfalter in Mexiko ein, um gemeinsam in riesigen Kolonien in den Bergen zu überwintern. Würde man zehn Millionen dieser Schmetterlinge mit winzigen Säckchen markieren, in denen ein jeweils 5 mg großer DNA-Speicher enthalten wäre, dann läge die Gesamtkapazität dieser fliegenden Armada bei ungefähr 10 Zettabyte oder 10 000 000 000 000 000 000 000 Byte. Das entspricht in etwa der Gesamtmenge digitaler Daten, die gegen Ende der 2010er-Jahre auf der Welt existieren.

Falls die Sonne warm ist, die Winde günstig stehen und der Zeitpunkt im Jahr stimmt, könnten Sie jemandem mit Schmetterlingen das gesamte Internet schicken.

KAPITEL 20

Wie man's hinkriegt, sein Handy zu laden
(wenn keine Steckdose in Sicht ist)

Am einfachsten können Sie Ihr Handy laden, indem Sie es an eine Steckdose anschließen. Doch leider sind die nicht immer einfach zu finden, wenn man sie braucht.

Und wenn man doch eine findet, steckt manchmal schon etwas drin, ein anderes Mobiltelefon zum Beispiel oder irgendein unbeaufsichtigtes Gerät. Falls Sie zufällig eine kleine mobile Steckdosenleiste mit sich rumtragen, dann können Sie das Kabel eventuell für einen kurzen Moment rausziehen und in Ihre Leiste stecken, um dann eine der anderen Dosen zu benutzen. Unter Umständen sollten Sie dabei jedoch Vorsicht walten lassen.

Das Ganze wird ein bisschen komplizierter, wenn Sie so *gar keine* Steckdose finden können. Statt sie von einer wohlgesonnenen Wand zu bekommen, werden Sie sich die Energie auf irgendeine andere Art aus der Umgebung holen müssen.

Wir Menschen beziehen aus vielen verschiedenen natürlichen Prozessen Energie. Wir verbrennen Dinge, um es warm zu haben, fangen die Energie des Sonnenlichts ein, profitieren von vorhandener Erdwärme und machen uns die Bewegung von Wind und Wasser zunutze, indem wir sie dazu bringen, die Flügel von Turbinen anzutreiben.[1]

. . . .

[1] Mehr zur Nutzung von Stromquellen im Freien finden Sie in Kapitel 16: *Wie man's hinkriegt, sein Haus mit Energie zu versorgen (auf der Erde)*.

Theoretisch funktionieren all diese Verfahren auch drinnen, obwohl sie dort ein bisschen schwieriger sind. Natürlich kann man in einem Flughafen Licht, Wärme, fließendes Wasser und brennbares Zeug finden, doch normalerweise in viel geringeren Mengen als draußen. Das liegt zum Teil daran, dass in einer künstlichen Umgebung alles erst mal von irgendwem dort hingebracht werden muss. In der Physik sind *Energie* und *Arbeit* synonym. Wenn eine menschengemachte Vorrichtung so viel Energie verschleudert, dass sich für Sie der Aufwand lohnt, diese einzufangen, heißt das: Wer auch immer sie am Laufen hält, verrichtet eine Menge kostenloser Arbeit.

Im Gegensatz zu den meisten Menschen haben Sterne und Planeten kein Problem damit, für lau zu arbeiten.[2]

Die Sonne flutet das gesamte Sonnensystem (selbst den leeren Teil) mit ihrem Licht und wird das auch für die nächsten paar Milliarden Jahre ununterbrochen tun. Sie müssen nichts weiter machen, als ein Solarmodul aufzustellen und einen winzigen Teil des Lichts einzufangen. Im Inneren von Gebäuden ist diese Energie weniger reichlich vorhanden, was Ihr Vorhaben nicht ganz so einfach, aber trotzdem nicht unmöglich macht. Hier sind ein paar Vorschläge, wie Sie an einem Flughafen oder im Einkaufszentrum Energie abgreifen können:

WASSER

Zwar wird es auf einem Flughafen vermutlich keine richtigen Flüsse geben, aber es gibt oft fließendes Wasser, das aus Armaturen und Trinkbrunnen heraussprudelt. Und es gibt keinen Grund, warum Sie dieses Wasser nicht genau wie bei einer Wasserkraftanlage zur Stromerzeugung verwenden könnten.

....

[2] Allerdings gibt es Gerüchte darüber, dass man bei *Jupiter* über die Einführung einer Bezahlschranke nachdenkt.

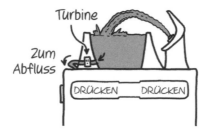

Sie müssen nicht gleich ein ganzes Wasserkraftwerk samt Staudamm errichten.[3] Die Wasserversorgung des Gebäudes speichert Wasser in einem unterirdischen Tank und leitet es für Sie an ein Rohrsystem weiter, sodass Sie sich das alles sparen und direkt am Auslass des Wasserhahns oder Trinkbrunnens eine Turbine anbringen können. Es gibt tatsächlich Firmen, die solche Turbinen herstellen. Man kann damit entweder kleine, an Rohren montierte Geräte betreiben oder sie einfach anstelle eines Druckablassventils anbringen, um auf diese Weise dem Wasser ein bisschen nutzbare Energie abzuringen. Im späten 19. und frühen 20. Jahrhundert hatten viele Gebäude fließendes Wasser, aber keinen Strom, sodass sich derartige Generatoren, die man als »Wassermotor« oder »Wasserkraftgenerator« bezeichnete, kurzer Beliebtheit erfreuten.

Dabei kann die von einem Rohr bereitgestellte Strommenge erstaunlich groß sein. Wasser führt viel Energie mit sich, wenn es in Bewegung ist, und Turbinen können äußerst effektiv sein: Kleine Turbinen sind in der Lage, 80 Prozent der Energie des Wassers in Elektrizität umzuwandeln, und große erzielen manchmal sogar noch höhere Wirkungsgrade. Eine Wasserversorgung mit einem Druck von rund 2 Bar und einer Durchflussmenge von circa 15 Liter pro Minute kann rund 50 Watt Strom erzeugen – genug, um Dutzende Telefone zu laden, mehrere LED-Birnen oder sogar einen kleinen Laptop mit diversen offenen Browsertabs zu betreiben.

Letztlich wird der Strom, den Sie benutzen, von den Pumpen

....

[3] Wenn Sie aber unbedingt wollen, na klar, legen Sie los!

geliefert, die von den örtlichen Wasserwerken betrieben werden und überhaupt erst für den Wasserdruck sorgen. Irgendwann wird es jemandem vom Flughafen (oder beim lokalen Wasserversorger) auffallen. Aber selbst wenn nicht, 15 Liter Wasser pro Minute summieren sich ziemlich schnell. Egal, ob Sie für das Wasser zahlen oder nicht, Sie müssen irgendeinen Ort finden, wo Sie es unterbringen können.

Und natürlich haben diese Rampen, die zum Flugzeug führen, ein Gefälle ...

LUFT

Im Inneren von Gebäuden ist Windkraft leider keine sehr gute Option, um an Energie ranzukommen. Auf Flughäfen zirkuliert zwar jede Menge Luft, doch »Wind«, der aus einem Belüftungskanal strömt, führt in der Regel viel weniger Energie mit sich als Wasser, das aus einer Armatur fließt. Außerdem ist es schwieriger, ihn effizient zu nutzen. Ein Miniaturwindrad von der Größe eines tragbaren Handventilators, am Abluftgitter einer Klimaanlage platziert, dürfte wahrscheinlich rund 50 Milliwatt elektrischen Strom produzieren, was nicht einmal reicht, um den Ladezustand eines einzigen Telefons zu halten. Und selbst wenn Sie einen ganzen Abluftkanal bedecken würden, kämen Sie mit größter Mühe auch nur an einen Bruchteil des Stroms heran, den man aus einem Wasserhahn rausholen könnte.

Das Gleiche gilt auch im Freien: Es ist leichter, Strom aus vorbeifließendem Wasser zu gewinnen als aus vorbeiströmender Luft. Wir nutzen Luft lediglich deshalb, weil es mehr davon gibt. Die Chancen, dass Sie genau jetzt, während Sie das hier lesen, einen Windhauch spüren, stehen gar nicht schlecht, wohingegen die Wahrscheinlichkeit, dass Sie gerade mitten in einem Fluss stehen, verschwindend gering ist. Die Welt hat mehr Wind als Flüsse. Die gesamte, von allen Flüssen mitgeführte Energiemenge beträgt etwa ein Terawatt, die des Windes dagegen annähernd ein Petawatt.

FEUER

Ich hab mir einen coolen Lifehack ausgedacht: Zeug verbrennen, um Strom zu erzeugen. Viele der Sachen hier sind brennbar.

Man nennt das … Brandstiftung.

Nee, das ist ein Lifehack!

Man kann nicht einfach wahllos Zeug abfackeln und das dann als Lifehack bezeichnen.

ROLLTREPPEN

Ach ja, die vier Elemente:
Luft, Wasser, Feuer und
Rolltreppen.

Rolltreppen verleihen ihren Mitfahrern Energie. Wenn Sie eine Rolltreppe betreten und sich langsam nach oben bewegen, muss die Rolltreppe mehr elektrische Energie aufwenden, um die Motoren zu drehen, die Sie nach oben tragen. Diese Energie wird in Form von potentieller Energie an Sie weitergegeben. Wenn Sie sich umdrehen und auf dem Handlauf zur unteren Etage zurückrutschen, werden Sie mit Vollgas dort ankommen, weil Sie dadurch die potentielle Energie, die von den Rolltreppenmotoren stammt und Ihnen kostenlos zur Verfügung gestellt wird, in kinetische Energie verwandelt haben.

Guck mal, ich zieh dieser
Rolltreppe kostenlos
potentielle Energie ab!
Das perfekte Verbrechen!

Nee, total legal.

Auch wenn das Design von Rolltreppen eigentlich darauf abzielt, Ihnen potentielle Energie zu verleihen, können Sie sie mithilfe einiger simpler Mechanismen dazu bringen, Ihnen stattdessen *elektrische* Energie zu liefern. In Wahrheit sind Rolltreppen nämlich nichts weiter als große Wasserfälle aus Metall, und genau wie ein Wasserfall das Rad einer Mühle dreht, kann man die bewegten Stufen als Antrieb für eine Achswelle nutzen.

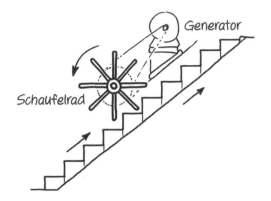

Ein einfaches Rad mit flachen Schaufeln wird sich auf recht holprige Weise mit der Rolltreppe verzahnen. Sie können das Ganze flüssiger gestalten, indem Sie ein Rad mit abgerundeten Schaufeln konstruieren, die nahtlos mit der Rolltreppe ineinandergreifen. Falls Sie die Form der Schaufeln sorgfältig ausarbeiten, kann das Rad permanent Kontakt zu den Stufen halten, ohne dabei ins Rutschen zu kommen.[4]

----

[4] Die Form, die ein Rad haben muss, um sich reibungslos auf einer Treppe zu drehen, stammt von Dr. Anna Romanov und ihrem Kommilitonen David Allen, als beide noch Mathematikstudenten an der Colorado State University waren. Ihr Design würde bei Treppen mit einer 45-Grad-Neigung und Schrittmaß funktionieren; die exakte Form der Schaufeln könnte aber an die jeweilige Treppe angeglichen werden.

Die Strommenge, die sich auf diese Weise aus einer Rolltreppe herausholen lässt, kann beträchtlich sein. Die mechanische Arbeit, die von einer Rolltreppe pro Minute verrichtet wird, ist einfach zu berechnen: Sie entspricht der Höchstmenge der Mitfahrer pro Minute mal dem Gewicht pro Mitfahrer mal Höhe der Rolltreppe mal Schwerkraftbeschleunigung. Eine zweistöckige, mit Menschen vollgestopfte Rolltreppe dürfte ohne Probleme 10 Kilowatt an mechanischer Energie produzieren, und das meiste davon könnten Sie mit einem passend geformten Rad einfangen. Das ist nicht nur genug, um ein Telefon aufzuladen, sondern um ein ganzes Haus mit Strom zu versorgen.

Hinweis für Profis: Wahrscheinlich bauen Sie am besten ein schmales Rad, das nicht die gesamte Breite der Rolltreppe einnimmt. Das Ganze wird sowieso nicht ungefährlich sein, doch falls das Rad die ganze Treppe blockiert und jemand aufsteigt, ohne es zu merken, macht das aus Ihrer Vorrichtung ungewollt einen grauenvollen Menschenhäcksler, was bestimmt ihre Leistung schmälern wird.

Um Ihr Schaufelrad anzutreiben, nehmen Sie am besten die Rolltreppe »nach oben«, nicht die »nach unten«. Schon möglich, dass beide funktionieren werden, aber die Treppe nach oben ist darauf ausgelegt, bei zusätzlicher Belastung durch das Gewicht von Menschen *mehr* Kraft aufzubringen. Die Treppe nach unten muss, da ihr die Schwerkraft zu Hilfe kommt, weniger Arbeit leisten, wenn Leute sie betreten. Außerdem dürfte es ihr schwerfallen, die zusätzliche Hangabtriebskraft aufzubringen, die zum Antrieb des Rads nötig ist. Vielleicht wäre es auch sinnvoll, mehrere Räder zu verwenden, um damit die Last besser auf der Rolltreppe zu verteilen.

Ein Rolltreppenwasserrad könnte beträchtliche Energiemengen erzielen, was aber auch heißt, dass es die Rolltreppenbesitzer eine ordentliche Stange Geld kosten würde. Wenn Sie sich an eine Rolltreppe ranhängen und sie dazu bringen, 12 Stunden täglich je 10 Kilowatt Energie zusätzlich aufzubringen, dann dürfte das die Eigentümer des Gebäudes im Monat mehr als 400 Dollar (ca. 350 Euro) Strom kosten. Und es versteht sich von selbst, dass sie nicht entzückt sein werden, wenn sie es herausfinden.

Falls Sie *tatsächlich* aus dem Flughafen rausfliegen, sollten Sie versuchen, die Räder mitzunehmen. Abgesehen von ihrer Funktion als Rolltreppenwasserräder haben sie nämlich noch eine andere spannende Eigenschaft: Sie können Treppen runterrollen, ohne dabei zu hüpfen.

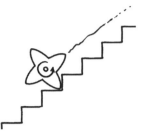

Der Komiker Mitch Hedberg hat es einst so formuliert: Eine Rolltreppe kann niemals kaputtgehen, sie kann nur zur Treppe werden. Nun – auch ein Rolltreppenwasserradgenerator kann niemals kaputtgehen, …

…er kann nur zu einem verdammt unpraktischen Fahrrad werden.

KAPITEL 21

Wie man's hinkriegt, ein Selfie zu machen

Wir stellen uns manchmal vor, dass unsere Augen wie zwei Kameras sind, doch das Sehsystem des Menschen ist so viel ausgeklügelter als jeder Fotoapparat. Diese Komplexität ist nur deshalb leicht zu übersehen, weil alles ganz automatisch passiert. Wir betrachten eine Szene, machen uns in unserem Kopf ein Bild davon und merken gar nicht, wie viele Rechenprozesse, Analysen und Interaktionen ablaufen, um dieses Bild zu erzeugen.

Eine Kamera nimmt jeden einzelnen Bildbereich generell mit annähernd gleicher Auflösung wahr. Wenn Sie diese Seite hier mit einer Handykamera fotografieren, dann wird ein Wort in der Bildmitte ungefähr die gleiche Anzahl von Pixeln haben wie eines am Bildrand. Ihre Augen funktionieren aber nicht auf diese Weise: Verglichen mit den Rändern Ihres Sichtfelds nehmen Sie im Zentrum des Bildes sehr viel mehr Einzelheiten wahr. Das tatsächliche »Pixelraster« des Auges sieht sehr seltsam aus:

Das Pixelraster einer
Kamera

Das »Pixelraster« Ihres
Auges

Wir Menschen bemerken die krassen Unterschiede in Sachen Auflösung deshalb nicht, weil unser Gehirn daran gewöhnt ist. Unser visuelles System verarbeitet das Bild und vermittelt uns einen Gesamteindruck, dass nämlich die Szene ganz genau so aussieht, wie sie sich unseren Augen in diesem Augenblick zeigt – dass eine Kamera genau dasselbe sehen würde. Und das funktioniert... zumindest so lange, bis wir unser geistiges Bild mit dem Foto einer richtigen Kamera vergleichen und feststellen, dass es sehr viele Variablen gibt, die unser Gehirn im Hintergrund für uns kalibriert hat.

Ein Punkt, in dem sich Kameras und Augen unterscheiden können, ist ihr sogenanntes *Sichtfeld* – ein Thema, das in der Fotografie regelmäßig für viel Verwirrung sorgt. Im Zusammenhang mit Selfies hat das Sichtfeld ein paar ganz entscheidende Auswirkungen.

Wenn Sie sich eine Kamera ganz knapp vors Gesicht halten, verändert das ihre Züge. Um zu verstehen, warum das so ist und wieso sich das auf alle möglichen Fotos auswirkt, müssen wir erst einmal über **Supermonde** reden.

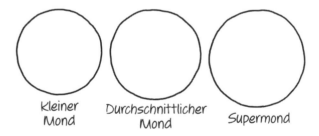

Kleiner Mond   Durchschnittlicher Mond   Supermond

Immer wieder kursieren im Internet Geschichten, die wilde Behauptungen über irgendwelche bevorstehenden astronomischen Ereignisse verbreiten.

Nächste Woche wird der Mond der Erde so nahe kommen, dass man ihn vom Dach eines Wolkenkratzers aus berühren kann.

 Am 15. April wird die Erde von einem riesigen Asteroiden getroffen werden! Wissenschaftler warnen, dass dadurch die Dinosaurier aussterben könnten.

 Nach Aussage von Astronomen wird die Sonne diesen Freitag zwischen Erde und Mond vorbeiziehen!

 Am 24. März wird der Mars am Himmel so groß aussehen wie die Erde! Beitrag teilen …

 Wie die NASA verkündet, wird die Andromedagalaxie am kommenden 30. Juli mit der Milchstraße kollidieren. Stellen Sie daher sicher, dass Sie Ihre Haustiere hereinholen und alle Zimmerpflanzen abdecken, um Blattschäden zu vermeiden.

Am 4. Oktober wird die Sonne für 12 Stunden zu Reinigungszwecken abgeschaltet.

Laut einer Funkmeldung, die Astronomen von Außerirdischen empfangen haben, wird der alljährliche Perseidenschauer um den 11. und 12. August herum stattfinden!

Solche Geschichten werden bisweilen von Fotos wie diesem hier begleitet, die den »Supermond« hinter einer Skyline zeigen.

Wenn die Leute dann aber nach draußen gehen, um ein Foto vom Mond zu schießen, kommt sowas dabei heraus:

Was ist da also passiert? War das erste Foto eine Fälschung?

Das mag sein, ist oft aber nicht der Fall. Stattdessen handelt es sich um ein Foto, das mit einem sehr engen Bildwinkel durch ein Teleobjektiv aufgenommen wurde.

Jede Fotografie zeigt ein bestimmtes Sichtfeld. Ein breites Sichtfeld erfasst Dinge zu allen Seiten der Linse, ein schmales nur die Gegenstände, die direkt davor liegen.

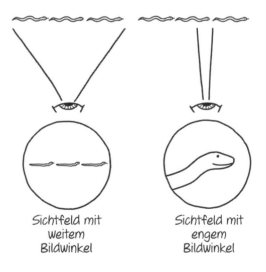

Sichtfeld mit weitem Bildwinkel

Sichtfeld mit engem Bildwinkel

»Ranzoomen« bedeutet, das Sichtfeld zu verengen. Man kann sich Zoomen ganz einfach im Sinne von »näher rangehen« vorstellen, weil ein kleiner Gegenstand dadurch größer wird und den Rahmen ausfüllt. Doch Zoomen ist nicht genau dasselbe wie näher rangehen. Wenn man näher an ein Motiv rangeht, wird es auf dem Bild größer, während der Hintergrund in der Ferne gleich bleibt. Wenn man näher ranzoomt, werden sowohl Motiv als auch Hintergrund größer.

Originalaufnahme   Zoom-Aufnahme   Näher rangehen

Der Grund, warum sich Leute davon täuschen lassen, ist, dass unsere Augen nur ein einziges Sichtfeld besitzen. Wir können unsere Aufmerksamkeit zwar auf etwas im Zentrum unseres Blickfelds richten, doch die Gesamtfläche, die unsere Augen erfassen, bleibt immer gleich. Fotos mit ungewöhnlich breiten oder schmalen Sichtfeldern können für uns überraschend sein.

Jahrzehntelang galt unter Fotografen die Faustregel, dass ein 50-mm-Objektiv für Vollformatkameras Bilder hervorbringt, die für uns Menschen »natürlich« aussehen, also nicht zu weit und nicht zu schmal. Solche »Normal-
objektive« erzeugen ein erstaunlich schmales Sichtfeld mit einem Bildwinkel von rund 40°, was in etwa der Fläche entspricht, die ein Buch in Hardcover-Bindung abdeckt, wenn Sie es sich in etwa 30 cm Entfernung vors Gesicht halten.

Allerdings dürften Smartphones im Begriff sein, all das zu verändern, weil Handykameras über ein *viel* weiteres Sichtfeld verfügen als klassische 50-mm-Objektive.

So hat das iPhone X ein horizontales Sichtfeld von 65°, was es den Nutzern ermöglicht, ausgedehntere Motive einzufangen, ohne erst ein paar Schritte rückwärts zu gehen. (Allerdings reicht dieser Winkel noch immer nicht ganz für ein beliebtes Fotomotiv: Regenbögen. Ein Regenbogen bedeckt 83° des Himmels, und das fällt ein bisschen aus dem iPhone-Rahmen heraus.)

Womöglich findet man derartige Objektive mit weiterem Bildwinkel in letzter Zeit ja deshalb öfter, weil Smartphone-Nutzer gern natürlich aussehende Schnappschüsse oder Selfies mit mehreren Leuten machen. Mit einer klassischen Kleinbildkamera samt Standardobjektiv ein Selfie auf Armlänge zu machen, ist ziemlich schwierig. Außerdem machen es uns die Telefone leicht, die Bilder nachträglich zu bearbeiten, weshalb es sinnvoll scheint, sich im Zweifelsfall für »zu weit« zu entscheiden und den Nutzern das Zoomen und Beschneiden zu überlassen. Das weite Sichtfeld birgt jedoch ein Problem: Wenn Sie ein Weitwinkelobjektiv benutzen, um kleine oder weit entfernte Objekte zu fotografieren, wird das, was Sie erwarten, auf dem Bild unter Umständen gar nicht zu sehen sein.

Aus Sicht eines Menschen ist der Mond etwas Aufsehenerregendes, und selbst wenn wir ihn mit unseren Augen nicht buchstäblich »ranzoomen«, so können wir ihn durch Konzentration doch freistellen. Wir schärfen den Blick, um Einzelheiten des Mondes herauszupicken, und ignorieren dabei den relativ langweiligen Himmel drumherum.

Doch im Gegensatz zu unserem Gehirn weiß ein Smartphone nicht, wie man »seinen Fokus schärft«. Der Mond ist bloß ein weiterer Haufen Pixel, der sich in den Weiten einer Superweitwinkel-Kamera verliert. Um ein gutes Foto vom Mond zu bekommen, müssen Sie ranzoomen – wozu Smartphones nur begrenzt in der Lage sind.

Wie der Mond für meine Augen aussieht

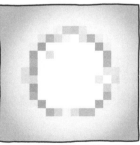

Wie der Mond für die Augen meiner Kamera aussieht

Wenn Sie eine Kamera haben, die zoomen *kann*, passen die Sachen, die Sie mitfotografieren möchten (wie Gebäude und Bäume) nicht mehr ins Bild. Aus Ihrer Sicht wirken diese Dinge größer als der Mond, auch wenn das offensichtlich nicht der Fall ist (es sei denn, das Bauplanungsrecht in Ihrer Stadt ist außergewöhnlich lax).

Hast du gewusst, dass dieser Turm zehnmal so groß ist wie der Mond?

Falls ein Objekt im Verhältnis zum Mond klein erscheinen soll, müssen Sie sich weit genug weg bewegen, damit dieses Objekt einen kleineren Winkel des Himmels einnimmt. Im Fall von Gebäuden kann diese Distanz ziemlich groß sein. So muss ein Fotograf, um eines dieser Bilder von einem riesigen Mond hinter der Silhouette einer Stadt zu machen, kilometerweit von der betreffenden Stadt entfernt sein. Demnach hat jenes schicke Foto vermutlich jede Menge Arbeit und Vorbereitung gekostet.

Um dieses Bild zu bekommen, musste ich erst auf einen Hügel in New Jersey steigen, in klirrender Kälte eine Stunde lang auf dem Kamm sitzen und an allen möglichen Objektiven herumfummeln. Also her mit euren Likes!

Dass Gebäude auf normalen Fotos so groß aussehen und der Mond so klein wirkt, liegt daran, dass die Gebäude so viel *näher* sind als der Mond. Was uns wieder zu den Selfies zurückbringt.

WEITWINKEL-SELFIES

Derselbe Weitwinkel-Effekt, der den Mond winzig klein erscheinen lässt, kann auch bei Selfies das Resultat beeinflussen. Wer sein Gesicht mit dem Smartphone fotografiert, könnte dem eigenen Gespür für Komposition folgend denken, dass er das Telefon so nahe halten müsse, dass sein Gesicht einen wesentlichen Teil des Rahmens ausfüllt. Doch auf diese Entfernung (viel näher als das, wo jemand, der Sie anschaut, normalerweise steht) sorgt die Weitwinkellinse des Smartphones für eine unnatürliche Perspektive. So sind Ihre Nase und Backen viel näher an der Kamera dran als die Ohren und der Rest des Kopfes, was dazu führt, dass Erstere größer wirken – und zwar genau so, wie auf Handyfotos ein Gebäude im Vordergrund größer wirkt als der Mond.

Durch diese Verzerrung sehen Gesichter manchmal dezent anders aus, und zwar auf eine Weise, die man nicht erwarten würde. Sie können den Effekt verringern, indem Sie das Telefon weiter weg halten und näher ranzoomen, und zwar entweder direkt beim Fotografieren in der Kamera-App selbst oder durch nachträgliches Beschneiden.

Wie weit sollten Sie das Telefon weghalten? Um perspektivische Verzerrungen zwischen verschiedenen Objekten im Bild minimal zu halten, sollte der Abstand zum Handy deutlich größer sein als die Differenz zwischen der Distanz zum nächstgelegenen und der Distanz zum entferntesten Objekt.

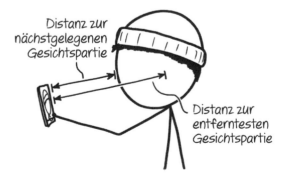

Distanz zur nächstgelegenen Gesichtspartie

Distanz zur entferntesten Gesichtspartie

Die Differenz zwischen dem Abstand zur nächsten und zur fernsten sichtbaren Partie Ihres Gesichts beträgt wahrscheinlich weniger als 30 Zentimeter. Das heißt also, dass sich die Verzerrung je nachdem, ob Sie sich die Kamera in normalem Abstand vors Gesicht halten oder den Arm der Länge nach ausstrecken, deutlich verändern kann. Diese Art der Verzerrung kann beinahe vollständig behoben werden, wenn man die Kamera eineinhalb bis zwei Meter weit weg hält. Allerdings sind unsere Arme dafür nicht lang genug – wodurch sich die Popularität von Selfie-Sticks zumindest teilweise erklären lässt.

WIE SIE COOLERE SELFIES MACHEN, INDEM SIE MIT DEM SICHTFELD SPIELEN

Perspektivische Verzerrungen können die relative Größe einzelner Gesichtspartien zueinander verändern. Sie können Ihre Fotos aber noch auf eine andere Art beeinflussen, die Ihren Selfies eine ganze Palette von neuen Möglichkeiten eröffnet.

Durch Zoomen verändert sich die offensichtliche Größe von Objekten im Hintergrund. Wenn Sie vor einem großen, sehr weit entfernten Objekt, sagen wir vor einem Berg, stehen, dann kann sich der Kamerazoom dramatisch darauf auswirken, wie groß dieser Berg erscheint.

Und wenn Sie Ihre Kamera mit einer Zeitschaltung versehen und sich anschließend weit von ihr wegbewegen, dann können Sie selbst einen ziemlich kleinen Berg ziemlich groß aussehen lassen.

Das bin ich in den Bergen!

Sind das nicht bloß die Dreckhaufen drüben auf der Deponie?

Yep! Ich hab das Basislager bei den alten Waschmaschinen errichtet.

SELFIE MIT MOND

Was die Reichweite ihres Zooms angeht, sind Smartphone-Kameras begrenzt. Dagegen lassen sich mit einem Fotoapparat samt leistungsstarkem Tele-Zoomobjektiv ein paar wirklich spannende Selfies machen. Sie können sogar diese Mond-mit-Skyline-Fotos nachstellen und anstelle eines Gebäudes einfach Ihren eigenen Körper verwenden.

Wie weit Ihre Kamera für so ein Foto, das Sie selbst vor dem Mond zeigt, entfernt sein muss, können wir mithilfe der Geometrie beantworten.

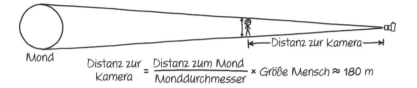

$$\frac{\text{Distanz zur}}{\text{Kamera}} = \frac{\text{Distanz zum Mond}}{\text{Monddurchmesser}} \times \text{Größe Mensch} \approx 180 \text{ m}$$

Demnach muss die Kamera für ein Mond-Selfie etwa 180 Meter weit entfernt sein.

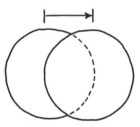

Weil aber kein Mensch 200 Meter lange Selfie-Sticks herstellt, wird es vermutlich besser sein, wenn Sie Ihren Fotoapparat auf eine Art Stativ stellen und fernauslösen.

Ein Foto dieser Art zu arrangieren kann schwierig sein. Sie brauchen dafür eine Gegend mit einer höher gelegenen Stelle, auf der Sie stehen können, sowie eine lange, unverbaute Sichtlinie in der vom Mond abgewandten Richtung. Der Mond bewegt sich schnell. Deshalb werden Sie, sobald alles eingerichtet ist, nur ein kurzes Zeitfenster von etwa 30 Sekunden für das Foto haben. Bis der Mond ganz aus dem Bild verschwindet, dauert es kaum mehr als zwei Minuten.[1]

Entfernung, die der
Mond in einer Minute
am Himmel zurücklegt

---

[1] Sie können Ihren Schnappschuss mit Hilfsmitteln wie *Google Earth* oder mit Himmelskarten-Apps wie *Stellarium* oder *Sky Safari* planen.

Wenn Sie äußerst vorsichtig sind, können Sie auf diese Weise mit den richtigen Filtern sogar die Sonne fotografieren. Es besteht die Gefahr, dass Ihre Kamera dadurch zerstört wird. Fragen Sie daher also zuerst bei der örtlichen astronomischen Vereinigung oder dem Fotoladen Ihres Vertrauens nach, bevor Sie es versuchen, sonst werden Sie Ihre Kamera mit hoher Wahrscheinlichkeit in Brand setzen. Und schauen Sie *niemals* durch den Sucher, wenn Sie eine Kamera auf die Sonne richten. Ihr Auge mag zwar nicht exakt wie eine Kamera funktionieren, aber man kann ebenso leicht ein Loch hineinbrennen.

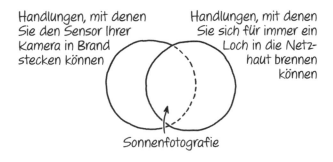

SELFIE MIT VENUS/JUPITER

Im Prinzip kann man ähnliche Fotos auch mit kleineren, weiter entfernten Objekten machen. Nach Sonne und Mond sind Jupiter und Venus die am größten erscheinenden Himmelskörper, und beide besitzen, wenn sie der Erde nahe und am besten sichtbar sind, die Größe von rund einer Winkelminute. Mit der gleichen Geometrie wie im Mondbeispiel können Sie berechnen, in welchem Abstand Sie die Kamera für ein Venus- oder Jupiter-Selfie halten müssen: es sind rund 6,5 Kilometer.

Eine Kamera auf eine Entfernung von sechseinhalb Kilometern zu halten, birgt ein paar offensichtliche Probleme.

Wenn Venus direkt über dem Horizont steht, ist die atmosphärische Verzerrung am größten, weshalb der Planet im Optimalfall relativ weit oben am Himmel stehen sollte. Das bedeutet wiederum, dass auch Sie hoch über der Kamera stehen müssen, wobei diese sich ebenfalls in ziemlich großer Höhe befinden sollte, damit man sie aus der dichten Atmosphärenschicht herausbekommt.

Ein geeignetes Setting bestünde zum Beispiel aus einem Fotoapparat auf einer Bergspitze, während das betreffende Subjekt auf einem zweiten, viel höheren Gipfel steht. Doch zwei bezwingbare Berge im richtigen Abstand voneinander zu finden, die noch dazu mit Venus an einem bestimmten Tag eine Linie bilden, wird eine Menge Vermessungsarbeit und Vorplanung erfordern. Sie könnten zwar versuchen, das Ausrichtungsproblem zu umgehen, indem Sie in ein höhentaugliches Fluggerät oder einen Ballon steigen. Es wird aber sehr schwierig werden, Sie an die richtige Position zu manövrieren, und wahrscheinlich der Hilfe eines Computers bedürfen.

Doch welche Methode Sie auch wählen: Die richtige Ausrichtung wird eine riesige Herausforderung darstellen und jedes Ihrer Bilder zudem definitiv verschwommen sein. Aufgrund der atmosphärischen Verzerrung ist es selbst bei optimalen Bedingungen schwierig, vom Erdboden aus ein scharfes Foto von Jupiter oder Venus zu schießen. Schon möglich, dass noch niemand so ein Selfie hinbekommen hat. Falls es Ihnen also gelingt, können Sie damit ganz bestimmt im Internet angeben.

Ein Selfie mit Jupiter oder Venus würde neue Maßstäbe in Sachen Optik und Geometrie setzen und wäre nur schwer zu toppen... wenigstens von der Erde aus. Wenn Sie in den Weltraum fliegen, wo die atmosphärische Verzerrung eine geringere Rolle spielt, können Sie sich ganz neue Selfie-Optionen erschließen.

Oben im Weltraum gibt es mehrere Telebild-Kameras mit sehr hoher Winkelauflösung. Allerdings könnte es problematisch werden, die NASA davon zu überzeugen, dass sie Ihnen eine borgt.[2]

Aber es gibt eine Möglichkeit, ein Weltraum-Selfie mit einem sogar noch größeren »Zoom« zu machen als ihn die schicksten Weltraumteleskope haben. Sie heißt Bedeckung oder *Okkultation* und ist einer der coolsten Tricks in der Astronomie überhaupt.

....

[2] Theoretisch sollte das James-Webb-Weltraumteleskop dann, wenn dieses Buch veröffentlicht wird, endlich gestartet sein. [*Während der Redaktion dieses Kapitels wurde der Start erneut verschoben. (Anm. d. Hrsg.)*]

SELFIES DURCH OKKULTATION

Wenn ein Asteroid von der Erde aus gesehen vor einem Stern vor-
beizieht, dann können Menschen mit Stoppuhren überall auf der
Welt festhalten, wann der Stern verschwindet und wieder auf-
taucht. Anschließend kann man mithilfe all dieser Messungen ein
Bild des Asteroiden erstellen.

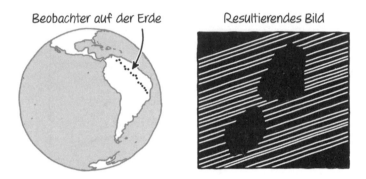

Diese Methode kann zur Beobachtung von Details angewandt
werden, die zu klein oder zu schwach sind, als dass sie selbst die
tollsten Teleskope wahrnehmen könnten. Und sie könnte Ihnen
bei Ihrem Aufenthalt im Weltraum, rein theoretisch, ein Selfie aus
unvorstellbar großer Ferne ermöglichen. Alles was Sie brauchen,
ist ein Netzwerk aus Freunden auf der Erde, die beobachten, wie
ein weit entfernter Stern zu blinken aufhört, während Sie vor ihm
vorüberziehen.

Mithilfe eines fernen Sterns könnten Ihre Freunde ein Foto von Ihnen aus Hunderten Kilometern machen. Es wird nicht möglich sein, noch weiter weg zu gehen, weil sich Ihr Schatten aufgrund der Lichtbeugung dann verliert. Wenn Sie stattdessen jedoch eine weit entfernte Quelle aus Röntgenstrahlen verwenden, wird der Beugungseffekt aufgrund der kürzeren Wellenlänge geringer ausfallen. Auf diese Weise ist es denkbar, dass Sie auf dem Mond stehen und ein Selfie von sich schießen, während Ihre Freunde von der Erde aus zusehen.

Bitte denken Sie aber daran: Orbitale Konjunktionen, die als Grundlage von Okkultationen dienen, sind selten und wiederholen sich in der Regel nicht. Sie erfordern also einen Riesenhaufen Planung – und das heißt, Sie haben nur einen Versuch!

Moment, ich hab den Arm irgendwie komisch gehalten. Können wir es löschen und noch mal versuchen?

NEIN!!!

KAPITEL 22

Wie man's hinkriegt, eine Drohne zu fangen

(mit Sportausrüstung)

Über Ihrem Kopf schwirrt eine dieser Drohnen herum, die für Hochzeitsfotos benutzt werden. Sie wissen nicht, was sie dort oben treibt, und wollen sie aufhalten.

Nehmen wir an, dass Sie keinerlei raffiniertes Anti-Drohnen-Equipment wie Netzwerfer, Schrotflinten, Funkwellen-Störsender, Fangnetze, Anti-Drohnen-Drohnen oder ähnliche spezialisierte Ausrüstungsgegenstände besitzen.

Vielleicht sollten Sie darüber nachdenken, Ihren perfekt abgerichteten Raubvogel auf die Drohne anzusetzen, falls Sie zufällig einen haben. Im Internet kursieren immer mal wieder Videos über dressierte Raubvögel, die Drohnen aus der Luft schnappen. Auf den ersten Blick ist das eine befriedigende Vorstellung, und dennoch ist jeder Plan, der es vorsieht, dass Tiere zur Bekämpfung aufmüpfiger Maschinen darin geschult werden sollen, sich auf diese zu stürzen, wahrscheinlich ein schlechter Plan. Schließlich würden wir Raserei auch nicht bekämpfen, indem wir Geparden beibringen, Motorräder anzufallen. Das wäre grausam und gefährlich für die Geparden, und abgesehen davon gibt es viel mehr Motorräder als Geparden. Zwar ist das Verhältnis MOTORRÄDER : GEPARD (MpG) auf der Erde noch nie exakt berechnet worden, vermutlich liegt es aber im Bereich von mehreren Hunderttausend.

Auf ähnliche Weise gibt es auf der Welt sicher mehr Drohnen als Raubvögel (und außerdem werden neue Drohnen gerade viel schneller produziert als neue Raubvögel). Das Verhältnis DROHNE : FALKE (DpF) der Erde ist noch schwerer zu berechnen als ihre MpG-Ratio, dürfte mit Sicherheit aber größer sein als 1.

MpG: 100 000+   DpF: > 1

Was könnte man noch einsetzen, wenn Falken keine gute Idee sind?

Drohnen sind hoch oben in der Luft, weshalb man am besten irgendeinen Gegenstand durch die Luft fliegen lassen wird. In der Welt des Sports werfen Menschen andauernd Sachen durch die Luft (für genaue Anweisungen, siehe Kapitel 10: *Wie man's hinkriegt, Dinge zu werfen*).

Nehmen wir also an, Sie haben eine ganze Garage voller Sportausrüstung, zum Beispiel Tennisschläger, Rasendarts[1], einen Baseball und so weiter. Welche Sportart hätte die besten Projektile, um eine Drohne zu treffen? Und wer wäre der beste Anti-Drohnen-

....

[1] Für alle, die in den 80er-Jahren noch nicht gelebt haben: Rasendarts waren große, schwere Kunststoff-Dartpfeile mit Metallspitzen (ähnlich mittelalterlichen Belagerungswaffen), die als Teil eines Spiels, bei dem man die Dartpfeile hoch in die Luft werfen musste, an Kinder verkauft wurden. Letztlich hat man das Spiel aus Gründen, die aus heutiger Sicht ziemlich offensichtlich erscheinen, in den USA verboten.

Wächter: ein Werfer beim Baseball; ein Basketballer; eine Tennis-spielerin; eine Golferin? Oder jemand ganz anderes?

Ich kann meine Cousine anrufen.
Sie ist Profi-Golferin.

Mein Bruder macht Bogenschießen.

Meine Mutter hat mal eine Harpune auf einen dieser Kaffeeautomaten geworfen.

Dabei sind einige Aspekte zu beachten: Genauigkeit, Gewicht, Reichweite und die Größe des Projektils.

Baseball	Pfeil	Basketball	Bumerang
+Schwer, kann aber schnell geworfen werden	+Sehr schnell; leicht zu zielen	+Groß, daher Ziel leichter zu treffen	+Kommt zurück, wenn Sie das Ziel verfehlen
-Geringe Größe, daher Präzision nötig	-Fliegt weit, könnte Nachbarn gefährden	-Hohes Gewicht; schwierig, weit nach oben zu werfen	-Kommt zurück, wenn Sie das Ziel verfehlen

Viele Drohnen sind ziemlich zerbrechlich. Gehen wir also zunächst davon aus, dass Sie die Drohne zum Absturz bringen werden, sofern Sie sie treffen können. (Das war jedenfalls meine Erfahrung.)

Um die Genauigkeit der Projektile in den unterschiedlichen

Sportarten zu bewerten und somit annähernd vergleichen zu können, werden wir eine einfache Zahl verwenden, die das Verhältnis zwischen *Reichweite* und *Fehlversuch* darstellt. Wenn Sie einen Ball auf ein 3 Meter entferntes Ziel werfen und durchschnittlich 0,6 Meter daneben liegen, dann haben Sie eine *Genauigkeitsrate* von 3 geteilt durch 0,6 – also von 5.

Der »Körper« einer mittelgroßen Drohne (wie der DJI Mavic Pro) hat eine »Angriffsfläche« von etwa 30 Zentimetern, was für uns bedeutet, dass wir den Mittelpunkt der Drohne um rund 15 Zentimeter in jede Richtung verfehlen können. Um eine Drohne, die in rund 12 Metern Entfernung schwebt, mit einiger Wahrscheinlichkeit treffen zu können, brauchen wir eine Genauigkeitsrate von 80 – oder etwas weniger, falls das Projektil größer ist und uns dadurch mehr Spielraum für Fehler bietet.

Kleineres Ziel   Größeres Ziel

So gewinnen Schüsse, bei denen das Projektil wie beim Baseball oder Golf in hohem Bogen fliegt, zusätzliche Genauigkeit, weil ihnen die breite und flache Form der Drohne ein besseres Ziel bietet, während große Geschosse wie Fußbälle und Basketbälle über eine höhere Fehlertoleranz verfügen.

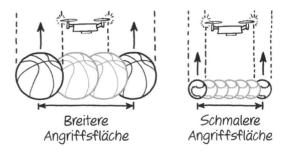

Breitere   Schmalere
Angriffsfläche   Angriffsfläche

Hier sehen Sie einige Schätzungen zu den Genauigkeitsraten verschiedener Athletengruppen. Sie beruhen auf Wettkämpfen, Ausstellungen oder wissenschaftlichen Studien, bei denen Sportler Ziele zu treffen versuchten.

Athlet	Geschätzte Genauig- keitsrate	Nötige Versuche, um DJI Mavic Pro aus 12 Meter Entfernung zu treffen	Beruht auf
Fußballer	21	13	Studie mit 20 erfahrenen australischen Spielern
Kicker (American Football)	23	15	Kicker der US-Profiliga NFL in den späten 2010er-Jahren
Freizeit-Hockey-spieler	24	35	25 Spieler aus Freizeit- und Universitätsteams
Basketballer Shaquille O'Neal	36	4	Freiwurfquote in der US-Profiliga NBA
Golfer	40	6[1]	Statistiken zu Schlag-genauigkeit des Golf-verbands PGA
Basketballer Steph Curry	63	2	Freiwurfquote in der US-Profiliga NBA
All-Star-Spieler der NHL	50	9	Schussgenauigkeit in der US-Profiliga im Eishockey NHL

....

[1] Bezieht sich auf einen sehr präzisen Distanzschlag. Bei einem kürzeren Schlag dürfte die Genauigkeit höher liegen.

Quarterback der NFL	70	4	Typischer Wert zur Passgenauigkeit beim *Pro Bowl*, dem All-Star-Spiel der US-Profiliga im Football NFL[2]
Highschool-Werfer (Baseball)	72	3	Studie mit 8 japanischen Highschool-Werfern
Profi-Werfer (Baseball)	100	2	Studie mit 8 japanischen Highschool-Werfern
Dart-Weltmeister	200–450	1[3]	Analyse des Dartverbands PDC zu Michael van Gerwen
Olympia-Bogenschütze	2800	1	Koreanisches Männerteam im Bogenschießen 2016

Bogenschützen sind eindeutig die erste Wahl, falls Sie zufällig einen auftreiben können. Ihre Kombination aus hochgradiger Präzision und großer Reichweite macht sie zur idealen Drohnen-Abwehr. Auch ein Werfer beim Baseball wäre eine hervorragende Wahl, und außerdem würde der Baseball vermutlich eine Menge Schaden anrichten. Basketballspieler kompensieren ihre geringere Trefferquote durch ihr größeres Projektil und einen effizienten bogenförmigen Wurf. Dagegen sind Hockeyspieler, Golfspieler und Fußballer vermutlich keine so gute Wahl.

Ich war gespannt, das Ganze einmal im echten Leben auszuprobieren – und es gab einen Sport, zu dem ich keine verlässlichen Daten finden konnte: Tennis. Ich stieß zwar auf einige Studien zur

....

2 In der Fernsehsendung *Sport Science* zielte Quarterback Drew Brees mit einem Football auf eine über 18 Meter entfernte Zielscheibe für Bögen und traf bei zehn von zehn Versuchen ins Schwarze. Das deutet darauf hin, dass seine Genauigkeitsrate unter diesen Umständen irgendwo oberhalb von 700 liegt, besser als ein Dart-Weltmeister.

3 Falls sie sich ihre Genauigkeit auf so große Distanz bewahren könnten.

Genauigkeit von Tennisprofis, doch dabei ging es um das Treffen von Zielen, die auf dem Platz eingezeichnet waren und nicht in der Luft hingen.

Also wandte ich mich an Serena Williams.

Zu meiner großen Freude war sie gern bereit zu helfen. Ihr Ehemann Alexis stellte eine Opferdrohne zur Verfügung: eine DJI Mavic Pro 2 mit kaputter Kamera. Und so machten sich die beiden auf den Weg zu Serenas Trainingsplatz, um herauszufinden, wie erfolgreich die beste Tennisspielerin der Welt eine Roboterinvasion abwehren würde.

Die wenigen Studien, die ich finden konnte, ließen vermuten, dass Tennisspieler gegenüber Athleten mit Wurfgeschossen relativ schlecht abschneiden würden (eher wie ein Fußballer als wie ein Werfer). Meine vorsichtige Schätzung lautete, dass eine Weltklassespielerin beim Aufschlag eine Genauigkeit von ungefähr 50 haben und fünf bis sieben Versuche brauchen würde, um eine Drohne aus 12 Metern Entfernung zu treffen. (Würde ein Tennisball eine Drohne überhaupt aus der Luft holen? Womöglich würde er einfach nur abprallen und die Drohne ins Schlingern bringen – ich hatte so viele Fragen!)

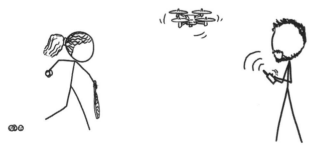

Alexis flog die Drohne übers Netz und ließ sie dort in der Luft stehen, während Serena von der Grundlinie aus aufschlug.

Ihr erster Aufschlag war zu niedrig, der zweite schwirrte an einer Seite der Drohne vorbei.

Beim dritten Aufschlag landete sie einen direkten Treffer auf einen der Propeller. Die Drohne drehte sich im Kreis und schien sich einen Augenblick lang weiter in der Luft halten zu wollen, dann überschlug sie sich und krachte auf den Platz hinunter. Serena fing zu lachen an, während Alexis hinüberging und die Absturzstelle untersuchte, wo die Drohne zwischen mehreren Propellerfragmenten auf dem Boden lag.

Ich hatte erwartet, dass ein Tennisprofi die Drohne nach fünf bis sieben Versuchen treffen würde; sie schaffte es mit drei.

Auch wenn es nur ein Gerät ist: So eine Drohne, die am Boden liegt, macht einen sonderbar tragischen Eindruck. »Ich hab mich richtig schlecht gefühlt, sie zu verletzen«, sagte Serena, nachdem wir die Teile eingesammelt hatten. »Armes kleines Ding.« Ich konnte nicht anders als mich zu fragen: Ist es falsch, Drohnen mit Tennisbällen abzuschießen?

Ich beschloss, einen Experten zu befragen. Daher kontaktierte ich Dr. Kate Darling, Roboterethikerin am *MIT Media Lab*, und wollte wissen, ob es falsch war, zum Spaß Tennisbälle auf Drohnen zu schleudern.

Sie antwortete: »Der Drohne wird es egal sein, aber anderen Leuten vielleicht nicht.« Sie verwies darauf, dass Roboter zwar offensichtlich keine Gefühle haben, wir Menschen aber schon. »Wir neigen dazu, Roboter als etwas Lebendiges zu behandeln, obwohl wir wissen, dass sie bloß Maschinen sind. Deshalb sollte man sich die Sache mit der Gewalt gegenüber Robotern noch einmal genauer überlegen. Schließlich wird ihr Design immer lebensechter, und das könnte dazu führen, dass sich manche Leute unwohl fühlen.«

Das klang zwar sinnvoll, aber sollten wir uns andererseits wirklich so angreifbar machen?

»Wenn Sie den Roboter bestrafen wollen, dann jagen Sie den falschen Hasen«, sagte sie weiter.

Damit hat sie nicht ganz Unrecht. Es sind gar nicht die Roboter, über die wir uns Gedanken machen sollten, sondern die Menschen, die sie kontrollieren.

Wenn Sie eine Drohne vom Himmel holen wollen, sollten Sie sich vielleicht ein anderes Ziel suchen.

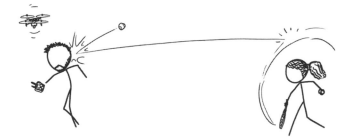

KAPITEL 23

Wie man rauskriegt, ob man ein Kind der Neunziger ist

Wann bist du geboren?

Für die meisten Leute ist das eine einfache Frage. Selbst jene, die ihr genaues Geburtsdatum nicht kennen, können diese Frage in der Regel bis auf ein paar Jahre genau beantworten.

Und dennoch ist das Internet voll von Ratespielen, die einem versprechen herauszufinden, in welchem Jahrzehnt man geboren wurde. Sie stützen sich normalerweise auf das, was in der Popkultur des jeweiligen Landes gerade los war, als man sie zum ersten Mal bewusst wahrnahm.

> Das Anmeldeformular verlangt mein Geburtsdatum.
> Deshalb mache ich bei einem Quiz mit, um rauszufinden, ob ich ein Kind der Neunziger bin.
> Und dann kann ich hoffentlich ein anderes Quiz finden, um das Ganze noch mehr einzugrenzen.

Natürlich sollen Ihnen solche Ratespiele nicht wirklich dabei helfen herauszufinden, wann Sie geboren sind. Stattdessen wollen sie Ihnen eher das Gefühl vermitteln, dass es irgendwo da draußen eine Gruppe gibt, zu der Sie gehören, ein Eindruck, der durch gemeinsame Erinnerungen verstärkt wird.

Für diese Sorte Ratespiele sind Filme und Fernsehsendungen für Kinder besonders gut geeignet, und zwar nicht nur, weil Kindheitserinnerungen eine Quelle der Nostalgie darstellen, sondern auch, weil sich Kindersendungen oft an eine sehr begrenzte Altersgruppe richten und damit eng umrissene »generationsspezifische« Unterschiede hervorbringen. Der Medienmix, mit dem wir großgeworden sind, gleicht häufig einem einzigartigen Fingerabdruck, mit dem sich unser Alter bis auf wenige Jahre genau bestimmen lässt. So dürften Menschen, die Anfang bis Mitte der 1980er-Jahre geboren wurden, wahrscheinlich die frühen Filme der sogenannten »Disney Renaissance« als besonders prägend im Gedächtnis behalten, darunter *Arielle, die Meerjungfrau* (1989), *Die Schöne und das Biest* (1991) und *Aladdin* (1992). Dagegen dürften diejenigen, die in den späten Achtzigern geboren wurden, viel lebhaftere und prägendere Erinnerungen an *Der König der Löwen* (1994) und *Toy Story* (1995) haben. Wer in den frühen Achtzigern geboren wurde, war zu alt für das Pokémon-Fieber der späten Neunziger, während die Leute aus den späten Achtzigern zu jung waren, um *New Kids on the Block* zu hören.

Offensichtlich gibt es für derart umständliche Methoden der Altersbestimmung durchaus eine Nachfrage. Aber wieso sollten wir es bei Filmen und Fernsehsendungen belassen? Die Welt verändert sich andauernd auf unterschiedlichste Arten und Weisen, die nicht spurlos an uns vorübergehen.

WINDPOCKENPARTYS

Windpocken sind ein juckender Ausschlag, der durch das Virus *Varizella zoster* ausgelöst wird und einige Wochen lang anhält. Wer sich damit angesteckt hat, ist anschließend für gewöhnlich ein Leben lang gegen eine neuerliche Infektion immun (wenngleich die latente Infektion in Form eines schmerzhaften Ausschlags, den man Gürtelrose nennt, zu einem späteren Zeitpunkt noch einmal auflodern kann).

Über weite Teile des 20. Jahrhunderts hatte praktisch jeder vor dem Erwachsenwerden einmal die Windpocken. Und weil die Krankheit bei Erwachsenen einen schwereren Verlauf nimmt als bei Kindern, wollten viele Eltern, dass ihre Kinder der Krankheit am liebsten in jungen Jahren ausgesetzt werden. Zu diesem Zweck veranstalteten sie sogenannte »Windpockenpartys«, um die Kinder immun zu machen und eine riskante Infektion in höherem Alter zu vermeiden. Doch alles änderte sich[1] im Jahr 1995, als ein Windpocken-Impfstoff verfügbar wurde.

In den ersten zehn Jahren nach Einführung des Impfstoffs kletterte die Windpocken-Impfquote auf nahezu 100 Prozent und die Zahl der Krankheitsfälle stürzte in den Keller.

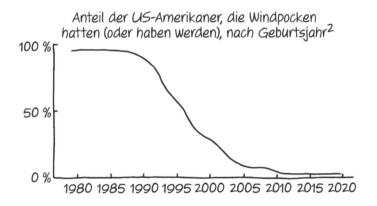

Anteil der US-Amerikaner, die Windpocken hatten (oder haben werden), nach Geburtsjahr[2]

....

[1] Wenn Sie an dieser Stelle die Worte »... doch dann erklärte uns die Feuernation den Krieg...« erwartet hätten, haben Sie ein sehr spezifisches Alter.

[2] In Deutschland dürfte die Tendenz ähnlich aussehen. So gibt z.B. der Abschlussbericht *Mathematische Modellierung der Effekte des Varizellen-Impfprogramms in Deutschland* des Robert-Koch-Instituts (2014) für 2006–2011 an, dass die Zahl der Erkrankungen, ähnlich wie in der US-Kurve, für die 1- bis 4-Jährigen von ca. 6 auf ca. 1 Prozent und für die 5- bis 9-Jährigen von ca. 3 auf ca. 1 Prozent zurückging (vgl. ebd. S. 15/Abb. 1). (Anm. d. Übers.)

Innerhalb von 20 Jahren nach Einführung des Impfstoffs wurde aus der Volkskrankheit Windpocken eine seltene Krankheit. Für alle, die in den USA (und in Deutschland) nach Mitte der Neunziger geboren wurden, sind die Windpocken eine Krankheit aus vergangenen Tagen, so wie Polio. Wenn Sie sich an die Windpocken und an Windpockenpartys erinnern können, wurden Sie vermutlich in den Neunzigern oder früher geboren.

NARBEN

Die Windpocken hinterlassen manchmal bleibende Narben, der Windpocken-Impfstoff in der Regel aber nicht. Es gibt jedoch andere Impfstoffe, die bei der Generation, der sie verabreicht wurden, körperliche Spuren hinterlassen haben.

Die Pocken, eine weitere Viruserkrankung, dürften gut und gerne für mehr Todesfälle verantwortlich sein als jede andere menschliche Infektionskrankheit. Bei ihrer Ankunft in der Neuen Welt hatten die Europäer die Pocken (und andere Krankheiten wie Hepatitis) im Gepäck und schleppten sie in eine Gegend ein, wo es keine entsprechenden natürlichen Immunitäten gab und die Menschen daher besonders anfällig waren. Die Krankheiten fegten über den Kontinent hinweg und töteten fast alle Menschen, die dort lebten. Die genaue Zahl der Pockentoten ist nicht bekannt, doch allein im 20. Jahrhundert hat die Krankheit Hunderte Millionen Menschen getötet.

Ohne seinen menschlichen Wirt kann das Virus nicht überleben. Der erste Pockenimpfstoff war bereits Ende des 18. Jahrhunderts entwickelt worden, und in den meisten industrialisierten Ländern war die Krankheit am Ende des 19. Jahrhunderts bereits vergleichsweise selten. Im 20. Jahrhundert führte der medizinische Fortschritt dazu, dass sich der Impfstoff leichter herstellen und um den gesamten Globus transportieren ließ, was eine weltweite Kampagne zur völligen Ausrottung der Pocken zur Folge hatte – mit Erfolg: Die letzte Pockeninfektion »in freier Wildbahn« fand 1977 in Somalia statt, der letzte Ausbruch der Krankheit in der Geschichte der Menschheit (und der letzte Todesfall durch Pocken) ereignete sich nach einem Laborunfall im Jahr 1978.

Der Pockenimpfstoff wird mithilfe einer zweizackigen Nadel verabreicht, die die Haut an mehreren Stellen aufbricht und dort den Impfstoff deponiert:

Pocken-Impfnadel

Impfstoff

Der Impfstoff enthält ein abgeschwächtes Virus, das den Körper zur gleichen Reaktion wie bei einer richtigen Pockeninfektion anregt und erst zu einer Schwellung und dann zur Bläschen- und Schorfbildung führt. Nach einigen Wochen heilt die Wunde ab und hinterlässt eine charakteristische runde Narbe.

Pockennarbe

In den USA ereignete sich der letzte Pockenfall 1949, in Deutschland 1972, während die routinemäßige Pockenschutzimpfung bei Kindern in den USA 1972 und in Deutschland Mitte der 1970er endete.

Falls Sie aus den Vereinigten Staaten oder aus Deutschland stammen und jene Impfnarbe auf dem Oberarm oder Oberschenkel tragen, dann sind Sie etwa bis Anfang der 1970er-Jahre[3] geboren. Jenes kreisförmige Mal ist eine Gefechtsnarbe, die aus dem Krieg der Menschheit gegen einen unserer fürchterlichsten Feinde

....

[3] In einigen Bevölkerungsteilen wurden die Impfungen nach dem Ende der Routineimpfung in der Kindheit noch etwa ein Jahrzehnt lang fortgesetzt, besonders bei Menschen, die etwa zum medizinischen Personal gehörten oder Soldaten waren und deren Infektionsrisiko höher eingeschätzt wurde.

stammt. Und falls Sie so eine Narbe nicht mit sich herumtragen, ist das ein Zeichen unseres Triumphes.

IHR VORNAME

In der Regel steigt und fällt die Beliebtheit von Babynamen im Laufe der Zeit.

Manche Vornamen sind relativ zeitlos. So hielt sich die Beliebtheit von Johanna, Alexander, Anna, Simon, Charlotte und Paul in Deutschland über viele Generationen hinweg. Bei solchen Klassikern handelt es sich oft auch um biblische Namen. Veränderungen in der Namensgebung können jedoch schleichend vonstattengehen. So war der biblische Vorname Sarah einer der beliebtesten in den 1980er-Jahren, tauchte aber Mitte der 2010er-Jahre fast nicht mehr auf – nun hießen die Babys eher Mia und Emma.

Hier sehen Sie eine Tabelle, die in Fünf-Jahres-Schritten einige der häufigsten Vornamen zeigt, die für die jeweilige »Generation« typisch waren. Es handelt sich um Vornamen, die für relativ kurze Zeit, mehr oder minder ein Jahrzehnt lang, auf dem Gipfel ihrer Beliebtheit standen. Wenn Sie um eines der hier angegebenen Jahre herum in Deutschland geboren wurden, dann werden Ihnen die dort genannten Namen eher vertraut und gewöhnlich vorkommen – es handelt sich aber auch um unverkennbare Generationsmerkmale.

1890	*Anna, Martha, Frieda, Bertha, Emma, Karl, Wilhelm, Otto, Heinrich, Friedrich*
1895	*Anna, Frieda, Martha, Erna, Emma, Karl, Heinrich, Wilhelm, Hans, Otto*
1900	*Anna, Martha, Frieda, Emma, Marie, Wilhelm, Karl, Heinrich, Hermann, Friedrich*
1905	*Anna, Gertrud, Martha, Frieda, Erna, Hans, Karl, Wilhelm, Heinrich, Walter*
1910	*Gertrud, Erna, Martha, Hertha, Margarete, Walter, Karl, Hans, Wilhelm, Otto*

1915	*Gertrud, Elfriede, Hildegard, Anna, Erna, Hans, Karl, Walter, Wilhelm, Herbert*
1920	*Ilse, Hildegard, Gertrud, Irmgard, Gerda, Hans, Karl, Heinz, Kurt, Werner*
1925	*Ursula, Gerda, Ilse, Helga, Hildegard, Hans, Günter, Karl, Heinz, Werner*
1930	*Ursula, Helga, Gisela, Inge, Gerda, Günter, Hans, Karl, Heinz, Werner*
1935	*Helga, Ingrid, Ursula, Gisela, Christa, Hans, Günter, Horst, Klaus, Karl*
1940	*Karin, Ingrid, Helga, Renate, Elke, Peter, Klaus, Hans, Jürgen, Dieter*
1945	*Renate, Monika, Karin, Ursula, Brigitte, Hans, Peter, Klaus, Wolfgang, Jürgen*
1950	*Brigitte, Renate, Karin, Angelika, Monika, Peter, Hans, Wolfgang, Klaus, Manfred*
1955	*Angelika, Monika, Birgit, Petra, Sabine, Michael, Klaus, Peter, Hans, Jürgen*
1960	*Sabine, Susanne, Petra, Birgit, Gabriele, Thomas, Michael, Andreas, Peter, Frank*
1965	*Sabine, Petra, Claudia, Susanne, Andrea, Thomas, Michael, Andreas, Stefan, Frank*
1970	*Nicole, Anja, Claudia, Stefanie, Andrea, Stefan, Michael, Andreas, Thomas, Frank*
1975	*Sandra, Stefanie, Nicole, Kathrin, Tanja, Christian, Markus, Michael, Stefan, Andreas*
1980	*Julia, Kathrin, Stefanie, Melanie, Sandra, Christian, Michael, Sebastian, Stefan, Jan*
1985	*Julia, Stefanie, Jennifer, Katharina, Sarah, Christian, Daniel, Sebastian, Alexander, Stefan*
1990	*Julia, Sarah, Jennifer, Katharina, Lisa, Jan, Tobias, Christian, Alexander, Daniel*
1995	*Laura, Anna, Sarah, Julia, Lisa, Jan, Lukas, Niklas, Tim, Philipp*

2000 *Anna, Lea, Sarah, Hannah, Michelle, Lukas, Jan, Tim, Finn, Leon*

2005 *Leonie, Hannah, Anna, Lea, Lena, Lukas, Leon, Luca, Finn, Niklas*

2010 *Mia, Hannah, Lena, Lea, Emma, Leon, Lukas, Ben, Finn, Jonas*

2015 *Mia, Emma, Hannah, Sophia, Anna, Ben, Jonas, Leon, Elias, Finn*

Wenn die Kinder in Ihrer Klasse Thomas, Sabine, Frank, Susanne und Petra hießen, dann sind Sie wahrscheinlich Mitte der Sechziger geboren. Hießen sie aber Mia, Leon, Emma, Hannah und Ben, dann bist du wahrscheinlich um 2010 geboren.

Allerdings können Vornamen auch auf andere Weise etwas über das Alter aussagen. Die ab Mitte der Neunziger ausgestrahlte US-Fernsehserie *Friends* handelte von einer sechsköpfigen WG. Die Schauspieler, die die Bewohner spielten, hießen Matthew, Jennifer, Courtney, Lisa, David und noch mal Matthew. In den USA hat jeder dieser Vornamen seine ganz eigene Popularitätskurve. Wenn wir sie alle übereinanderlegen, können wir erraten, in welchem Zeitraum das Ensemble wahrscheinlich geboren wurde.

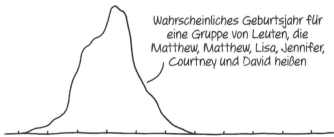

Wahrscheinliches Geburtsjahr für eine Gruppe von Leuten, die Matthew, Matthew, Lisa, Jennifer, Courtney und David heißen

1965 1970 1975 1980 1985 1990 1995 2000 2005 2010 2015

Tatsächlich wurden die Schauspieler in den späten Sechzigern geboren, und zwar am Rande der frühen Popularitätsgrenze ihrer Vornamen. Mit anderen Worten: Alle *Friends*-Darsteller tragen Vornamen, die ihrer Zeit ein kleines Stück voraus waren. Die Vornamen von Courtney Cox und Jennifer Aniston wurden erst ein Jahrzehnt später so richtig populär (was uns vermuten lässt, dass Menschen mit hippen Eltern vielleicht eher in der Schauspielerei landen). Trotzdem passen die Vornamen der Gruppe im Allgemeinen ganz gut zu ihrer Epoche, auch wenn sie der Kurve ein wenig voraus sind.

Wenn wir dagegen die Namen ihrer *Figuren* betrachten, also Phoebe, Joseph, Ross, Chandler, Rachel und Monica, kommt etwas ganz anderes heraus.

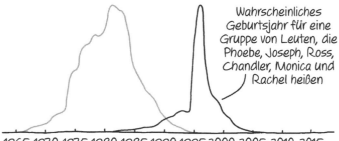

Wahrscheinliches Geburtsjahr für eine Gruppe von Leuten, die Phoebe, Joseph, Ross, Chandler, Monica und Rachel heißen

1965 1970 1975 1980 1985 1990 1995 2000 2005 2010 2015

Die Serie hatte in den USA 1994 Premiere. In den Jahren 1995 und 1996 zeigt die Popularitätskurve dieser Vornamen in den Staaten eine eindeutige Spitze, was daran liegen dürfte, dass sie sich durch die Serie in den Köpfen der jungen Eltern festgesetzt hatten. Doch die Sendung ist nicht der einzige Grund, denn der Aufstieg jener Namenskombination hatte eindeutig schon vor der Premiere von *Friends* begonnen. Gut möglich also, dass Eltern, die auf der Suche nach schönen Vornamen für ihre Kinder sind, von den gleichen kulturellen Trends beeinflusst werden wie Drehbuchautoren, die nach geeigneten Namen für ihre Figuren suchen.

RADIOAKTIV VERSEUCHTE ZÄHNE

Im Jahr 1945 erfanden die Menschen die Atomwaffen. Wir ließen die erste von ihnen detonieren, um zu sehen, ob sie funktionieren würden, und setzten dann zwei weitere im Krieg ein. Als der Krieg vorüber war, ließen wir noch ein paar Tausend mehr hochgehen, einfach nur um herauszufinden, was passieren würde.

Aus diesen Tests haben wir eine Menge über Atomwaffen gelernt. Eine Sache, die wir gelernt haben, war:»Atomwaffen zu zünden erfüllt die Atmosphäre mit radioaktivem Staub.« Außerdem fanden wir heraus, dass man Atomwaffen noch viel gewaltiger machen konnte. Tatsächlich gab es im Grunde keinerlei Limit dafür, wie stark wir sie machen konnten, was ein bisschen beunruhigend war. Schnell entwickelten die USA und die Sowjetunion Kernwaffenarsenale, die groß genug waren, um praktisch die ganze Welt zu zerstören. Die Vorstellung, dass irgendwelche weit entfernten Leute jeden Augenblick per Knopfdruck eine lodernde Apokalypse auslösen könnten, hinterließ bei den in den 1950ern und 1960ern Geborenen einen bleibenden Eindruck. Dieser Eindruck war aber nicht nur psychischer, sondern auch physischer Natur.

Ein Großteil der Atomexplosionen in der Atmosphäre fand Mitte bis Ende der Fünfzigerjahre statt, mit Ausnahme einiger weniger, wirklich gigantischer Explosionen in den Jahren 1961 und 1962. Inmitten wachsender Sorgen über radioaktive Verseuchung vereinbarten die USA und die UdSSR, alle oberirdischen Versuche zu beenden und sich auf unterirdische Tests zu beschränken. Im Jahr 1963 unterzeichneten beide das sogenannte Moskauer Atomteststoppabkommen, welches das Ende einer Ära von groß angelegten Atomtests einläutete. In den folgenden Jahrzehnten gab es nur noch ein paar weitere atmosphärische Atomtests durch Frankreich und China. Die letzte Kernexplosion in der Erdatmosphäre ereignete sich bei einem chinesischen Test am 16. Oktober 1980.[4]

Die durch diese Explosionen freigesetzten radioaktiven Trümmer breiteten sich überall in der Atmosphäre aus. Sie bestanden aus einer breiten Palette von radioaktiven Elementen. Einige davon, wie etwa Cäsium-137, reicherten sich in den Körpern der Menschen an und verursachten Krebs. Wieder andere, wie Karbon-14 (^{14}C), waren für die menschliche Gesundheit zwar harmlos, lösten

....

[4] Ich weiß nicht, in welchem Jahr Sie diesen Satz lesen; ich hoffe, dass er immer noch wahr ist.

unter Archäologen aber Unmut aus, weil sie die Datierung anhand von Kohlenstoff durcheinanderbrachten.

Das Kohlenstoffisotop ^{14}C entsteht auf natürliche Weise durch das Zusammenwirken von kosmischer Strahlung mit der Atmosphäre und zerfällt mit einer Halbwertszeit von etwa 5700 Jahren in das Stickstoffisotop ^{14}N. Zu jedem beliebigen Zeitpunkt ist ein winziger Teil des atmosphärischen Kohlenstoffs ^{14}C, der Rest sind ^{12}C und ^{13}C. Abgesehen von seiner begrenzten Lebensspanne agiert ^{14}C genauso wie seine stabilen Geschwister und wird von organischen[5] Materialien ohne Probleme aufgenommen. Wenn ein Organismus stirbt, stoppen seine biologischen Prozesse den Austausch von Kohlenstoff mit der Atmosphäre, und der Zerfall von ^{14}C setzt ein. Durch Messung des verbliebenen ^{14}C in einer archäologischen Probe kann man feststellen, wie lange es her ist, dass die Versorgung dieses Exemplars mit frischem ^{14}C eingestellt wurde. Mit anderen Worten: Wir können herausfinden, wann es gestorben ist.

Dieser Trick – die Radiokarbondatierung – funktioniert nur, wenn wir die ursprünglich in der Atmosphäre vorhandene ^{14}C-Konzentration zu der Zeit kennen, als der Organismus am Leben war. Und weil ^{14}C durch kosmische Strahlung produziert wird,

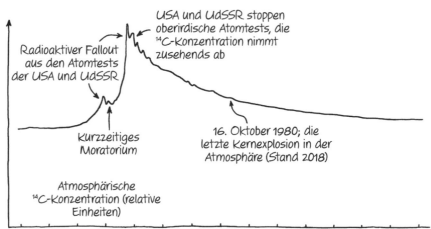

USA und UdSSR stoppen oberirdische Atomtests, die ^{14}C-Konzentration nimmt zusehends ab

Radioaktiver Fallout aus den Atomtests der USA und UdSSR

Kurzzeitiges Moratorium

16. Oktober 1980; die letzte Kernexplosion in der Atmosphäre (Stand 2018)

Atmosphärische ^{14}C-Konzentration (relative Einheiten)

1945 1950 1955 1960 1965 1970 1975 1980 1985 1990 1995 2000 2005 2010 2015

---

5   Schließlich bedeutet »organisch« nichts anderes als »Kohlenstoff-basiert«!

scheint seine Konzentration im Laufe der Zeit relativ stabil gewesen zu sein ... bis wir ins Spiel kamen. Die Atomversuche brachten riesige Mengen ^{14}C in die Atmosphäre ein, wie das vorige Bild zeigt. Alle Archäologen, die zukünftig organische Proben mit der Radiokarbonmethode datieren wollen, werden den massiven Ausschlag im 20. Jahrhundert berücksichtigen müssen – oder für alles, was sie ausbuddeln, das falsche Alter berechnen.

Das hier sind die Knochen von ein paar menschlichen Musikern, deren Name übersetzt »Die neuen Kinder in der Nachbarschaft« bedeutet. Sie traten in den 1990ern auf, doch die Karbondatierung deutet darauf hin, dass die Bandmitglieder noch fast 800 Jahre lebten.

Ein anderer durch die Atomtests freigesetzter Schadstoff war Strontium-90. Strontium hat große Ähnlichkeit mit Calcium, weshalb es von unseren Körpern in Zähne und Knochen eingebunden wird. Wer in den Sechzigern ein Kind war, hat sehr viel Strontium absorbiert. Im Laufe der Fünfziger- und Sechzigerjahre trugen Wissenschaftler[6] permanent die Zähne von Babys zusammen und testeten sie auf Strontium-90. So konnten sie die Verseuchung belegen und Argumente für ein Moratorium von Kernversuchen in der Atmosphäre beisteuern.

Nach den frühen Sechzigern sank der Gehalt von Strontium-90 in der Atmosphäre. Mit der Zeit ging auch der hohe Strontiumgehalt in den Skeletten der geburtenstarken Nachkriegsjahrgänge – der sogenannten Babyboomer – zurück, weil Strontium im natürlichen Prozess des Knochenumbaus abgebaut wurde. In den

....

[6] Ich *hoffe* zumindest, dass es Wissenschaftler waren.

Neunzigern wiesen die Knochen der Babyboomer schließlich einen ähnlichen Strontiumgehalt auf wie die ihrer Kinder.

Zähne sind dagegen kompakter und stabiler als Knochen und unterliegen außerdem einem weniger schnellen natürlichen Erneuerungsprozess. Wahrscheinlich tragen Menschen, bei denen sich die bleibenden Zähne Anfang der Sechzigerjahre entwickelten, bis heute eine »kaum nennenswert« höhere Menge Strontium-90 mit sich herum.

In gleicher Weise, wie Atomtests die Atmosphäre mit ihrem radioaktiven Fallout erfüllten, wurde die Luft durch die Verbrennung von bleihaltigem Benzin mit Blei verpestet. Die Folge war eine Flut von Bleivergiftungen in der Mitte des 20. Jahrhunderts, die um 1972 ihren Höhepunkt erreichte. In den späten 1970er-Jahren lag der mittlere Bleigehalt im Blut im Kindesalter bei 15 Mikrogramm pro Deziliter, und früher im Jahrzehnt vermutlich noch höher. In vielen Gegenden lag der Bleigehalt bei Kindern über 20 μg/dl – eine Konzentration, von der wir wissen, dass sie im Laufe der Entwicklung des Gehirns beträchtlichen Schaden anrichten kann. Wie Studien andeuten, wird im Zahnschmelz enthaltenes Blei nicht an die Umgebung abgegeben, weshalb man davon ausgehen kann, dass die Generationen Babyboomer und X auch in ihren bleibenden Zähnen erhöhte Bleiwerte haben. Heute sind die in Spuren vorhandenen Mengen von Strontium und Blei zu gering, um für unsere Gesundheit ernsthafte Folgen zu haben, doch als Andenken tragen wir sie weiterhin mit uns herum.

Inzwischen schwindet ein Großteil der aus der Mitte des 20. Jahrhunderts stammenden Schadstoffe allmählich aus der Umwelt. Elemente wie Jod-131 geben in den ersten Monaten sehr viel Strahlung ab, zerfallen aber rasch. Das langlebigere ^{14}C wird andauernd durch den natürlichen Kohlenstoff-Kreislauf entnommen und hat schon fast wieder sein »natürliches« Niveau erreicht.[7]

....

[7] Bei der Verbrennung fossiler Treibstoffe gelangen mehr ^{12}C und ^{13}C in die Atmosphäre, was die ^{14}C-Konzentration eigentlich verringert. Doch dieser Effekt verblasst angesichts des gigantischen ^{14}C-Anstiegs durch die Atomtests.

Die Halbwertszeit von Strontium-90 liegt bei etwa 30 Jahren, das Gleiche gilt für Cäsium-137, noch eine wichtige Quelle radioaktiver Verseuchung. Von dem Strontium-90 und Cäsium-137 aus den Atomtests der Sechzigerjahre sind bei Veröffentlichung dieses Buches noch je ein Viertel übrig.

Doch selbst wenn die radioaktiven Elemente aus der Umwelt verschwinden und allmählich in weniger aktive Formen zerfallen, haben sie uns ihren Stempel aufgedrückt. Wie viele Menschen bis heute an einem Krebs gestorben sind, der auf die Atomtests zurückging, weiß niemand wirklich. Vorsichtige Schätzungen gehen von mehreren Zehntausend aus, während mutigere Schätzungen in die Millionen gehen. Die stille und heimliche Opferzahl jener Waffentests dürfte durchaus höher liegen als die Zahl der Todesopfer nach den Bombenangriffen auf Hiroshima und Nagasaki zusammen. Die Hinterlassenschaften unserer Entscheidungen in jener kurzen Zeit nach dem Zweiten Weltkrieg werden uns noch lange Zeit begleiten.

Wenn Sie also rauskriegen wollen, ob Sie ein Kind der Neunziger oder der Fünfziger sind, schauen Sie sich Ihre Zähne an.

KAPITEL 24

Wie man's hinkriegt, eine Wahl zu gewinnen

Das hier ist eine Wahl und kein Beliebtheitswettbewerb.

Eine Wahl ist *buchstäblich* ein Beliebtheitswettbewerb.

Um eine Wahl zu gewinnen, müssen Sie viele Leute davon überzeugen, Ihren Namen auf einem Stimmzettel anzukreuzen. Dafür gibt es zwei grundlegende Ansätze, die Sie verfolgen könnten:

- Viele Wähler davon überzeugen, Sie zu unterstützen
- Viele Wähler durch Täuschung dazu bringen, dass sie versehentlich Ihren Namen auf dem Stimmzettel ankreuzen

Für den ersten Ansatz ist es normalerweise erforderlich, Charme, persönliches Charisma, Kompetenz, eine überzeugende Botschaft sowie die Präsentation einer eindeutigen Wahlmöglichkeit zwischen konkurrierenden Zukunftsvisionen irgendwie miteinander zu kombinieren. All das kostet eine Menge Arbeit. Fangen wir also mit der zweiten Option an.

WÄHLER DURCH TÄUSCHUNG DAZU BRINGEN, VERSEHENTLICH IHREN NAMEN ANZUKREUZEN

Trotz der insgesamt eher gemischten Ergebnisse war diese Wahlstrategie im Laufe der Jahre durchaus beliebt.

2016 gab ein Kanadier aus Thornhill/Ontario 137 Dollar (120 Euro) aus, um seinen Namen rechtmäßig in »Above Znoneofthe« zu ändern, und ließ sich anschließend als Kandidat bei einer Provinzwahl registrieren. Es war seine Absicht, auf dem Stimmzettel als »Znoneofthe Above« (*Zkeiner der oben Genannten*, Anm. d. Übers.) aufgeführt zu werden, mit dem Hintergedanken, dass ihn das eingefügte »Z« ans Ende der alphabetischen Namensliste befördern würde, und in der Hoffnung, dass ihn die Leute mit der Option »keiner der oben Genannten« verwechseln würden. Zu seinem Pech waren die Namen auf dem Stimmzettel zwar alphabetisch geordnet, aber in der Reihenfolge ›Vorname‹ ›Nachname‹. So stand er dort als »Above Znoneofthe«. Herr Znoneofthe hatte keinen Erfolg.

Falls Sie in den USA für ein niederes kommunales Amt kandidieren, ist es möglich, dass ein Großteil der Wähler gar nicht weiß, wer Sie sind. Das gilt besonders, wenn Sie in einem Jahr mit einer anderen wichtigen Wahl antreten, die zu einer hohen Wahlbeteiligung führt[1]. Unter diesen Umständen werden viele Wähler Sie womöglich allein anhand Ihres Namens beurteilen können.

Das hat bisweilen für Verwirrung gesorgt – und Gelegenheiten

....

[1] Falls die Leute zur Wahl eines aufregenden Präsidentschaftskandidaten antanzen, sind sie mit den übrigen Kandidaten auf dem Stimmzettel womöglich nicht ganz so vertraut wie die bürgerschaftlich stärker engagierten Menschen, die bei den Midterms wählen gehen. (In den USA werden auf einem einzigen Stimmzettel oft viele unterschiedliche Wahlen und Funktionen aufgelistet. Anm. d. Übers.)

geschaffen. In Kansas stellte sich der Kongressabgeordnete Ron Estes 2018 zur Wiederwahl, nur um bei den Vorwahlen der Republikaner von einem politischen Neuling herausgefordert zu werden, der ebenfalls Ron Estes hieß.

Der zweite Ron Estes wurde auf dem Stimmzettel als Ron M. Estes geführt. Der amtierende Ron änderte daraufhin seine Kampagnentafeln, um als »Rep. Ron Estes« gelistet zu werden, und schaltete Anzeigen, in denen er die Wählerschaft darüber informierte, dass das »M« für »Missverständlich« stehe. Der andere Ron rächte sich mit der Botschaft an die Wähler, es stehe für »Merica«.

Am Ende funktionierte das Spiel mit dem Namen nicht. Als die Vorwahlen schließlich gekommen waren, wurde Ron der Zweite eindeutig von Ron dem Ersten geschlagen.

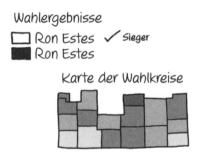

Manchmal sind Namensspiele aber *tatsächlich* erfolgreich gewesen – fragen Sie einfach mal Bob Casey.

Von 1960 bis ins 21. Jahrhundert hinein hat man im Bundesstaat Pennsylvania in Wahlen auf bundes- und nationalstaatlicher Ebene *fünf unterschiedliche Leute mit dem Namen Bob Casey* gewählt – und es ist nicht ganz klar, ob die Leute immer für den Bob Casey stimmten, den sie wollten.

Hier ist ein Kurzabriss über die Bob Caseys[2] aus Pennsylvania:

- Bob Casey Nr. 1: Anwalt aus Scranton
- Bob Casey Nr. 2: Grundbuchbeamter des Bezirks Cambria

....

2   Oder doch eher »Bobs Casey«?

- Bob Casey Nr. 3: PR-Berater
- Bob Casey Nr. 4: Lehrer und Eisverkäufer
- Bob Casey Nr. 5: Sohn von Bob Casey Nr. 1

Bob Casey Nr. 1:
Anwalt aus
Scranton

Bob Casey Nr. 2:
Grundbuch-
beamter des
Bezirks Cambria

Bob Casey Nr. 3:
PR-Berater

Bob Casey Nr. 4:
Lehrer und
Eisverkäufer

Bob Casey Nr. 5:
Sohn von Bob
Casey Nr. 1

Von den 1960er-Jahren an war Bob Casey Nr. 1 in eine Reihe von Ämtern in Pennsylvania gewählt geworden und hatte sich schnell zu einem aufstrebenden Nachwuchspolitiker im Bundesstaat entwickelt. Im Jahr 1976 wurde die Wahl zum obersten Finanzbeamten von Pennsylvania abgehalten. Bob Casey Nr. 1, damals staatlicher Rechnungsprüfer, peilte für das Jahr 1978 eine Kandidatur zum Gouverneur an und beschloss daher, nicht anzutreten. Das tat jedoch Bob Casey Nr. 2, ein Bezirksbeamter aus Cambria.

Im selben Jahr kandidierte auch Bob Casey Nr. 3 im 18. Wahlbezirk von Pennsylvania bei den Kongresswahlen. Sein Gegner beklagte, dass er bloß versuche, von der Beliebtheit von Bob Casey Nr. 1 zu profitieren, woraufhin er konterte, dass Bob Casey Nr. 2 aus der kollektiven Beliebtheit der *wahren* Caseys, nämlich von ihm selbst und Bob Casey Nr. 1, Kapital schlage. Am Ende gewann Bob Casey Nr. 3 die Nominierung der Republikaner, verlor aber die Kongresswahl an den Demokraten.

Was Bob Casey Nr. 2 betrifft: Auch er gewann, obwohl er kaum Wahlkampf gemacht hatte, seine Vorwahl, indem er die von der Partei befürwortete Kandidatin Catherine Knoll sowie einige weitere Kandidaten besiegte. Knolls Kampagne hatte 103 448 $ gekostet, die von Casey 865 $.

Anschließend gewann Casey auch die Gesamtwahlen und leistete vier Jahre lang Dienst als oberster Finanzbeamter. Die Republikaner starteten eine Kampagne, um die Öffentlichkeit darüber zu informieren, dass »Bob Casey« nicht der war, für den sie ihn hielten. Am Ende gewann Budd Dwyer, ihr eigener Kandidat, im Jahr 1980 gegen Casey Nr. 2.[3]

Während der Amtszeit von Bob Casey Nr. 2 als oberster Finanzbeamter ließ sich Bob Casey Nr. 1 im Jahr 1978 für die Wahl zum Gouverneur aufstellen. Unglücklicherweise war es dasselbe Jahr, in dem Bob Casey Nr. 4 – Lehrer und Eisverkäufer aus Pittsburgh – die Bühne betrat. Bob Casey Nr. 1 kandidierte als Gouverneur, doch bei denselben Vorwahlen bewarb sich auch Bob Casey Nr. 4 um das Amt des Vizegouverneurs. Die Wähler dachten womöglich, dass sich Bob Casey Nr. 1 für beide Positionen zur Verfügung stellte[4], und nominierten Bob Casey Nr. 4 für die Wahl zum Vizegouverneur, während sie Pete Flaherty statt Bob Casey Nr. 1 zum Gouverneurskandidaten machten. Am Ende verlor die Wahloption Flaherty/Casey Nr. 4 die allgemeinen Wahlen auf Bundesstaatsebene.

1986 trat Bob Casey Nr. 1 erneut zur Gouverneurswahl an, nannte sich selbst »Der Wahre Bob Casey« und gewann schließlich.[5] Er blieb acht Jahre lang Gouverneur, bevor er das Amt 1994 abgab. Zwei Jahre später kandidierte Bob Casey Nr. 5 – sein Sohn Bob Casey Junior – als staatlicher Rechnungsprüfer und gewann. Im Anschluss wurde er zunächst oberster Finanzbeamter und schließlich Senator, ein Amt, in das er 2018 wiedergewählt wurde.

....

[3]   Später, 1988, wurde Catherine Knoll tatsächlich doch noch zur obersten Finanzbeamtin gewählt, um im Anschluss auch noch als Vizegouverneurin zu dienen.
[4]   Oder sie dachten vielleicht, dass Bob Casey Nr. 2, der oberste Finanzbeamte, zur Halbzeit für den Gouverneursstuhl kandidierte.
[5]   Er gewann mithilfe des Wahlkampfstrategen James Carville, der später auch an der erfolgreichen Präsidentschaftskampagne von Bill Clinton beteiligt sein sollte.

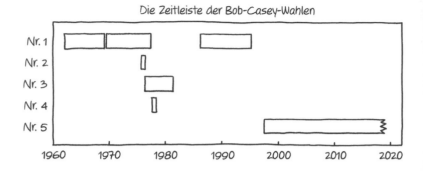

Die Zeitleiste der Bob-Casey-Wahlen

Wieso ändern Sie Ihren Namen also nicht einfach in Bob Casey, wenn Sie für irgendein Amt kandidieren wollen? Man weiß ja nie!

VIELE WÄHLER DAVON ÜBERZEUGEN, SIE ZU UNTERSTÜTZEN

Wahlen gewinnen ist schwierig. Die Wahrheit lautet: Menschen sind kompliziert, es gibt sehr viele von ihnen, und keiner davon ist sich jemals 100-prozentig sicher, warum er überhaupt das tut, was er tut, oder was er als Nächstes tun wird.

Wenn Ihr Ziel aber schlichtweg darin besteht, eine Wahl zu gewinnen, dann gilt die Faustregel, dass Sie *für* alles sein sollten, was Ihre Wähler mögen, und *gegen* alles, was Ihre Wähler nicht mögen. Um das zu schaffen, müssen Sie zunächst einmal herausfinden, was Ihren Wählern gefällt und was nicht.

Eines der beliebtesten Werkzeuge zur Bestimmung der öffentlichen Meinung sind Meinungsumfragen. Man spricht mit einer Menge Leute, fragt sie nach ihrer Meinung und rechnet am Ende die Ergebnisse zusammen.

Die US-Nachrichtenseite *fivethirtyeight.com* hat eine Übung durchgeführt, bei der sie professionelle Redenschreiber einen Text verfassen ließ, der allen so weit wie möglich nach dem Mund redete. Sie sollten nur Aussagen tätigen, die von den meisten Wählern unterstützt werden, sich entweder bei den Anhängern einer bestimmten Partei oder bei der gesamten Wählerschaft anbiedern.

Aber worin sind wir uns *am meisten* einig? Womit sollten Sie im Wahlkampf werben, falls es lediglich Ihr Ziel ist, populäre Ansichten zu befürworten und unpopuläre zu bekämpfen? Was sind die unstrittigsten Themen in Ihrem Land?

In der Hoffnung, dass sie mir helfen würde, genau das in Bezug auf die USA herauszufinden, wandte ich mich an Kathleen Weldon, Leiterin des Bereichs Datenverfahren und Kommunikation am *Roper Center* für Demoskopie der Cornell-Universität, und gab bei ihr eine Befragung aller Befragungen in Auftrag. Das *Roper Center* betreibt eine gigantische Datenbank für Umfragematerial: mehr als 700 000 Fragen aus fast einhundert Jahren Demoskopie, gesammelt von praktisch jeder Organisation, die in den Vereinigten Staaten je eine öffentliche Befragung durchgeführt hat.

Ich sagte, dass mich die einseitigsten Fragen in ihrem Umfragearchiv interessierten: jene Fragen, auf die praktisch alle dieselben Antworten gaben. In gewisser Hinsicht müssten dies die unstrittigsten Themen im ganzen Land sein.

Die Forscher bei *Roper* durchforsteten den Datenbestand aus 700 000 Fragen und erstellten eine Liste jener Fragen, die mindestens 95 Prozent der Leute gleich beantwortet hatten.

Dass sich so viele Teilnehmer an einer Umfrage bei *irgendetwas* einig sind, kommt ziemlich selten vor. Oft wird sich ein geringer Prozentsatz der Befragten für lächerliche Antworten entscheiden, weil sie die Umfrage nicht ernst nehmen oder die Frage missverstehen. Doch auch einseitige Fragestellungen sind selten, weil sich niemand die Mühe macht, zu einvernehmlichen Themen eine Umfrage durchzuführen – es sei denn, sie wollen damit zeigen, dass sie Recht haben. Demzufolge enthält die Datenbank von *Roper* Dinge, die zumindest *potentiell*, wenn nicht gar tatsächlich kontrovers sind, schließlich hat sich irgendeine Person oder Organisation die Mühe gemacht, zu diesem Thema eine Umfrage zu beauftragen.

Hier folgt eine Auswahl der einseitigsten Themen, die in der Geschichte der US-Demoskopie je behandelt wurden. Diese Ansichten können Sie sich problemlos zu eigen machen, wenn Sie für ein Amt kandidieren wollen, und sich dabei sicher sein, dass zumindest eine wissenschaftliche Erhebung das Volk hinter Ihrem Rücken vereint.

Weit verbreitete Ansichten

… basierend auf realen Daten (siehe Quellenverzeichnis für vollständigen Wortlaut der Fragen)

95 % lehnen es ab, dass jemand sein Mobiltelefon im Kino benutzt. (Umfrage im Panel »Trends in Amerika« des Pew Forschungszentrums, 2014)

97 % denken, dass das Schreiben von Textnachrichten beim Autofahren gesetzlich verboten werden sollte. (Umfrage von *The New York Times / CBS News*, 2009)

96 % haben ein positives Bild von kleinen Unternehmen. (*Gallup*-Umfrage, 2016)

95 % finden, dass Arbeitgeber ohne Genehmigung keinen Zugang zur DNA ihrer Angestellten haben sollten. (Umfrage von *Time / CNN / Yankelovich Partners*, 1998)

95 % befürworten Gesetze gegen Geldwäsche in Verbindung mit Terrorismus. (Umfrage von *ABC News / The Washington Post*, 2001)

95 % würden es befürworten, in den Krieg zu ziehen, falls die USA überfallen würden. (*Harris*-Umfrage, 1971)

96 % sind gegen die Legalisierung von Crystal Meth. (Internationale Umfrage von *CNN / ORC*, 2014)

95 % sind mit ihren Freunden zufrieden. (Umfrage von *Associated Press / Media General*, 1984)

95 % sagen, sie würden, »wenn es eine Tablette gäbe, durch die Sie doppelt so gut aussehen würden, aber nur halb so schlau wären«, diese nicht nehmen. (Umfrage von *Men's Health*, 2000)

98 % denken, dass Badewärter eher die Badenden beaufsichtigen sollten als zu lesen oder telefonieren. (Umfrage zu Sicherheit im Wasser, Amerikanisches Rotes Kreuz, 2013)

99 % finden, dass es falsch ist, wenn Angestellte von ihrem Arbeitsplatz teure Ausrüstung stehlen. (Umfrage von *Wall Street Journal / NBC News*, 1995)

95 % glauben, dass es falsch ist, jemanden dafür zu bezahlen, die eigene Semesterarbeit zu schreiben. (Umfrage von *Wall Street Journal / NBC News*, 1995)

98 % wünschen sich weniger Hunger auf der Welt. (*Harris*-Umfrage, 1983)

97 % wünschen sich weniger Terrorismus und Gewalt. (*Harris*-Umfrage, 1983)

98 % wünschen sich einen Rückgang der hohen Arbeitslosigkeit. (*Harris*-Umfrage, 1982)

97 % wünschen sich ein Ende aller Kriege. (*Harris*-Umfrage, 1981)

95 % wünschen sich weniger Vorurteile. (*Harris*-Umfrage, 1977)

95 % glauben nicht, dass eine dieser magischen Zauberkugeln von Mattel die Zukunft vorhersagen kann. (Umfrage von *Shell*, 1998)

96 % sind der Meinung, dass Olympia ein großartiges Sportereignis ist. (Umfrage von *Atlanta Journal-Constitution*, 1996)

Sie können diese Liste verwenden, um ein Wahlkampfprogramm zu erstellen. Beispielsweise könnten Sie sich mit Nachdruck gegen Hunger, Krieg und Terrorismus, für Freundschaft und kleinere Unternehmen und gegen das Schreiben von Textnachrichten beim Autofahren aussprechen. Sie könnten Gesetze gegen Geldwäsche in Verbindung mit Terrorismus befürworten und sich gegen das Zugeständnis wehren, dass andere Länder in Ihrer Heimat einfallen dürfen.

Andererseits... wenn Sie diese Liste als Blaupause nutzen, um eine Wahl so sang- und klanglos wie nur irgend möglich zu *verlieren*, dann könnte sie vielleicht sogar noch hilfreicher sein. Indem Sie bei jedem Thema einfach die Gegenposition vertreten, wären Sie unter Umständen in der Lage, den am heftigsten kritisierten politischen Wahlkampf aller Zeiten zu bestreiten. Wahrscheinlich würden Sie verlieren, allerdings... in einer Welt, die mindestens fünf verschiedene Bob Caseys nominiert hat, wer weiß?!

Eine Stimme für mich ist eine Stimme für hohe Arbeitslosigkeit, Krieg, Diebstahl am Arbeitsplatz und SMS-Schreiben beim Autofahren. Ich bin überzeugt, dass man die Stimme jedes einzelnen Bürgers in jedem Kino des Landes hören sollte. Falls ich die Wahl gewinne, schwöre ich, Olympia ein für alle Mal abzuschaffen.

Meine Regierung wird die Steuern für kleine Unternehmen erhöhen und mit dem Geld die Arbeitsplätze aller Badewärter im Land mit Spielkonsolen ausstatten. Wir werden Crystal Meth herstellen und vertreiben und mit dem Erlös Geldwäsche betreiben, um den Terrorismus zu unterstützen, und alle Regierungsentscheidungen mithilfe einer magischen Zauberkugel fällen. Falls unser Land überfallen wird, werde ich mich augenblicklich ergeben.

Wählen Sie mich, wenn Sie Hunger lieben. Wählen Sie mich, wenn Sie Ihre Freunde hassen. Und falls Sie mich wählen, dann verspreche ich Ihnen das Eine: Jeder Einzelne von Ihnen wird in Zukunft doppelt so gut aussehen und halb so schlau sein.

KAPITEL 25

Wie man's hinkriegt, einen Baum zu schmücken

Rund drei Viertel der Haushalte in den USA schmücken zu Weihnachten einen Baum – in Deutschland sind es etwa 50 Prozent.

Stand 2014 verwenden zwei Drittel der amerikanischen Haushalte künstliche Bäume, während ein Drittel echte, lebendige Bäume aufstellt. Die überwiegende Mehrheit der Leute mit echten Bäumen kauft sie aus der Schonung. Die traditionelle Methode besteht jedoch darin, einfach in den Wald zu spazieren und einen geeigneten Baum zu finden, den man schlagen kann – zumindest den Weihnachtsfilmen aus der Mitte des 20. Jahrhunderts zufolge.

Je nachdem, wo Sie gerade sind, werden Sie nicht immer einen Wald in der Nähe finden, weil die Wälder etwas unregelmäßig auf der Welt verteilt sind. Die meisten Wälder der Erde konzentrieren sich entlang des Äquators und in den Polarregionen. Die äquatorialen Wälder sind durch Wüstengürtel, die etwa 30° nördlich und südlich des Äquators liegen, von den Wäldern der Polarregion getrennt.[1] Falls Sie irgendwo bei 30°N oder 30°S sind und keine Wälder sehen können, laufen Sie doch einfach ein paar Tausend Kilometer Richtung Pol oder Äquator.

Sobald Sie auf einen Wald stoßen und – im Idealfall – die Erlaubnis des Landeigentümers erhalten, besteht Ihre nächste Herausforderung in der Wahl eines Weihnachtsbaums.

....

[1] Es gibt durchaus ein paar Ausnahmen. Die US-Küste am Golf von Mexiko ist, obwohl sie in der Wüstenzone liegt, dank der warmen und feuchten Golfluft dicht bewaldet. Das ist auch der Grund, warum es in jener Gegend so viele Tornados gibt.

Aber seien Sie vorsichtig, welchen Baum Sie fällen.

Im Jahr 1964 forschte Donald Currey, Aufbaustudent an der Universität von North Carolina, zur Geschichte der Gletscher in Nevada. Ganz in der Nähe hatte ein anderer Wissenschaftler, Edmund Schulman, ein Jahrzehnt vorher ein paar sehr alte Bäume entdeckt. Bei einigen der von Schulman studierten Langlebigen (Grannen-)Kiefern ergab sich ein Alter von drei- bis fünftausend Jahren – damit waren sie älter als alle bis dato bekannten Bäume.

Diese uralten Bäume von Schulman standen in den kalifornischen White Mountains. Auf der anderen Seite der Grenze, in Nevada, stieß auch Currey auf solche Langlebigen Kiefern und ahnte, dass sie ähnlich alt sein müssten. Currey folgerte, dass das Alter der Bäume etwas über die Geschichte der von ihm untersuchten Eiszeit preisgeben würde, und begann daher, Proben der Bäume zu nehmen. Falls sich die Gegend abgekühlt hatte und die Gletscher gewachsen waren, mussten die Bäume talwärts ausgewichen sein, weshalb die Kiefern am talwärts gelegenen Saum des Hains relativ jung sein sollten. Er machte sich also daran, von einigen der Kiefern Proben zu entnehmen, um ihr Alter zu bestimmen.

Über das, was als Nächstes passierte, gibt es unterschiedliche Erzählungen. In einem 1998 erschienenen Buch über das *Great Basin* (Großes Becken) verzeichnete der Literaturprofessor und Bergsteiger Michael P. Cohen nicht weniger als fünf verschiedene Versionen der Ereignisse von Beteiligten, jede mit einem etwas anderen Dreh der Geschichte.

Doch bei den entscheidenden Fakten waren sich alle Berichte einig: Currey ortete einen Baum, der besonders alt zu sein schien (nicht wissend, dass ihn örtliche Naturkundler *Prometheus* getauft hatten), und erhielt von der Forstverwaltung eine Fällgenehmigung, um sein Alter exakt zu bestimmen. Nachdem er die Jahresringe auf den Stammscheiben gezählt hatte, legte Currey das Alter jener Langlebigen Kiefer auf mindestens 4844 Jahre fest – sie war damit der älteste bekannte Baum der Welt.

Im Anschluss an die Publikation von Curreys Ergebnissen kam es zu einem öffentlichen Aufschrei, der dazu führte, dass alle Beteiligten des Vorhabens die nächsten Jahrzehnte damit beschäftigt waren, um eine Erklärung zu ringen, warum sie den ältesten Baum der Erde ermordet hatten.

Glaub mir, es ging um Leben und Tod. Die einzige Frage war: der Baum oder ich!

Die Moral der Geschichte ist eindeutig: Bevor Sie einen Baum fällen, sollten Sie besser sicherstellen, dass es sich nicht um den ältesten Baum der Welt handelt, weil die Leute sonst richtig sauer werden. Seit dem Sturz des Prometheus' gilt eine andere Langlebige Kiefer, *Methusalem*, als der älteste datierte Baum. Stand 2019 ist Methusalem mindestens 4851 Jahre alt, womit er erst kürzlich den Rekord von Prometheus gebrochen hat.

Ein derart hohes Alter wird mithilfe von Kernproben ermittelt. Das Ergebnis dient mit Blick auf das wahre Alter aber nur als Untergrenze, weil einige der jüngsten Baumteile womöglich nicht im Kern abgebildet sind. Forscher der Universität von Arizona, die ein Stammstück von Prometheus erhielten, bestimmten das Alter des Baumes zum Zeitpunkt der Fällung mit ziemlich genau 5000 Jahren. Das bedeutet, dass er um das Jahr 3037 v. u. Z. herum… geboren? … geschlüpft? … gesprosst? … gekeimt? ist, gefolgt von Methusalem ein paar Jahrzehnte später. Zu jener Zeit, als diese Kiefern zum ersten Mal austrieben, entwickelten Menschen am anderen Ende der Welt, in Sumer, gerade das erste bekannte Schriftsystem.[2]

Die Forstwirtschaft ist offensichtlich bestrebt, einen weiteren Prometheus-Vorfall zu vermeiden. Zwar steht Methusalem nicht buchstäblich unter bewaffneter Rund-um-die-Uhr-Bewachung. Seine genaue Identität und sein Standort werden aber geheim gehalten, um ihn vor Beschädigung durch Trophäenjäger oder (mögliche) Trittbrett fahrende Mörder zu schützen.

Einer dieser Bäume hier ist Teil des Zeugenschutzprogramms, aber es ist unmöglich zu sagen, welcher.

Diese Langlebigen Kiefern sind zweifellos einzigartig, doch die Wahrheit ist: sie würden schreckliche Weihnachtsbäume abgeben. Man könnte vielleicht denken, dass die Bäume mit dem höchsten Alter genau jene Exemplare sind, die in der gesündesten und

....

2 Möglicherweise ist ein anderer, vom verstorbenen Dendrochronologen Tom Harlan datierter Baum sogar einen Hauch älter als Methusalem oder Prometheus. Der Rekord dieses Baums ist aber umstritten: Die unabhängige Forschungsorganisation *Rocky Mountain Tree-Ring Research* war bis jetzt nicht in der Lage, den Kern aufzufinden, um das Alter zu verifizieren.

zuträglichsten Umgebung wachsen. Überraschenderweise stimmt aber genau das Gegenteil. Die ältesten Bäume wachsen häufig nicht unter den besten Bedingungen, sondern unter den schlechtesten. Wenn eine Langlebige Kiefer in einer außergewöhnlich rauen Umgebung steht, wo sie von Hitze, Kälte und Salz gequält und vom Wind gepeitscht wird, verlangsamt das ihr Wachstum und ihre Entwicklung, wodurch sich ihre Lebensspanne verlängert. Fürs Auge waren die Bäume nicht gerade beeindruckend. Die ältesten unter ihnen sahen fast wie tot aus und hatten nur noch einen dünnen Streifen Rinde, der auf einer Seite nach oben verlief und einige wenige Äste versorgte, die sich ans Leben klammerten. Diese uralten Bäume sind nicht unsterblich. Sie haben lediglich herausgefunden, wie man langsamer stirbt.

Wenn der älteste Baum der Welt einen schlechten Weihnachtsbaum abgeben würde, wie sieht es mit dem weltgrößten aus?

Einige Städte behaupten gern, den größten Weihnachtsbaum der Welt zu beherbergen, unter ihnen auch so manche Stadt in den USA. Nach den Angaben im *Guinnessbuch der Rekorde* gebührt dieser Titel einer 67 Meter hohen Douglasie, die 1950 in einem Einkaufszentrum in Seattle errichtet wurde. Gräbt man etwas tiefer, stößt man natürlich auch in diesem Fall wie bei allen scheinbar banalen Rekorden auf eine heftige Kontroverse. Im Jahr 2013 veröffentlichte die Tageszeitung *Los Angeles Times* eine Geschichte zu großen Weihnachtsbäumen, in der John Egan, Besitzer einer Baumschule, den Rekord von Seattle als Schwindel bezeichnete. Egan behauptet, dass der Rekordhalter aus Seattle gar kein wirklicher Baum gewesen sei, sondern sich aus mehreren Bäumen zusammengesetzt habe, die miteinander verbunden waren. Er behauptet weiter, dass der wahre Rekordhalter ein 41 Meter hoher Baum sei, den seine eigene Firma 2007 aufgestellt hat.

Doch egal wem der Rekord tatsächlich gebührt: Egan weist darauf hin, dass er ziemlich leicht zu brechen wäre. Jemand muss einfach losgehen und einen noch größeren Baum fällen – und es gibt viele Bäume, die größer sind als jeder der genannten Kandidaten.

Nur eins kann der erbitterten
Rivalität zwischen dem
Einkaufszentrum Northgate
und der Baumschule Egan
Acres ein Ende setzen:

Sie müssen sich gegen einen
gemeinsamen Feind verbünden.

Der höchste Baum der Welt ist ein Küstenmammutbaum, der 2006 entdeckt wurde, knapp 116 Meter hoch aufragt und *Hyperion* getauft wurde.[3] Langlebige Kiefern sind nicht die einzige Baumart in einem Zeugenschutzprogramm, die einen Rekord halten: Um ihn vor Beschädigung zu schützen, wird Hyperions genauer Standort geheim gehalten, insofern es überhaupt möglich ist, etwas derart Hohes zu verstecken.

Einer dieser Bäume hier ist der höchste
Baum der Welt, aber seine Identität
unterliegt strengster Geheimhaltung.

....

[3] Wie misst man so einen Baum eigentlich? Man könnte denken, dass es etwas mit GPS oder Lasern oder irgendwas anderem zu tun hat, aber falsch gedacht: Die Forscher klettern einfach hoch und lassen ein Maßband bis zum Boden runterbaumeln.

Es gibt aber eine Reihe von ähnlich hohen Bäumen. Vor der Enthüllung von Hyperions Messung 2006 hatte ein anderer Küstenmammutbaum aus Nordkalifornien den Weltrekord gehalten: der 113 Meter hohe *Stratosphere Giant* (Stratosphärenriese). Ganz in der Nähe von Hyperion stehen noch mehrere andere Bäume, die fast die gleiche Höhe – über 110 Meter – erreichen und sich beinahe ebenso gut als Weihnachtsbaum eignen. Und überhaupt, wer sollte Ihnen schon böse sein, weil Sie den *zweitgrößten* Baum der Welt gefällt haben?

DEN BAUM ZUR SCHAU STELLEN

Wo sollten Sie Ihren Baum aufstellen? Er dürfte vermutlich nicht in Ihr Haus passen. Die Wahrheit ist, dass es sogar nur sehr wenige Gebäude gibt, in die er hineinpassen wird.

Die Glaskuppel des Deutschen Bundestags in Berlin (23,5 Meter), die Rotunde des US-Kapitols in Washington D.C. (55 Meter) oder die höchsten Stadionkuppeln der Welt (etwa 80 Meter) sind zu niedrig, um darin einen Küstenmammut-Weihnachtsbaum unterzubringen. Selbst die Hauptschiffe der größten Kathedralen der Welt sind mit ihren 40 bis 50 Meter hohen Decken nicht hoch genug. Ein Baum der Größe von Hyperion würde gerade so unter die Kuppel des Petersdoms im Vatikan passen, aber nur wenn Sie zulassen, dass er seinen Wipfel in die Laterne an der Spitze der Kuppel steckt.

Petersdom

In Halbe, einer deutschen Gemeinde südöstlich von Berlin, gibt es einen ehemaligen Luftschiff-Hangar, der in einen tropischen Freizeitpark verwandelt wurde. Er verfügt über 200 Meter Sandstrand, einen Regenwaldbereich und ein Erlebnisbad. Doch leider ist das Dach des Parks für die größten Mammutbäume nur wenige Meter zu niedrig. Sie könnten dort zwar immer noch einen Baum aufstellen, doch dazu müssten Sie erst ein Loch in den Boden graben.

Freizeitpark Tropical Islands (Luftschiff-Hangar Aerium)

Einige Gebäude verfügen tatsächlich über ausreichend große Räume, um einen Küstenmammut-Weihnachtsbaum aufzunehmen. Eines davon ist vermutlich die Basilika Notre-Dame-de-la-Paix (Unserer Lieben Frau des Friedens) in der Stadt Yamoussoukro in der Elfenbeinküste. Das Gleiche gilt für die Lichthöfe verschiedener Wolkenkratzer, darunter *Burj Al Arab* in Dubai (180 Meter) und *Leeza SOHO* in Peking (190 Meter).

Aber selbst wenn die Eigentümer Ihren Weihnachtsbaum ausstellen wollten, wäre es schwierig, diesen überhaupt nach drinnen zu bekommen, schließlich fehlt es den Vorhallen dieser Gebäude an den dafür nötigen, gigantischen Türen.

Das vielleicht ideale Gebäude, um so einen Riesenweihnachtsbaum zur Schau zu stellen, steht an der Ostküste von Florida im Südosten der Vereinigten Staaten.

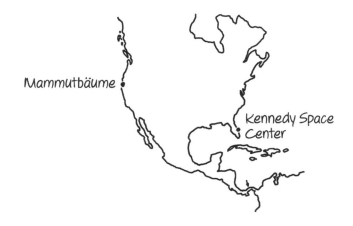

Die NASA hat das *Vehicle Assembly Building*[4] (VAB) am Cape
Canaveral als den Ort errichtet, wo die Apollo-Raketen und Space
Shuttles für den Start vorbereitet werden. Dem Volumen nach ist es
eines der größten Gebäude der Welt, und die Decke ist sicher hoch
genug, damit Ihr Weihnachtsbaum reinpasst. Das Entscheidende:
Es gibt die Möglichkeit, den Baum nach drinnen zu bekommen,
denn das Bauwerk hat die höchsten Türen der Welt.

Der wahrscheinlich einfachste Weg, den Baum zum Cape Canaveral zu schaffen, ist per Schiff. Zum Glück ist die Größe des Panamakanals für ein Schiff, das einen 110 Meter hohen, liegenden
Mammutbaum transportiert, ausreichend.

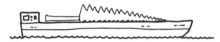

Das VAB ist aus einem ganz einfachen
Grund die perfekte Lösung für unseren Baum:
Es wurde geplant, um die riesige Saturn-V-
Rakete aufzunehmen, die die Astronauten der
Apollo-Mission zum Mond brachte. Jene Ra-
kete war fast genauso groß wie der höchste
Baum der Welt.

....
4   Dt.: Flugkörpermontagegebäude (Anm. d. Übers.)

Mit bis oben gefüllten Treibstofftanks war die Saturn-V-Rakete bedeutend schwerer als ein Baum von der Größe Hyperions. Die Triebwerke der Rakete können diese abheben lassen, was wiederum bedeutet, dass sie auch Ihren Baum in die Luft heben könnten, wenn Sie sie an ihm befestigen würden.

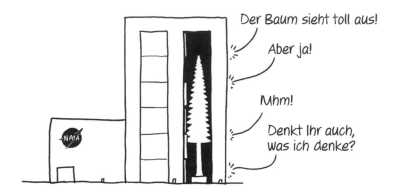

Ein Paar Antriebsraketen, auf jeder Seite eine, würden bei weitem genug Schub erzeugen, um Ihren Baum in die Luft zu heben.

Allerdings bräuchte der Baum selbst etwas zusätzliche Unterstützung. Als Erstes wird er unter der extremen vertikalen Beschleunigung leiden. Mammutbäume, die höchsten Bäume der Welt,

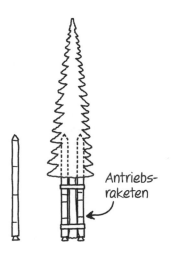

müssen sich selbst unter optimalen Bedingungen anstrengen, um sich der Schwerkraft zu widersetzen. Ein Raketenstart dürfte den Baum aufgrund der Beschleunigung einem Vielfachen der Gewichtskraft aussetzen, was die Gravitationsbeschleunigung auf das Doppelte oder Dreifache anwachsen lassen und den Baum knicken würde.

Sie können es dem Baum leichter machen, indem Sie ihn eher ziehen als anschieben. Wie viele andere Materialien ist Holz bei Zug stabiler als bei Druck. Wenn Sie die Antriebsraketen auf halbem Weg am Stamm befestigen, wird das Holz an der unteren Hälfte unter Zug stehen, weil es hinter der Rakete hängt, während die obere Hälfte unter Druck steht. Wenn Sie entlang des Baums dazu noch Stützen anbringen, dann können Sie helfen, ihn zu stabilisieren und vor dem Auseinanderbrechen zu bewahren.

Die Raketen würden es nicht schaffen, den Baum so weit zu beschleunigen, dass er auf einer Umlaufbahn bleibt. Aber Sie könnten ihn damit auf eine suborbitale Flugbahn schießen, die ihn über all jene Städte tragen würde, die behaupten, den größten Weihnachtsbaum der Welt zu haben.

Und außerdem wäre *Ihr* Baum mit echten Sternen geschmückt.

Wie man eine Autobahn baut

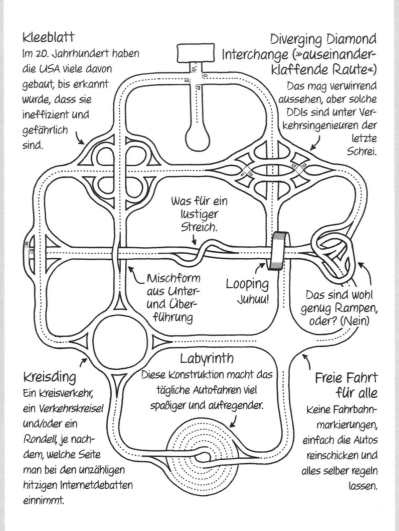

Kleeblatt
Im 20. Jahrhundert haben die USA viele davon gebaut, bis erkannt wurde, dass sie ineffizient und gefährlich sind.

Diverging Diamond Interchange (»auseinander-klaffende Raute«)
Das mag verwirrend aussehen, aber solche DDIs sind unter Verkehrsingenieuren der letzte Schrei.

Was für ein lustiger Streich.

Mischform aus Unter- und Überführung

Looping Juhuu!

Das sind wohl genug Rampen, oder? (Nein)

Kreisding
Ein kreisverkehr, ein Verkehrskreisel und/oder ein Rondell, je nachdem, welche Seite man bei den unzähligen hitzigen Internetdebatten einnimmt.

Labyrinth
Diese Konstruktion macht das tägliche Autofahren viel spaßiger und aufregender.

Freie Fahrt für alle
Keine Fahrbahnmarkierungen, einfach die Autos reinschicken und alles selber regeln lassen.

KAPITEL 26

Wie man's hinkriegt, schnell irgendwo hinzukommen

In der Welt herumzukommen kann unglaublich kompliziert sein.

Laut dieser Navigations-App muss ich meinen Körper in eine Abfolge von koordinierten und sehr spezifischen Bewegungen versetzen, um mich voranzubringen.

Je nachdem, wo Sie sind und wohin Sie gehen, dürften Sie Ihr Ziel entweder schnell auf relativ direktem Wege oder nur langsam und auf großen Umwegen erreichen. Reisen kann durchaus bedeuten, dass man eine erstaunliche Vielzahl von Problemen lösen muss. Sie reichen von den Basics wie dem Durch-eine-Tür-Gehen bis zu den komplizierten Aufgaben, zum Beispiel dem Passieren der Sicherheitskontrolle am Flughafen, dem Autofahren zu Stoßzeiten oder der Planung der Raketentriebwerksmanöver bei Transfers in einen Orbit.

So oder so hängt das Reisen zu einem Ziel aber letztlich damit zusammen, dass man sich selbst in Richtung dieses Ziels beschleunigt. Diese Beschleunigung setzt der Frage, wie schnell Sie Ihr Ziel erreichen, ein fundamentales Limit.

Nehmen wir an, Sie versuchen von Punkt A – zum Beispiel Ihrem Vorgarten – zu Punkt B – beispielsweise einem Termin bei Ihrem Arzt – zu gelangen, unter absoluten Idealbedingungen. Auf dem Weg dorthin liegen keine Hindernisse, keine Türen und keine Stoppschilder, und außerdem haben Sie einen magischen Roller mit unbegrenzt Treibstoff. Wie schnell können Sie von Punkt A zu Punkt B kommen?

Punkt A   Punkt B

Alle Dinge auf der Erde werden durch die Gravitationsanziehung mit 9,8 m/s² oder auch 1 g nach unten beschleunigt. Wenn man in einem Fahrzeug nach vorn beschleunigt, wird man noch immer von der Gravitation nach unten gezogen. Demnach ist die absolute Beschleunigung eine Kombination aus beidem, das heißt aus dem horizontalen Schub des Fahrzeugs und der nach unten gerichteten Anziehung der Gravitation.

Für kleine Beschleunigungen beträgt die absolute erfahrene Beschleunigung etwa 1 g. Bei einer Beschleunigung von 0,1 g liegt die absolute erfahrene Beschleunigung nur bei 1,005 g. Doch wenn Sie in horizontaler Richtung mit 1 g beschleunigen, dann erfahren Sie eine absolute Beschleunigung von 1,41 g – das ist so, als würde Ihr Körper plötzlich 41 Prozent mehr wiegen.

Von Beinen und Aufzügen bis hin zu Autos und Flugzeugen gehen die Transportmittel des Menschen in der Regel mit Beschleunigungen von unter 1 g einher, und das aus mehreren Gründen. Ein Grund ist, dass wir Menschen von Natur aus dafür gemacht sind, 1 g Beschleunigung zu erfahren, und es deshalb als unangenehm empfinden, wenn wir für längere Zeit schneller als das beschleunigen. Ein anderer Grund ist, dass Fahrzeuge oft beschleunigen, indem sie gegen den Boden drücken, und das kann dazu führen, dass die Räder durchdrehen, wenn die horizontale Kraft die Anziehung der Schwerkraft übersteigt.[1]

Nehmen wir also an, dass Ihr magischer Roller eine maximale Beschleunigung von 1 g hat. Echte Vehikel können schneller beschleunigen und tun das bisweilen auch, obwohl es sich in der Regel um Spezialgefährte wie Raketen oder Achterbahnen handelt, die eine solche Beschleunigung nur für kurze Zeit aufrechterhalten. Wenn wir aber von Systemen reden, wie sie eine breite Öffentlichkeit zur Fortbewegung nutzen dürfte, dann dient so ein 1-g-Roller als gutes Beispiel für die Grenzen dessen, was mit einem gewis-

....

[1] Sehr schnelle Rennautos beschleunigen etwa mit 1 g und benötigen dafür spezielle Reifen mit hoher Haftung.

sen Restmaß an menschlichem Komfort und Sicherheit möglich ist. Sicher mögen Kampfpiloten die abrupte Beschleunigung eines Schleudersitzes mit nichts als ein paar leichten Verletzungen überleben, aber wer will so schon täglich zur Arbeit fahren...?

Sie springen auf Ihren Roller und schauen auf die Uhr. Die Arztpraxis ist 500 Meter entfernt und Ihr Termin beginnt in 10 Sekunden. Können Sie es schaffen? Sie geben Gas und beschleunigen Richtung Praxis.

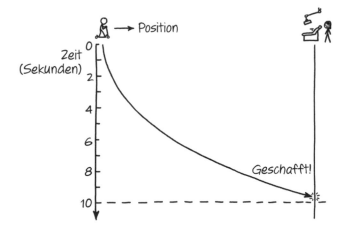

Die gute Nachricht lautet, dass Sie es mit etlichen Millisekunden Vorsprung zum Termin schaffen werden. Die schlechte, dass Sie bei Ihrer Ankunft über 320 Sachen draufhaben.

Vielleicht hat Ihr Arzt ja nichts gegen Kurzbesuche. Falls doch, müssen Sie vor der Ankunft in der Praxis wieder abbremsen, was Ihnen die Gesamtzeit versaut. Es gibt Grenzen, wie schnell man langsamer werden kann. Zwar ist Anhalten generell leichter als Loskommen (die Bremskraft ist bei praktisch allen Landfahrzeugen stärker als die Antriebskraft, von Rollern über Autos bis hin zu Flugzeugen am Boden), doch für die Mitfahrer bringt allzu plötzliches Anhalten genauso viele Probleme mit sich wie zu schnelles Beschleunigen.

Falls Sie auf der ersten Hälfte des Trips mit 1 g beschleunigen und auf der zweiten mit 1 g abbremsen, werden Sie fast 15 Sekunden zu Ihrem Termin brauchen. Wenn Sie 10 Sekunden vor Beginn starten, werden Sie es also nicht rechtzeitig schaffen.

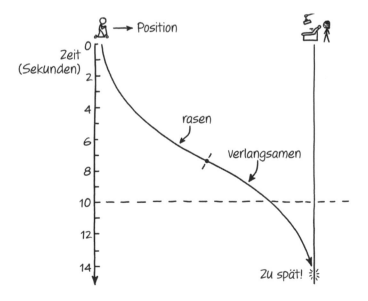

Die Beschränkungen, denen unser magischer Roller unterworfen ist, gelten auch für jedes andere Transportmittel – von Rollsteigen über Schnellzüge bis hin zu futuristischen, Menschen-verschicken-den Vakuumröhren –, weil sie von unserer menschlichen Natur abhängig sind. Kein Transportsystem wird je in der Lage sein, Menschen von einem ruhenden Punkt aus in weniger als 10 Sekunden an einen 500 Meter entfernten Zielort zu bringen, außer, es beschleunigt sie in horizontaler Richtung mit mehr als 1 *g*.

Fundamentaler Beförderungsradius

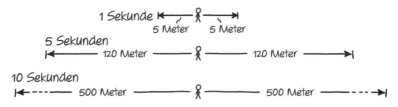

Was, wenn Sie einen weiter entfernten Termin haben? Wie schnell kann Ihr Roller Sie dorthin bringen?

Bei konstanter Beschleunigung mit 1 *g* addieren sich Geschwindigkeiten rasant auf. Ein einminütiger Trip mit 1 *g* Beschleunigung (30 Sekunden rasen, 30 Sekunden bremsen) brächte Sie mehr als acht Kilometer weit, während Ihr Topspeed (zur Halbzeit) nahe der Schallgeschwindigkeit läge.

Richtige Züge fahren nie mit annähernder Schallgeschwindigkeit, doch das liegt nicht an irgendwelchen eingebauten physikalischen Beschränkungen. Mithilfe von Raketen oder eines elektromagnetischen Antriebs können Plattformen auf Schienen problemlos bis auf ein extrem hohes Tempo beschleunigt werden. Auf dem US-Luftwaffenstützpunkt Holloman im Bundesstaat New Mexico haben schienengeführte Raketenschlitten beispielsweise Geschwindigkeiten von bis zu Mach 8 erreicht – achtmal so schnell wie der Schall und sehr viel schneller als jeder Düsenjet. Um auf solche Geschwindigkeit zu kommen, beschleunigen die Schlitten mit weit über 1 *g* und brauchen dafür dennoch eine Teststrecke von 16 Kilometern Länge.

Bei Werten nahe der Schallgeschwindigkeit wird der Luftwiderstand zum unumgänglichen Problem. Ein Vehikel, das so viel Energie darauf verschwendet, sich durch die Luft voranzuschieben, kann nur schwer effizient sein. Aus diesem Grund operieren die schnellsten Verkehrsmittel oft weit oben in der Atmosphäre, wo die Luft dünn ist, oder in einer Vakuumröhre. Ihr magischer Roller ist aufgrund seiner unbegrenzten Beschleunigung zwar keinem dieser Probleme ausgesetzt, wir wollen aber hoffen, dass er ein gutes Windschild hat. (Und zudem sollten Sie sich vielleicht bei allen Unbeteiligten für den wiederholten Überschallknall entschuldigen.)

So ein magischer 1-g-Roller könnte Sie in 5 Minuten rund 220 Kilometer weit bringen und dabei Geschwindigkeiten von über Mach 4 erreichen. In 10 Minuten kämen Sie, mit mittlerweile Mach 8, 800 Kilometer weit, und in 48 Minuten könnten Sie die halbe Welt umrunden.[2] Da liegt es, das fundamentale Limit des Weltreisens: Wenn Sie ein Transportmittel bauen wollen, das die Menschen in weniger als 48 Minuten an jeden Punkt der Welt

....

[2] Ihre tatsächliche Reisezeit wäre noch etwas schwieriger zu berechnen, weil bei einem derart hohen Tempo die Erdkrümmung relevant wird. Nach der Hälfte Ihrer Reise wären Sie schnell genug, um den Bodenkontakt zu verlieren, und wenn Sie versuchen würden, sich an einer Schiene festzuhalten (oder an der Decke entlangzufahren), würde die Zentripetalbeschleunigung Ihre eigenen Grenzen übersteigen. Dieselbe Krümmung bedeutet aber auch, dass Sie zum Anfang und Ende Ihres Trips noch ein bisschen mehr beschleunigen könnten. Die Zentrifugalkraft trägt nämlich dazu bei, die Wirkung der Schwerkraft aufzuheben, wodurch Sie unter dem Limit von 1,41 g blieben und somit mehr Spielraum hätten, um vorwärts zu beschleunigen.

bringt, dann werden Sie an Beschleunigungen über 1 g nicht vorbeikommen (oder ein Loch durch die Erde bohren müssen).

WELTRAUMREISEN MIT 1 G

Diese fundamentalen Beschleunigungslimits gelten für Raum- wie
Erdfahrzeuge gleichermaßen. Wenn Sie Ihren magischen Roller
für Reisen außerhalb der Erdatmosphäre und durch den Weltraum
umrüsten, werden Sie für die Reise zum Mond mit konstanter Be-
und Entschleunigung von 1 g fast 4 Stunden brauchen.

Ein solches 4-Stunden-Limit für Mondfahrten sagt etwas Interessantes über die Zukunft aus. Selbst in einer Welt mit Aufzügen
und günstigen Reisen in den Weltraum wird ein Großteil der Menschen, die auf der Erde leben, vermutlich nicht täglich zum Mond
(oder andersherum) pendeln, und zwar aus dem einfachen Grund
der Beschleunigung. Je vier Stunden hin und zurück sind ein ziemlich langer Arbeitsweg.

Tägliches Pendeln zum Mond

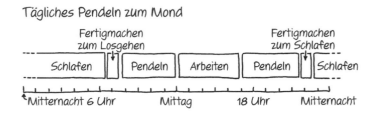

WEITER ENTFERNTE REISEZIELE

Es würde mehrere Tage dauern, bis Sie mit Ihrem 1-g-Roller die
inneren Planeten des Sonnensystems erreichen, eine Woche, um
zum Jupiter, und 9 Tage, um zum Saturn zu gelangen.

Die äußeren Planeten Uranus und Neptun sind rund zwei Wochen entfernt, und bis zu den weiter entfernten Objekten im Kuipergürtel dürfte es mehrere Monate dauern.

Danach wird alles seltsam.

IN 80 JAHREN DURCH DAS ALL

Es gibt gegenwärtig noch keine Raumschifftechnologie, die irgendein Vehikel über längere Zeiträume hinweg konstant mit 1 g beschleunigen kann. Nichts in der Physik spricht dagegen, dass das möglich ist, doch bisher hat noch niemand einen Weg gefunden, wie man es hinkriegt. Keine der uns bekannten Energiequellen ist klein genug, um auf einer Rakete mitgeführt zu werden, und zugleich stark genug, um diese so lange zu beschleunigen. Doch falls wir *tatsächlich* je eine Möglichkeit finden sollten, dann steht uns das ganze Universum offen – und das verdanken wir einem überraschenden Relativitätsschub. Wie sich herausstellt, kann man bei einer konstanten Beschleunigung von 1 g über mehrere Jahre fast jedes Ziel im Universum erreichen.

Bei einer Beschleunigung von 1 g nimmt Ihr Tempo pro Sekunde um 9,81 m/s zu. Einfache Multiplikation lässt darauf schließen, dass Sie nach einem Jahr mit rund 309 Millionen m/s unterwegs wären, das sind 103 Prozent der Lichtgeschwindigkeit. Wie wir wissen, kann das gar nicht stimmen, denn die Relativität lehrt uns, dass man nicht wirklich schneller als das Licht reisen kann. Man kann der Lichtgeschwindigkeit näher und näher kommen, aber man kann sie nie ganz erreichen. Allerdings gibt es auch keine kosmischen Polizeistreifen, die plötzlich auftauchen und Sie dazu zwingen wird, das Beschleunigen sein zu lassen. Also was *passiert* eigentlich mit Ihnen?

Seltsamerweise wird aus Ihrer Sicht gar nichts passieren, während sich Ihr Roller der Lichtgeschwindigkeit immer weiter annähert. Sie geben einfach immer mehr Gas. Wenn Sie jedoch einen Blick auf das umliegende Weltall werfen, dann werden Sie merken, dass irgendetwas komisch läuft.

Je schneller Sie fliegen, desto langsamer vergeht die Zeit an Bord Ihres Rollers. Aus Sicht eines außenstehenden Beobachters ticken die Uhren und das Gehirn an Bord Ihres vorbeifliegenden Rollers langsam. Aus *Ihrer* Sicht scheint es so, als ob Sie bestimmte Sehenswürdigkeiten entlang der Reise immer schneller erreichen als erwartet, ganz so, als ob sich das Universum in Ihrer Richtung zusammengezogen hätte.

Wenn für Sie auf Ihrem Roller ein Jahr vergangen ist, werden Sie mit rund 0,75-facher Lichtgeschwindigkeit reisen. Aufgrund der Relativität waren es in der Außenwelt aber bereits ein Jahr und zwei Monate, und Ihr Raumschiff ist weiter geflogen, als Sie erwartet hätten.

Die Diskrepanz zwischen der Zeit auf Ihrem Roller und der Zeit in der Außenwelt wächst beständig. Nach 1,5 Jahren an Bord werden Sie fast 1,5 Lichtjahre weit gereist sein – dieselbe Distanz, die das Licht in diesem Zeitraum zurücklegt –, und nach zwei Rollerjahren sind es bereits mehr als zwei Lichtjahre. Es ist, als wären Sie schneller als mit Lichtgeschwindigkeit unterwegs gewesen.

Nach einigen Jahren an Bord werden die Auswirkungen der Relativität immer zahlreicher. Nach drei Rollerjahren sind außerhalb des Raumschiffs etwas über zehn Jahre vergangen. Sie sind fast zehn Lichtjahre weit gereist, weit genug, um viele benachbarte Sterne zu erreichen. Gäbe es im Weltraum Wegmarken, die Ihnen die zurückgelegte Entfernung zeigten, dann würden Sie immer schneller auf sie stoßen, als ob sie immer enger beieinander stünden (oder als ob Sie mit weit über Lichtgeschwindigkeit reisen würden). Für außenstehende Beobachter würden Sie allerdings nur mit annähernder Lichtgeschwindigkeit vorbeisausen, während an Bord die Zeit offenbar stillstünde.

Nach vierjähriger Rollerfahrt werden Sie 30 Lichtjahre zurückgelegt haben und sich mit 99,95-prozentiger Lichtgeschwindigkeit vorwärts bewegen. Nach fünf Jahren werden es vom Startpunkt aus gesehen 80 Lichtjahre und nach zehn Jahren *15 000* Lichtjahre sein, womit Sie sich auf halbem Weg zum Zentrum der Milchstraße befinden. Wenn Sie weiter konstant beschleunigen, wird es Sie nicht einmal 20 Jahre kosten, um eine benachbarte Galaxie zu erreichen.

Und sofern Sie das Gaspedal etwas mehr als zwei Jahrzehnte lang weiter gedrückt halten, dann werden Sie feststellen, dass Ihr Gefährt in jedem subjektiven »Jahr« viele Milliarden Lichtjahre zurücklegt und Sie durch einen beachtlichen Teil des beobachtbaren Universums trägt.

Erde

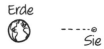

Sie

Rand des
beobachtbaren →
Universums

In diesem Zeitraum werden daheim bereits etliche Milliarden Jahre vergangen sein. Über Rückkehr müssen Sie sich also keine Gedanken mehr machen, vor allem, weil die Erde sowieso längst von der Sonne verschluckt worden ist.

Ich glaube, ich kann endlich aufhören, mir Sorgen zu machen, ob ich den Backofen angelassen habe.

Sie werden es aber nie bis zu den fernsten Galaxien schaffen. Das Universum dehnt sich permanent aus, und diese Expansion scheint sich, der Dunklen Energie sei Dank, zu beschleunigen.

Dunkle Energie?
Was ist das?

> Buchstäblich
> kein Schimmer.

Das Reisen mit nahezu Lichtgeschwindigkeit wird *Sie* vielleicht vor dem Altern bewahren, aber der Rest des Universums um Sie herum wird sehr wohl weiter altern. Wenn Sie eine Milliarde Lichtjahre mit annähernd Lichtgeschwindigkeit zurücklegen, wird das Universum, sobald Sie anhalten, eine Milliarde Jahre älter sein. Und weil sich das Universum mit zunehmendem Alter ausdehnt, werden Sie feststellen, dass diese Expansion Ihr Ziel, während Sie selbst darauf zuflogen, von Ihnen wegbewegt hat.

Es gibt gewisse Teile des Universums, zu denen Sie niemals aufschließen werden – ganz egal, *wie* weit Sie fliegen –, weil sich die Expansion des Universums nämlich permanent beschleunigt. Nach aktuellen Theorien über die kosmische Ausdehnung liegt diese Grenze – der sogenannte *kosmologische Ereignishorizont* – vermutlich etwa bei einem Drittel des Weges zum Rand des beobachtbaren Universums.

Erde

Kosmologischer
Ereignishorizont

Rand des
beobachtbaren
Universums

Das Hubble-Weltraumteleskop hat scheinbar leere Bereiche des Himmels näher herangezoomt und fotografiert. Die Bilder zeigen ein Meer aus vagen, fernen Galaxien. Einige der größeren und helleren Galaxien auf den Fotos liegen innerhalb unseres Ereignishorizonts, sodass Sie sie irgendwann mit Ihrem Roller erreichen könnten. Die meisten liegen aber jenseits dieser Grenze. Wie schnell Sie auch in ihre Richtung beschleunigen mögen, die Expansion des Universums wird sie immer weiter hinforttragen.

Wenn Sie das Gaspedal noch immer gedrückt halten, um hinter diesen unerreichbaren Galaxien herzujagen, werden sie zwar weiter in immer größere Ferne rücken, aber Sie selbst werden dadurch auch immer schneller vorwärts in die Zeit eintauchen. Nach 30 Jahren beträgt das Alter des Universums zehn Billionen Jahre. Zu diesem Zeitpunkt sind nur noch die kleinsten und schwächsten langlebigen Sterne übrig. Nach 40 Jahren sind schließlich auch jene verglüht, und Sie finden sich in einem dunklen und kalten Kosmos wieder, der nur noch dann zeitweilig von Blitzen erhellt wird, wenn die dahintreibenden Hülsen toter und erkalteter Sterne zufällig miteinander kollidieren.

Egal, wie schnell Sie fliegen, Sie werden niemals den *Rand* des Universums erreichen. Aber Sie können zum *Ende* gelangen.

KAPITEL 27

Wie man's hinkriegt, pünktlich zu sein

Im Wesentlichen gibt es zwei Wege, um schneller irgendwo anzukommen: Man kann sich schneller bewegen oder früher losgehen.

Optionen

1. Schneller bewegen

2. Früher losgehen

Um zu erfahren, wie man sich schneller bewegt, können Sie Kapitel 26 zu Rate ziehen.

Früher aufbrechen ist schwieriger, weil es mit Gewissenhaftigkeit und realistischer Planung zu tun hat. Wenn Sie wissen wollen, wie man in solchen Dingen besser wird, sollten Sie sich wahrscheinlich ein anderes Buch kaufen.

Falls Sie sowohl früheres Losgehen als auch schnellere Fortbewegung ausschließen, dann stecken Sie scheinbar in der Sackgasse. Aber es gibt noch eine weitere Option: *den Lauf der Zeit verändern*.

Optionen

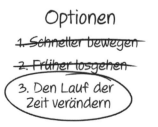

1. ~~Schneller bewegen~~

2. ~~Früher losgehen~~

3. Den Lauf der Zeit verändern

Diese Herangehensweise ist nicht zwangsläufig so unplausibel, wie sie zunächst klingt. Als Einstein die Bewegung von elektromagnetischen Wellen im Raum untersuchte, zeigte er sich verwundert: Die Maxwell-Gleichungen schienen zu implizieren, dass eine elektromagnetische Welle relativ zum Betrachter niemals ruhend erscheinen könne. Die Gleichungen deuteten darauf hin, dass man eine Lichtwelle niemals einholen und daher niemals sehen könne, wie sie auf der Stelle verharrt. Stattdessen würde man (unabhängig davon, wie schnell man sich bewegte) messen, dass das Licht stets mit derselben Anzahl von Kilometern pro Stunde an einem vorüberzieht. Das führte Einstein zu der Erkenntnis, dass irgendwas an unserer Vorstellung von »Kilometern« und »Stunden« nicht stimmen konnte. Mithilfe seiner Theorien erläuterte er, wie die Zeit für verschiedene Beobachter unterschiedlich verläuft, und zwar abhängig davon, wie schnell sie sich bewegen.

Einsteins Hantieren mit der Zeit brachte ihm Ruhm, Unsterblichkeit und einen Nobelpreis[1] ein – daher kann es womöglich auch Sie rechtzeitig an den Ort bringen, zu dem Sie gerade unterwegs sind. (Und falls nicht, erhalten Sie als Trost ja vielleicht einen Nobelpreis.)

Uns, den Mitgliedern der Schwedischen Königsfamilie, tat es sehr leid, dass Sie zu spät zu Ihrem Termin kamen. Hier haben Sie einen Nobelpreis.

Danke.

....

[1] Eigentlich hat ihm das Nobelpreiskomitee den Preis gar nicht für die Sache mit der Raumzeit gegeben, was teilweise daran lag, dass man sie damals noch für zu revolutionär und nicht hinreichend überprüft hielt. Zum Glück veröffentlichte Einstein 1905 gleich vier Arbeiten, von denen jede *einzelne* wahrscheinlich einen Nobelpreis verdient gehabt hätte. Man gab ihm den Preis deshalb für eine der etwas konventionelleren Arbeiten.

Um »den Lauf der Zeit zu verändern«, muss man nicht unbedingt irgendwas Kompliziertes machen. Am einfachsten ist, alle Leute zu bitten, ihre Uhren umzustellen, was viele von uns aufgrund der Zeitumstellung ohnehin schon zweimal im Jahr tun. Die Uhrzeit ist letztlich nur ein gesellschaftliches Konstrukt. Wenn Sie alle Welt dazu bringen können, ihre Uhren um eine Stunde zurückzudrehen, dann ändert sich die Zeit, was Ihnen potentiell eine Stunde extra verschafft, um dorthin zu gelangen, wo Sie gerade hingehen.

Zeitzonen mögen einen offiziellen und dauerhaften Eindruck machen, sie sind aber viel laxer, als Sie vielleicht denken. Es gibt kein internationales Gremium, das Zeitzonengrenzen erst genehmigen müsste. Stattdessen besitzt jedes Land die Autorität, seine Uhren wie auch immer und wann immer es will zu stellen. Wenn irgendwo die Regierung plötzlich morgens aufwacht und beschließt, alle Uhren um fünf Stunden zurückzudrehen, kann sie niemand daran hindern.

Einigen Menschen kann es durchaus Kopfzerbrechen bereiten, wenn Länder ohne genügend Vorwarnzeit an der Uhr herumspielen. Im März 2016 beschloss das Regierungskabinett von Aserbaidschan, dass die Sommerzeit zehn Tage vor ihrem geplanten Beginn abgeschafft werden sollte. Software-Unternehmen mussten eiligst neue Updates herausbringen und Zeitpläne überarbeitet werden, während die Fluggesellschaften vor der Entscheidung standen, ihre Flüge wie auf dem Ticket angegeben oder eine Stunde früher starten zu lassen. Am Internationalen Flughafen Heydar Aliyev in Baku bat man die Leute einfach, drei Stunden vor ihrem Abflug da zu sein.

In der Regel versuchen Länder, eine Änderung ihrer Uhrzeit mit mehr als zehn Tagen Vorlauf anzukündigen, sie müssen das aber nicht. Folglich können Sie, wenn Sie zu einem Termin spät dran sind, im Prinzip Ihre Regierung kontaktieren und darum bitten, die Uhren zurückzudrehen.

Hallo, ist da die Regierung? Ich bin ein
Bürger und spät dran für einen Termin.
Mit wem muss ich sprechen, um das
Problem zu beheben?

In den USA *können* die Legislativen der Bundesstaaten selbst festlegen, ob sie die Sommerzeit wahrnehmen wollen oder nicht. Sie haben jedoch keinen Einfluss darauf, wann sie anfängt oder endet. Wenn Sie eine Stunde dazugewinnen wollen, werden Sie sich an die US-Regierung wenden müssen.

Das Bundesgesetz der USA benennt neun Standard-Zeitzonen und stellt die Uhren überall im Verhältnis zur sogenannten koordinierten Weltzeit bzw. UTC, einem internationalen System zur Zeitmessung, das vom *Internationalen Büro für Maß und Gewicht* (BIPM) definiert wurde. Der US-Kongress kann dieses Gesetz ändern, aber Sie müssen nicht erst den Kongress durchlaufen, um Ihre Uhr anpassen zu lassen. Laut Gesetz hat der Verkehrsminister die Macht, ein Gebiet eigenmächtig von einer Zeitzone in eine andere zu verschieben. Wenn Sie sich also auf dem US-Festland aufhalten, können Sie ganz einfach beim Verkehrsministerium anrufen und nett nachfragen, um Ihre Uhr potentiell um bis zu acht Stunden zurückdrehen zu lassen.

Hallo, ist da das Verkehrsministerium? Ich bin ein großer
Fan Ihrer Arbeit und lang-
jähriger Unterstützer von
Dingen, die von einem Ort
zum anderen wandern.
Hören Sie, ich muss Sie um
einen Gefallen bitten.

Der zuständige Minister kann allerdings keine neuen Zeitzonen schaffen. Falls Sie in eine andere Zeit wechseln wollen als eine der neun vorhandenen, dann werden Sie dafür den Kongress einbeziehen müssen. Doch falls Sie die Abgeordneten tatsächlich auf Ihre Seite bringen sollten, haben Sie freie Wahl, wie Sie die Uhr stellen lassen möchten. Ja, im Prinzip könnten Sie sogar das *Datum* völlig frei wählen. Wenn Sie wollen, können Sie Ihr Haus, Ihre Stadt oder den ganzen Landkreis um 24 Stunden nach vorn versetzen … oder auch um 65 Millionen Jahre zurück.

Ein Schritt vor,
gaaanz viele zurück.

Im Jahr 2010 prophezeite der religiöse Radiomoderator Harold Camping, dass das Ende der Welt am 21. Mai 2011 mit der sogenannten »Entrückung« der Gläubigen einsetzen würde – um 18.00 Uhr Ortszeit. Weil sich die Apokalypse nach der *Ortszeit* richtete, sollte das Ende der Welt im direkt westlich der internationalen Datumsgrenze gelegenen pazifischen Inselstaat Kiribati seinen Auftakt nehmen, um anschließend in westlicher Richtung über den ganzen Planeten zu fegen, Zeitzone für Zeitzone.

Sollte irgendein Land prüfen wollen, ob die Welt zu irgendeinem zukünftigen Datum untergehen wird, dann können die Leute dort einfach ein Gesetz erlassen, mit dem ihre Uhr auf den, sagen wir, 1. Januar 3019 um 12 Uhr Mittag vorgestellt wird, und anschließend den Blick schweifen lassen. Falls nichts passiert, können Sie die Uhr wieder zurückdrehen, und wir alle werden wissen, dass die nächsten tausend Jahre safe sind – zumindest was Apokalypsen angeht, die zur Ortszeit stattfinden.

Sollte es Ihnen aber nicht gelingen, die Regierung zu überreden, die Uhren für Sie umzustellen, oder sollte Ihr Termin in UTC vereinbart worden sein, dann stecken Sie in der Klemme. Es gibt keine Möglichkeit, mehr Zeit für Ihren Termin herauszuholen – außer, Sie könnten die UTC selbst verändern.

ATOMUHREN

Die koordinierte Weltzeit basiert auf einem Netzwerk hochpräziser Atomuhren. Solche Uhren erfassen das Verstreichen der Zeit, indem Sie die Oszillation von Cäsiumatomen mithilfe von Licht exakt messen. Dank Einstein wissen wir aber, dass der Lauf der Zeit nicht konstant ist, weil sich Licht – und die Zeit selbst – durch

Einwirkung eines starken Gravitationsfelds verlangsamt. Wenn Sie ein großes kugelförmiges Gewicht neben eine Atomuhr legen, wird die zusätzliche Schwerkraft die Uhr langsamer ticken lassen. Unglücklicherweise reicht es aber nicht aus, *eine* Uhr allein zu beeinflussen. Das BIPM greift auf Messungen von mehreren hundert Atomuhren überall auf der Welt zurück und ermittelt aus allen einen Durchschnitt, um dadurch einen einzigen globalen Zeitstandard hervorzubringen. Im Fall, dass Sie die Zeit künstlich verändern wollten, müssten Sie *all* diese Uhren zusammen langsamer machen. Wenn Sie nur an einer einzigen herumdoktern, wird man den Ausreißer schnell identifizieren.

Nehmen wir an, Sie hätten sich in jede einzelne Atomuhr-Anlage geschlichen, jeweils mit einer Eisenkugel von 30 cm Durchmesser im Rucksack, die Sie in der Nähe der Uhr platziert hätten. (Sie müssten auch ziemlich stark sein, weil die Kugel knapp 180 Kilo wiegen würde!)

Wenn es Ihnen gelingen sollte, die Kugel genau neben der Zeitmesseinheit der Atomuhr zu verstecken, würde sie die Uhr lediglich um den 10^{24}-ten Teil verlangsamen. Bezogen auf die nächsten vier Milliarden Jahre entspricht das in etwa einhundert Nanosekunden. Selbst eine 200 Meter mächtige Eisenkugel wäre nur ein klein wenig wirksamer: Sie würde den Uhren etwa alle hundert Jahre eine Nanosekunde draufschlagen, wäre aber auch unmöglich herzustellen und zu bewegen … geschweige denn, zu verstecken.

Ich glaub, Sie werden es merken.

Was wäre, wenn wir einfach ein paar künstliche Äste dranstecken, wie sie es manchmal bei Mobilfunkmasten machen?

BIPM

Es scheint also, dass man an der UTC nicht herumdeuteln kann, weil die UTC auf Atomuhren basiert, und an Atomuhren kann man nicht rumpfuschen. Die UTC beruht aber nicht *exakt* auf Atomuhren. Sie hat eine Unregelmäßigkeit, die Ihnen theoretisch ein bisschen mehr Zeit verschaffen könnte, um pünktlich zu Ihrem Termin zu kommen … oder dazu führen dürfte, dass Sie zu früh dran sind, wenn Sie rechtzeitig losgehen.

DIE LÄNGE DER TAGE VERÄNDERN

Unsere Atomuhren sind präziser und regelmäßiger als die Drehung der Erde. Ursprünglich hatte man die Länge einer Sekunde in Bezug auf die Erdrotation definiert, doch eine Sekunde, deren Länge sich mit der Zeit ändert, ist für die Physik, das Ingenieurwesen und allgemein auch das Messen von Zeit unpraktisch. Deshalb wurde die Länge der Sekunde 1967 ausgehend von Atomuhren offiziell und dauerhaft eingefroren. Von einem Tag erwartet man, dass er 24 Stunden oder 86 400 Sekunden lang ist, doch in Wahrheit braucht die Erde aktuell, Ende der 2010er-Jahre, für eine volle Drehung relativ zur Sonne rund 86 400,001 Sekunden. Mit anderen Worten, die Erde ist eine Millisekunde zu langsam. Jene zusätzliche Millisekunde täglich addiert sich allmählich auf, sodass eine genaue Uhr der Sonne nach etwa 1000 Tagen eine volle Sekunde hinterherhinkt.

Zwar mögen die Tage aktuell nur wenige Millisekunden zu lang sein, aber das wird nicht immer so bleiben. Dank des Mondes verlangsamt sich die Erdrotation nämlich gerade.

Die Schwerkraft des Mondes zieht stärker an den näher zum Mond gelegenen Teilen der Erde als an den weiter entfernten. Weil sich die Erde dreht, schwappt das Wasser (und in geringerem Maße auch das Land) darauf leicht herum, um die Kräfteverschiebung auszugleichen – etwas, das wir als Gezeiten wahrnehmen. Die Erde dreht sich schneller, als der Mond sie umrundet, und die gravitative Anziehungskraft zwischen jenen wallenden Ozeanen und dem Mond bewirkt, dass zwischen beiden Körpern eine sehr schwache »Gezeitenreibung« entsteht. Die Folge ist, dass der Mond vorwärts gezogen und auf eine größere Umlaufbahn geschleudert wird, während die Erde gleichzeitig abgebremst wird.[2]

Wissenschaftliche Darstellung der
Gezeitenreibung des Mondes

....

[2] Zumindest *sollte* sie gerade langsamer werden. Langfristig gesehen hat sich die Drehung der Erde bis heute stetig verlangsamt, in den letzten Jahrzehnten tatsächlich aber ein bisschen beschleunigt. Etwa seit 1972 – zufällig auch das Jahr, in dem wir die Schaltsekunde eingeführt haben – dauert es einige Millisekunden weniger, bis die Erde eine komplette Drehung vollführt hat. Vermutlich sind unberechenbare Turbulenzen bei den Strömungen im geschmolzenen äußeren Erdkern daran schuld, doch ganz sicher weiß das niemand. Letztlich ist es nicht sehr ungewöhnlich, denn die Erde hat sich in den letzten Jahrhunderten mehrfach beschleunigt und verlangsamt, und vermutlich wird es auch nicht mehr allzu lange anhalten. Trotzdem: Es ist schon etwas seltsam, dass die Erde schneller geworden ist und niemand weiß warum.

SCHALTSEKUNDEN

Die koordinierte Weltzeit kennt keine Zeitzonen und keine Sommerzeit. Trotzdem wird sie ab und an (sehr geringfügig) angepasst, um die Uhren zur Erdrotation synchron zu halten. Diese Änderungen finden in Form von Schaltsekunden statt.

Schaltsekunden werden vom *Internationalen Dienst für Erdrotation und Referenzsysteme* (IERS) eingefügt, der die Drehung der Erde aufmerksam verfolgt und darüber entscheidet, wann wieder eine Schaltsekunde nötig ist. Diese wird dann am letzten Tag eines Monats, meistens im Juni oder Dezember, genau vor Mitternacht zwischen 23:59:59 und 00:00:00 eingefügt und als 23:59:60 dargestellt.

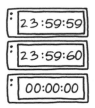

Nach dem Einfügen einer Schaltsekunde wird jedes nach diesem Datum terminierte Ereignis um eine Sekunde nach hinten verschoben. Wenn Ihr Termin mehr als ein oder zwei Monate in der Zukunft liegt, könnten Sie theoretisch ein paar Sekunden dazugewinnen, indem Sie den IERS von der Notwendigkeit von Schaltsekunden überzeugen.

Wenn Sie *mehr* Schaltsekunden brauchen, müssen Sie die Erde noch schneller verlangsamen.

Wann immer Massen vom Äquator zu den Polen wandern, beschleunigt sich die Erde. Die tägliche Bewegung von Luftmassen zwischen den Polen und dem Äquator sorgt dafür, dass das Tempo der Erde schwankend zu- und abnimmt, während über größere Zeiträume hinweg die Umverteilung der Masse durch Klimazyklen, schmelzende Eisdecken und die postglaziale Hebung des Erdbodens ebenfalls ihre ganz eigenen Folgen hat.

Das heißt, dass Sie die Erde, sofern Sie in tropischen oder gemäßigten Breiten leben, einfach dadurch beschleunigen können, dass Sie zu einem der Pole wandern – und auch wieder abbremsen, indem Sie zurück zum Äquator laufen.

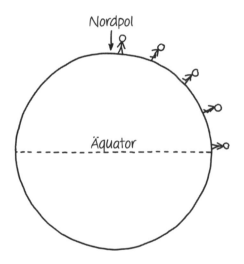

Der Effekt wird nicht besonders groß sein. Eine einzige Person, die sich von einem der Pole zum Äquator begibt, wird die Tage nicht einmal im Verhältnis 1 zu 10 000 000 000 000 000 000 000 verlängern. Bis sich diese Diskrepanz zu einer zusätzlichen Nanosekunde aufaddiert hat, würde es eine Million Jahre dauern. Wenn Sie aber innerhalb des nächsten Jahres eine extra Schaltsekunde dazugewinnen wollen, müssen Sie *60 Billionen Tonnen* Material von den Polen zum Äquator verschieben.

Selbst bei einem Werkstoff, der so dicht ist wie Gold, sind das noch immer über 3000 Kubikkilometer – genug, um den Äquator mit einer etwa 1 Kilometer hohen und 75 Meter dicken Mauer zu umgeben. Das ist ganz eindeutig unmöglich…

…es sei denn, Sie können am Nordpol ein magisches Wesen auftreiben, das in der Lage ist, unbegrenzte Mengen teurer Objekte herzustellen und anschließend auf magische Weise und mit unverschämter Effizienz vom Pol aus in die ganze Welt zu transportieren.

KAPITEL 28

Wie man's hinkriegt, dieses Buch zu entsorgen

Wenn Sie mit diesem Buch fertig sind und beschließen, dass Sie es loswerden wollen, dann ist das Einfachste, es an jemand anderen weiterzugeben.

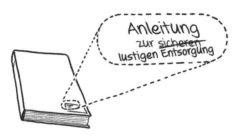

Aber vielleicht möchten Sie es ja gar nicht weggeben. Vielleicht haben Sie sich am Rand Notizen gemacht, die niemand anderes sehen soll. Vielleicht hat es Ihnen einfach nicht gefallen. Oder vielleicht planen Sie auch, die Informationen in diesem Buch im Rahmen irgendeiner oberschurkenhaften Verschwörung zu benutzen und sind gerade im Begriff, jedes Exemplar aufzukaufen und zu vernichten, damit sich niemand damit einen Vorteil gegenüber Ihnen verschaffen kann.[1]

Falls Sie also aus welchem Grund auch immer tatsächlich beschließen sollten, dieses Buch dauerhaft zu entsorgen, finden Sie im Folgenden ein paar Tipps dafür.

....

[1] *Anmerkung des Herausgebers: Wenn Sie alle vorhandenen Exemplare dieses Buchs erwerben möchten, wenden Sie sich bitte an die Vertriebsabteilung von Penguin HC.*

LUFTBESTATTUNG

Im Notfall kann dieses Buch als Energiequelle genutzt werden. Die Seiten enthalten etwa acht Megajoule an chemischer Energie – Energie, die ursprünglich durch Blätter von der Sonne eingefangen wurde.

Pflanzen sind aus Luft gemacht. Der Kohlenstoff in ihrem Holz stammt von dem CO_2, das sie aus der Luft geholt haben und das durch Photosynthese mit Wasser (H_2O) kombiniert wird. Dieses Buch besteht also aus Luft, Wasser und Sonnenlicht. Wenn die Seiten in Brand gesteckt werden, verwandelt sich der Kohlenstoff zurück in CO_2 und Wasser und gibt das eingefangene Sonnenlicht frei. Wenn Holz, Öl oder Papier brennen, ist die Hitze des Feuers die Wärme jenes Sonnenlichts.

Acht Megajoule entsprechen annähernd der Energiemenge, die in einer Tasse Benzin enthalten ist. Wenn Ihr Auto bei etwa 90 km/h auf der Autobahn einen Benzinverbrauch von knapp 8 Litern pro 100 Kilometer (oder 13 km/l) hat und Sie es darauf umrüsten, statt mit Benzin mit Exemplaren dieses Buches zu fahren, dann wird es sich durch 30 000 Wörter pro Minute brennen – das ist einige Dutzend Mal schneller als der Wortverbrauch eines durchschnittlichen Menschen.

$$90 \text{ km/h} \times \frac{65\,000 \frac{\text{Wörter}}{\text{Buch}}}{13 \frac{\text{km}}{\text{l}} \times 1 \frac{\text{Tasse}}{\text{Buch}}} = 30\,000 \frac{\text{Wörter}}{\text{Minute}}$$

Diese Maschine hat das Leistungsvermögen von 200 Pferden und den Buchverbrauch Dutzender Bibliothekare.

SEEBESTATTUNG

Der in diesem Buch enthaltene Kohlenstoff kann auch mit Wasser vermischt werden. Wenn das Buch verbrannt wird, wandeln sich der Kohlen- und der Wasserstoff darin in CO_2 und Wasser um. Der Wasserdampf wird als Regen niedergehen und zum Schluss wahrscheinlich im Meer landen. Die Hälfte des durch Verbrennung in die Atmosphäre entlassenen CO_2 wird letztlich ebenfalls vom Meer absorbiert werden, wo es mehrere Quadrillionen Kohlensäuremoleküle bilden wird. Wenn das CO_2 gleichmäßig in der Luft und im Meer verteilt wäre, dann enthielten jeder Becher voll Meerwasser und jeder tiefe Atemzug mehrere Tausend Moleküle, die von diesem Buch stammen.

BESTATTUNG AUF ZEIT

Was würde mit diesem Buch geschehen, wenn man es auf den Boden legen und weggehen und kein Mensch es je wieder anfassen würde?

Je nach dem Klima in Ihrer Gegend dürfte es nicht allzu lange überdauern. Wir Menschen können Papier nicht essen, doch die Energie, die in der Zellulose gespeichert ist (dieselbe Energie, die beim Verbrennen freigesetzt wird), erscheint einer Vielzahl von Mikroorganismen durchaus appetitlich. Diese Lebewesen benötigen Wärme und ein hohes Maß an Feuchtigkeit, um zu gedeihen, weshalb Bücher daheim auf dem Regal normalerweise sicher sind.

Wenn Sie das Buch in einer kühlen und trockenen Höhle oder an einem schattigen Fleckchen in der Wüste ablegen, könnte es sich über viele Jahrhunderte halten. Aber einmal an einem warmen Tag durchnässt, werden sich Organismen – in der Regel Pilze – daranmachen, die Zellulose zu vertilgen. Die Seiten werden verdaut und am Ende von der Umwelt aufgenommen.

Falls das Buch vor Verwitterung geschützt ist, dürfte sein Schicksal von den geologischen Bedingungen vor Ort abhängen. Falls sich dort, wo Sie es liegengelassen haben, Sedimente ablagern (wie zum Beispiel in einer tiefliegenden Flussaue), wird es über kurz oder lang begraben sein. Wenn es sich aber in einer Gegend befindet, an einem felsigen Berghang etwa, in der Sedimente *abgetragen* werden, dann wird das Buch mit ziemlicher Sicherheit in seine Einzelteile zerlegt und von Wind und Wasser davongetragen werden. Die Erosionsrate von Gestein bemisst sich in Bruchteilen von Millimetern. Wenn dieses Buch also aus Stein wäre, dann würde die Erosion es vermutlich erst nach vielen Jahrhunderten oder Jahrtausenden abgetragen haben. Weil Papier aber viel weicher ist als Stein, wird es bestimmt nicht annähernd so lange dauern. Das Papier wird verwittern und sich zersetzen, und die aufgedruckten Informationen werden für immer verloren sein.

ENTSORGUNG EINES UNZERSTÖRBAREN
ODER VERFLUCHTEN BUCHES

Rein technisch gesehen ist es möglich, dass das Exemplar dieses Buches, das Sie in diesem Moment lesen, unzerstörbar ist. Klar, es ist schon unwahrscheinlich, aber Sie werden es nicht mit Sicherheit ausschließen können, wenn Sie es nicht versuchen. Es gibt einfach kein zerstörungsfreies Prüfverfahren für Unzerstörbarkeit.

Was also tun, wenn Ihnen eines Tages ein Buch in die Hände fällt, das Sie unbedingt loswerden wollen, aber nicht vernichten können (entweder weil das Papier zu stark ist oder aufgrund einer dieser Bibliothek-von-Hogwarts/Ring-der-Macht/Jumanji-Problematiken)? Wohin mit dem, was Sie loswerden wollen?

Mit unserem Atommüll haben wir das gleiche Problem. Wir wollen das Zeug loswerden, aber es lässt sich unmöglich zerstören oder in eine weniger gefährliche Form bringen. Der Grund ist, dass sich Radioaktivität nicht durch das Verbrennen oder Verdunsten von radioaktivem Müll reduzieren lässt. Mit genügend Hitze kann man alles zerstören, indem man die jeweiligen Moleküle aufbricht und in ihre einzelnen Atome zerlegt. Das geht aber nicht bei Atommüll, denn da sind die Atome selber das Problem.

> Wenn die Atome das Problem sind, könnten wir dann nicht einfach einen Weg finden, wie wir *die* zerlegen?

> Hör mal, genau das hat uns ja erst in diesen ganzen Schlamassel reingeritten!

Angesichts der Unzerstörbarkeit von Atommüll versuchen wir für gewöhnlich, ihn irgendwo hinzutun, wo er uns nicht stören wird. Ihn an einem einzigen Ort zu sammeln liegt nahe, schließlich gibt es gar nicht *so* viel Müll (zumindest mengenmäßig). Also könnten wir uns einfach eine Stelle aussuchen, all unseren Müll dort abladen und ihn anschließend so langfristig wie möglich versiegeln. Außerdem müssten wir das Gelände auf unbestimmte Zeit überwachen und mit so etwas wie Warnschildern versehen, um künftige Generationen davon abzubringen, ihn auszubuddeln.[2]

Die derzeit einzige langjährige und permanente unterirdische Müllentsorgungsanlage der Vereinigten Staaten besteht aus einer Reihe von Kammern, die rund 600 Meter tief unter der Wüste des Bundesstaats New Mexico liegen. Der Komplex, bekannt als *Waste Isolation Pilot Plant* (WIPP), nimmt noch immer einen Teil unseres Atommülls auf, doch so lange, bis ein neues Endlager feststeht oder die bestehende Anlage am WIPP erweitert wird, gehen wir mit diesem Problem genauso um, wie wir es häufig tun: indem wir versuchen, nicht darüber nachzudenken, und hoffen, dass es von allein verschwindet.

WIPP (Pilotanlage zur Abschottung von Abfällen)

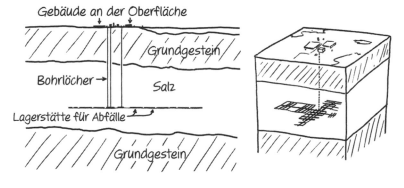

Die Tunnel der WIPP in New Mexico werden in eine uralte, einen halben Kilometer mächtige Schicht aus Steinsalz hineingegraben. Salztunnel sind besonders deshalb zur Müllentsorgung geeignet, weil das Salz sehr langsam »fließt«. Wenn man in eine Salzschicht einen Tunnel gräbt und ihm anschließend den Rücken kehrt, wird er sich mit der Zeit zusammenziehen und selbst versiegeln.

Das Kriechverhalten von Salz

Um dieses Buch hier in der WIPP zu entsorgen, könnten Sie einen Hohlraum graben, der von einem der Tunnel seitlich abgeht, und es darin zurücklassen.[3] Nach ein paar Jahrzehnten wird sich der Hohlraum selbst verschließen und den Text im Salz begraben.

Es gibt noch eine andere Idee, wie wir unseren radioaktiven Müll loswerden können, und nach Ansicht ihrer Befürworter ist sie sowohl billiger als auch sicherer als Anlagen vom Typ WIPP: ihn in sehr tiefe Bohrlöcher fallen zu lassen.

In gewisser Weise ist es das genaue Gegenteil von einem Wunschbrunnen. Wir werfen Metallteile rein und hoffen, dass es keine Folgen für die Zukunft hat.

....

3 Siehe Kapitel 3: *Wie man's hinkriegt, ein Loch zu graben.*

Die WIPP ist etwa einen halben Kilometer tief, doch die Löcher für Erdölbohrungen und geologische Untersuchungen[4] gehen viel tiefer. Manche reichen bis zu 10 Kilometer unter den Erdboden, mitten durch die Oberflächenschichten und bis tief hinein in die darunter liegende, uralte Gesteinsmasse. Sie bildet den Kern des Kontinents und wird von Geologen als *kristalliner Sockel* bzw. *Kristallin* bezeichnet[5].

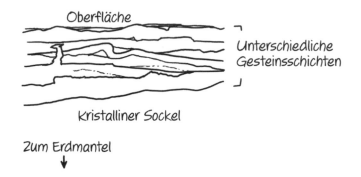

In weiten Teilen der Welt war das kristalline Gestein über Milliarden Jahre von der Erdoberfläche isoliert. Um hier etwas loszuwerden, könnten wir ein langes Loch senkrecht nach unten bohren, den Müll hineinwerfen und das Ganze am Ende mit Schichten aus Zement und sich weitendem Lehm versiegeln.

....

[4] Hauptsächlich, um nach Öl zu suchen.
[5] Wenn Sie mich gefragt hätten, was mit »Kristalliner Sockel« bzw. »Kristallin« gemeint ist, bevor ich den Begriff selbst kennengelernt habe, dann wären meine Vorschläge unter anderem gewesen: »Level bei Mario Kart«, »elektronische Musikrichtung«, »häusliches Renovierungsprojekt« und »illegale synthetische Droge«.

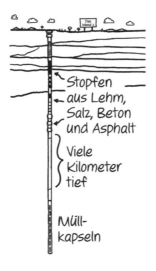

Stopfen aus Lehm, Salz, Beton und Asphalt

Viele Kilometer tief

Müll-kapseln

SUBDUKTION

Die ozeanische Kruste wird durch *Subduktion* in den Erdmantel hinein recycelt. Deshalb schlagen manche Leute vor, dass wir unseren Atommüll doch in einen Tiefseegraben legen und warten könnten, bis ihn die Erde für uns entsorgt. Doch leider geht Subduktion ziemlich langsam vonstatten. Falls wir unseren Müll in einer Subduktionszone in einem Kilometer Tiefe deponieren und dann 10 000 Jahre warten würden...

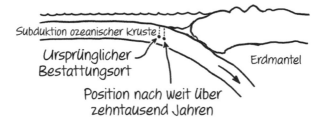

Subduktion ozeanischer Kruste

Ursprünglicher Bestattungsort

Position nach weit über zehntausend Jahren

Erdmantel

...hätte er sich etwa 300 Meter zur Seite bewegt.

FEUERBESTATTUNG

Die Leute schlagen oft vor, dass wir unseren Atommüll in die Sonne schießen sollten, wo er zersetzt werden und dann entweder auf den Sonnenwinden davongetragen oder ins Zentrum der Sonne hinabsinken würde. Der größte Haken an dieser Sache ist, dass Raketenstarts manchmal schiefgehen. Wenn man 100 Raketen mit unzähligen Tonnen von radioaktiven Rückständen nach oben schickt, stehen die Chancen ziemlich gut, dass bei einem der Starts etwas danebengeht. Und im Zusammenhang mit Atommüll ist kaum etwas *Schlimmeres* vorstellbar, als ihn in eine Rakete zu stecken und weit nach oben in die Atmosphäre zu katapultieren.

Wenn es jedoch nur darum geht, ein einzelnes verfluchtes oder unzerstörbares Buch zu entsorgen, dann erscheint die Sonne als Deponie viel attraktiver. Für ein Buch benötigt man nur einen Start, was das Risiko des Scheiterns reduziert. Und wenn Ihr Buch unzerstörbar ist und der Start fehlschlägt, müssen Sie es einfach bergen und noch mal versuchen.

Kleiner Tipp, um Dinge in die Sonne zu schießen: Es ist wirklich schwierig, von der Erde aus auf direktem Weg zur Sonne zu starten, ja tatsächlich kostet es sogar mehr Treibstoff, als irgendetwas komplett aus dem Sonnensystem herauszuschießen. Zum Erreichen der Sonne ist es deutlich effizienter, etwas zuerst in die äußersten Bereiche des Sonnensystems zu schicken, unter Umständen auch mithilfe der Schwerkraftumlenkung durch die Planeten. Das Objekt wird sich in großer Entfernung zur Sonne sehr langsam bewegen, sodass nur sehr wenig zusätzlicher Treibstoff nötig sein wird, um es komplett zum Stillstand zu bringen – worauf es auf direktem Weg Richtung Sonne stürzen wird. Das alles dauert zwar viel länger als ein direkter Abschuss, erfordert aber nur einen Bruchteil des Treibstoffs.

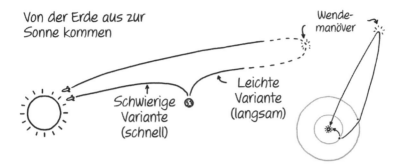

Aber vielleicht *wollen* Sie dieses Buch gar nicht zerstören? Vielleicht wollen Sie es ja erhalten!

WIE MAN'S HINKRIEGT, DIESES BUCH ZU ERHALTEN

Theoretisch ließe sich dieses Buch für viele Millionen Jahre konservieren, wenn man es in einem Bohrloch oder einem Salzbergwerk deponiert und sofern es dort nicht von tektonischen Vorgängen, hungrigen Mikroben oder sich einmischenden Menschen gestört wird. Doch vielleicht sollten Sie dieses Buch einfach ganz von der Erde wegschaffen, um es wirklich zu bewahren.

Im Jahr 2014 erreichten die Raumsonde *Rosetta* und die Landefähre *Philae* der europäischen Weltraumagentur ESA den Kometen *67P/Churyumov-Gerasimenko*. Das Raumfahrzeug führte eine Scheibe mit, die aus einer Nickel-Titanium-Legierung bestand und in die 6000 Seiten Text in 1000 verschiedenen menschlichen Sprachen eingeätzt waren. Diese von der *Long Now Foundation* hergestellte Scheibe ist darauf ausgelegt, viele Jahrtausende zu halten. Der Komet dürfte sich für mehrere Millionen Jahre auf einer stabilen Umlaufbahn bewegen, sodass die Scheibe an einem geschützten Ort auf der Oberfläche des Kometen, wo sie vor Mikrometeoriten und kosmischer Strahlung sicher ist, wahrscheinlich länger intakt und lesbar bleiben wird als selbst die langlebigste Zivilisation bestehen dürfte.

Das geschriebene Wort ist eine Botschaft an die Zukunft. Der Leser ist in der Zeit stets weiter voraus als die Person, die es schreibt. Ich weiß nicht, welches Datum der Tag hat, an dem Sie diese Worte hier lesen, und auch nicht, wo Sie sind oder was Sie gerade zu tun versuchen. Doch wo auch immer Sie sind und wie auch immer das Problem aussieht, das Sie zu lösen versuchen, hoffe ich, dass dieses Buch Ihnen geholfen hat. Die Welt da draußen ist riesig und seltsam. Ideen, die gut klingen, können schreckliche Folgen haben, und Ideen, die lächerlich klingen, sich als revolutionär erweisen. Manchmal können Sie im Voraus herausfinden, welche davon funktionieren, und manchmal müssen Sie sie einfach ausprobieren und warten, was passiert.

(Aber vielleicht gehen Sie dabei am besten einen Schritt zurück.)

Dank

Eine Menge Leute haben dabei geholfen, dieses Buch möglich zu machen.

Viele von ihnen haben mir ihren Sachverstand und ihre Mittel zur Verfügung gestellt. Ich danke Serena Williams und Alexis Ohanian für ihre Bereitschaft, eine Drohne im Namen der Wissenschaft zu opfern, sowie Kate Darling für ihre Einschätzung, dass das Ganze vermutlich schon in Ordnung ging. Danke an Oberst Chris Hadfield, der mir jede noch so lächerliche Frage beantwortet hat, und an Katie Mack, die mich davor bewahrte, das Universum zu zerstören. Und danke auch an Christopher Night und Nick Murdoch, die mir bei den Gleichungen und Messungen geholfen haben.

Ich danke Kathleen Weldon und den Mitarbeitern am *Roper Center* für das Ausbuddeln seltsamer Umfragedaten sowie dem *HuffPost*-Redakteur Ariel Edwards-Levy, der viel über Umfragen weiß und all meine Fragen zur öffentlichen Meinung beantwortet hat. Danke an Anna Romanov und David Allen, die mir ihr Abschlussprojekt zur Verfügung gestellt haben, und an Dr. Reuben Thomas, der seine Untersuchungen zum Thema Freundschaft mit mir geteilt hat. Danke an Greg Leppert für seine Hilfe beim Komponieren der Infrasonate, und danke an die Ameisen, die in das Haus von Waldo Jaquith eingedrungen sind und ihn dazu gebracht haben, mich beim Bau eines Lavagrabens um Hilfe zu bitten.

Danke an Christina Gleason dafür, dass sie meine Texte und Zeichnungen in die Form eines Buches gegossen hat und mir die ganze Zeit mit ihrem weisen und unschätzbaren Rat zur Seite stand. Danke an Derek, der geholfen hat, diese ganze Sache überhaupt erst ins Rollen zu bringen, sowie an Seth Fishman, Rebecca Gardner, Will Roberts und das übrige Team bei *Gernert*.

Danke an meine im positiven Sinn heroische Lektorin Courtney Young und an den Rest der Mannschaft bei *Riverhead*, unter ihnen Kevin Murphy, Helen Yentus, Annie Gottleib, Ashley Garland, May-Zhee Lim, Jynne Martin, Melissa Solis, Caitlin Noonan, Gabriel Levinson, Linda Friedner, Grace Han, Claire Vaccaro, Taylor Grant, Mary Stone, Nora Alice Demick, Kate Stark und Herausgeber Geoff Kloske.

Und danke an meine Ehefrau, die mich vieles von dem gelehrt hat, was in diesem Buch steht, und diese große, schräge und spannende Welt mit mir gemeinsam erkundet.

Quellenverzeichnis

1. Wie man's hinkriegt, richtig hoch zu springen

Carter, Elizabeth J., E. H. Teets und S. N. Goates, »The Perlan Project: New Zealand flights, meteorological support and modeling«, in: *Proc. 19th Int. Cont. on IIPS, 83rd AMS Annual Meeting*, Nr. 1.2 (2003).

Hirt, Christian, u. a., »New Ultrahigh-Resolution Picture of Earth's Gravity Field«, in: *Geophysical Research Letters*, 40, Nr. 16 (August 2013), S. 4279–4283.

Teets, Edward H. Jr., »Atmospheric Conditions of Stratospheric Mountain Waves: Soaring the Perlan Aircraft to 30 km«, in: *10th Conference on Aviation, Range, and Aerospace Meteorology* (2002).

2. Wie man's hinkriegt, eine Poolparty zu schmeißen

Arctic Monitoring and Assessment Programme, *Snow, Water, Ice and Permafrost in the Arctic (SWIPA) 2017*. Oslo 2017.

Trenberth, Kevin E. und Lesley Smith, »The Mass of the Atmosphere: A Constraint on Global Analyses«, in: *Journal of Climate*, 18, Nr. 6 (März 2005), S. 864–875.

Wellerstein, Alex, »Beer and the Apocalypse«, in: *Restricted Data*, 5. September 2012, http://blog. nuclearsecrecy. com/2012/09/05/beer-and-the-apocalypse/.

3. Wie man's hinkriegt, ein Loch zu graben

Nevola, V. René, »Common Military Task: Digging«, in: *Optimizing Operational Physical Fitness* (RTO/NATO, 2009), 4-1-68.

United States Department of Labor, »Occupational Employment and Wages, May 2017«, Bureau of Labor Statistics, Stand vom 30. März 2018, https://www. bls.gov/oes/current/oes472061.htm.

4. Wie man's hinkriegt, Klavier zu spielen

Payne, Katharine B. , William R. Langbauer Jr. und Elizabeth M. Thomas, »Infrasonic Calls of the Asian Elephant (Elephas Maximus)«, in: *Behavioral Ecology and Sociobiology*, 18, Nr. 4 (Februar 1986), S. 297–301.

6. Wie man's hinkriegt, über einen Fluss zu kommen

Buffalo Morning Express vom 10. Februar 1848.

Glauber, Bill, »On Solid or Liquid, Give It the Gas«, in: *Journal Sentinel*, 18. Juli 2009, http://archive.jsonline.com/ news/wisconsin/51105382.html/.

Historic Lewiston, *Lewiston History Mysteries*, Sommer 2016, http://historiclewiston.org/wp-content/ uploads/2016/08/Homan-Walsh-Falls-Kite-3.pdf.

»Incidents at the Falls«, in: *Buffalo Commercial Advertiser* vom 13. Juli 1848.

»Niagara Suspension Bridge«, in: *Buffalo Daily Courier* vom 3. Februar 1848.

Perkins, Frank C., »Man-Carrying Kites in Wireless Service«, in: *Electrician and Mechanic*, 24 (Januar–Juni 1912), S. 59.

Robinson, M., »The Kite that Bridged a River«, 2005, http://kitehistory.com/Miscellaneous/Homan_Walsh. htm.

7. Wie man's hinkriegt, einen Umzug zu stemmen

Federal Emergency Management Agency, »Appendix C, Sample Design Calculations«, in: *Engineering Principles and Practices for Retrofitting Flood-Prone Residential Structures* (FEMA 2009), C–1-37

Piasecki Aircraft Corporation, »Multi-Helicopter Heavy Lift System Feasibility Study« (Naval Air Systems Command, 1972).

8. Wie man's hinkriegt, sein Haus am Umziehen zu hindern

AK Stat. § 09.45.800 (Alaska 2017).

California Code of Civil Procedure, Kapitel 3.6, Cullen Earthquake Act, § 751.50 (1972).

Joannou v. City of Rancho Palos Verdes, B241035 (CA Ct. App. 2013).

Offord, Simon, »Court Denies Request to Adjust Lot Lines After Landslide«, in: Bay Area Real Estate Law Blog, abgerufen am 28. März 2019, https:// bayarearealestatelawyers.com/real-estate-law/ court-denies-request-to-adjust-lot-lines-after-landslide.

Pallamary, Michael J., und Curtis M. Brown,

»Land Movements and Boundaries«, in: *The Curt Brown Chronicles, The American Surveyor,* 10, Nr. 10 (2013), S. 49–50.

Schultz, Sandra S., und Robert E. Wallace, »The San Andreas Fault«, U.S. Geological Survey, Stand vom 30. November 2016, https://pubs.usgs.gov/gip/ earthq3/safaultgip.html.

Theriault v. Murray, 588 A.2d 720 (Maine 1991).

White, C. Albert, »Land Slide Report« (Bureau of Land Management, 1998), https://www.blm.gov/or/gis/ geoscience/files/landslide.pdf.

9. Wie man's hinkriegt, einen Lavagraben anzulegen

Heus, Ronald, und Emiel A. Denhartog, »Maximum Allowable Exposure to Different Heat Radiation Levels in Three Types of Heat Protective Clothing«, in: *Industrial Health,* 55, Nr. 6 (November 2017), S. 529–536.

Keszthelyi, Laszlo, Andrew J. L. Harris und Jonathan Dehn, »Observations of the Effect of Wind on the Cooling of Active Lava Flows«, in: *Geophysical Research Letters,* 30, Nr. 19 (Oktober 2003), 4-1-4.

Torvi, D. A., G. V. Hadjisophocleous und J. K. Hum, »A New Method for Estimating the Effects of Thermal Radiation from Fires on Building Occupants«, in: *Proceedings of the ASME Heat Transfer Division* (National Research Council of Canada, 2000), S. 65–72.

»What Is Lava Made Of?«, in: *Volcano World,* Oregon State University, http://volcano.oregonstate.edu/ what-lava-made.

Wright, Thomas L., »Chemistry of Kilauea and Mauna Loa Lava in Space and Time« (U.S. Geological Survey 1971), https://pubs.usgs.gov/pp/0735/report.pdf.

10. Wie man's hinkriegt, Dinge zu werfen

Cronin, Brian, »Did Walter Johnson Accomplish a Famous George Washington Myth?«, in: *Los Angeles Times* vom 21. September 2012, https://www.latimes.com/sports/ la-xpm-2012-sep-21-la-sp-sn-walter-johnson-george-washington-20120921-story.html.

McLean, Charles, »Johnson Twice Throws a Dollar Across the Turbid Rappahannock«, in: *New York Times* vom 23. Februar 1936.

Ragland, K. W., M. A. Mason und W. W. Simmons, »Effect of Tumbling and Burning on the Drag of Bluff Objects«, in: *Journal of Fluids Engineering,* 105, Nr. 2 (Juni 1983), S. 174–178.

Sprague, Robert, u. a., »Force-Velocity and Power-Velocity Relationships during Maximal Short-Term Rowing Ergometry«, in: *Medicine & Science in Sports & Exercise,* 39, Nr. 2 (Februar 2007), S. 358–364.

Taylor, Lloyd W., »The Laws of Motion Under Constant Power«, in: *The Ohio Journal of Science,* 30, Nr. 4 (Juli 1930), S. 218–220.

11. Wie man's hinkriegt, Football zu spielen

Goff, John Eric, »Heuristic Model of Air Drag on a Sphere«, in: *Physics Education,* 39, Nr. 6 (November 2004), S. 496–499.

White, Frank M., *Fluid Mechanics.* New York (McGraw Hill) 2016.

12. Wie man's hinkriegt, das Wetter vorherzusagen

»Daniel K. Inouye International Airport, Hawaii«, Weather Underground, Juli 2017, https://www.wunderground.com/history/monthly/us/hi/honolulu/PHNL/date/2017-7.

Gough, W. A., »Theoretical Considerations of Day-to-Day Temperature Variability Applied to Toronto and Calgary, Canada Data«, in: *Theoretical and Applied Climatology,* 94, Nr. 1–2 (September 2008), S. 97–105.

»Honolulu, HI, NOAA Online Weather Data«, National Weather Service Forecast Office, abgerufen am 3. Mai 2019, https://w2.weather.gov/climate/xmacis.php?wfo=hnl.

Roehrig, Romain, Dominique Bouniol, Françoise Guichard, Frédéric Hourdin und Jean-Luc Redelsperger, »The Present and Future of the West African Monsoon«, in: *Journal of Climate,* 26 (September 2013), S. 6471–6505.

Thompson, Philip, »Philip Thompson Interview«, Gespräch mit William Aspray, Charles Babbage Institute, University of Minnesota, 5. Dezember 1986, Transkript.

Trenberth, Kevin E., »Persistence of Daily Geopotential Heights over the Southern Hemisphere«, in: *Monthly Weather Review,* 113 (Januar 1985), S. 38–53.

13. Wie man's hinkriegt, Fangen zu spielen

Bethea, Charles, »How Fast Could Usain Bold Run the Mile«, in: *The New Yorker* vom 1. August 2016, https:// www.newyorker.com/sports/sporting-scene/ how-fast-would-usain-bolt-run-the-mile.

Dawson, Andrew, »Belgian Dentist Breaks Appalachian Trail Speed Record«, in: *Runner's World* vom 29. August 2018, https://www.runnersworld.com/news/a22865359/ karel-sabbe-breaks-appalachian-trail-speed-record/.

Krzywinski, Martin, »The Google Maps Challenge – Longest Google Maps Driving Routes«, in: *Martin Krzywinski Science Art,* Stand vom 13. Juni 2017, http://mkweb.bcgsc.ca/googlemapschallenge/.

Krzywinski, Martin, »Longest possible Google Maps route?«, in: *xkcd forum,* 30. Januar 2012, http://forums. xkcd.com/viewtopic.php?f= 2&t=65793&p=287241 9#p2872419.

»Thru-Hiking«, Appalachian Trail Conservancy, abgerufen am 28. März 2019, http://www.appalachiantrail.org/ home/explore-the-trail/thru-hiking.

14. Wie man's hinkriegt, Ski zu fahren

»Facts on Snowmaking«, National Ski Areas Association, abgerufen am 28. März 2019, https://www.nsaa.org/ media/248986/snow making.pdf.

Friedland, Lois, »Tanks for the Snow«, in: *Ski,* März 1988, S. 13.

Louden, Patrick B., und J. Daniel Gezelter, »Friction at Ice-Ih/Water Interfaces Is Governed by Solid/ Liquid Hydrogen-Bonding«, in: *The Journal of Physical Chemistry,* 121, Nr. 48 (November 2017), S. 26764–26776.

»Polarsnow«, Polar Europe, abgerufen am 28. März 2019, https://polareurope.com/polar-snow/.

Rosenberg, Bob, »Why is Ice Slippery?«, in: *Physics Today* 58, Nr. 12 (Dezember 2005), S. 50.

Scanlan, Dave, »Like It or Not, Snowmaking is the Future«, Gespräch mit Julie Brown, *Powder* vom 29. August 2017, https://www.powder.com/stories/news/ like-not-snowmaking-future/.

15. Wie man's hinkriegt, ein Paket zu verschicken (und zwar aus dem Weltall)

»Apollo 13 Press Kit«, NASA, 2. April 1970, https://www. hq.nasa.gov/alsj/a13/A13_ PressKit.pdf.

Atchison, Justin Allen, *Length Scaling in Spacecraft Dynamics* (Diss., Cornell University, 2010).

The Corona Story, National Reconnaissance Office, November 1987 (Partially declassified and released under the Freedom of Information Act (FOIA)), 30. Juni 2010.

Janovsky, R., u. a., »End-of-life De-orbiting Strategies for Satellites«, Vortrag auf dem Deutschen Luft- und Raumfahrtkongress, Stuttgart, September 2002.

Peck, Mason, »Sometimes Even a Low Ballistic Coefficient Needs a Little Help«, in: *Spacecraft Lab* vom 5. Mai 2014, https://spacecraftlab. wordpress.com/2014/05/05/ sometimes-even-a-low-ballistic-coefficient-needs-alittle-help/.

Portree, David S. F., und Joseph P. Loftus Jr., *Orbital Debris,* Houston (NASA) 1999.

Singer, Mark, »Risky Business«, in: *The New Yorker* vom 5. Juli 2014, https://www.newyorker.com/ magazine/2014/07/21/risky-business-2.

»Taco Bell Cashes In on Mir«, *BBC News* vom 20. März 2001, http://news.bbc.co.uk/2/hi/ americas/1231447.stm.

Yamaguchi, Mari, »Can an Origami Space Shuttle Fly from Space to Earth«, in: *USA Today* vom 27. März 2008, https://usatoday30.usatoday. com/tech/science/ space/2008-03-27-origami-space-shuttle_N.htm/.

16. Wie man's hinkriegt, sein Haus mit Energie zu versorgen (auf der Erde)

»Appendix A: Frequently Asked Questions«, in: *Woody Biomass Desk Guide and Toolkit,* bearbeitet von Sarah Ashton, Lauren McDonnell und Kiley Barnes. Washington, D.C. (National Association of Conservation Districts) o. J., S. 119–130.

Arevalo, Ricardo Jr., William F. McDonough und Mario Luong, »The K/U Ratio of the Silicate Earth«, in: *Earth and Planetary Science Letters,* 278, Nr. 3-4 (Februar 2009), S. 361–369.

Chacón, Felipe, »The Incredible Shrinking Yard!«, Trulia, 18. Oktober 2017, https://www.trulia. com/research/ lot-usage/.

»Environmental Impacts of Geothermal Energy«, Union of Concerned Scientists, abgerufen am 28. März 2019, https://www.ucsusa.org/clean_ energy/our-energychoices/renewable-energy/ environmental-impactsgeothermal-energy. html.

»Coal Explained: How Much Coal is Left«, U.S. Energy Information Administration, Stand vom 15. November 2018, https://www. eia.gov/energyexplained/index. php?page=coal_ reserves.

»How Much Do Solar Panels Cost for the Average House in the US in 2019?«, SolarReviews, Stand von März 2019, https://www.solarreviews.com/solar-panels/ solar-panel-cost/.

»How Much Electricity Does an American Home Use?«, Frequently Asked Questions, U.S. Energy Information Administration, Stand vom 26. Oktober 2018, https://www.eia. gov/tools/faqs/faq.php?id=97&t=3.

NOAA National Centers for Environmental Information, »Climate at a Glance: National Time Series«, abgerufen am 28. März 2019, https://www.ncdc.noaa.gov/cag/.

Rinehart, Lee, »Switchgrass as a Bioenergy Crop«, ATTRA (NCAT, 2006).

»Section 6: Geography and Environment«, in: *Statistical Abstract of the United States: 2004–2005,* U.S. Census Bureau, 2006, S. 211–236.

»Solar Maps«, National Renewable Energy Laboratory, abgerufen am 28. März 2019, https://www.nrel.gov/gis/ solar.html.

»Solar Resource Data and Tools«, National Renewable Energy Laboratory, abgerufen am 28. März 2019, https:// www.nrel.gov/grid/ solar-resource/renewableresource-data.html.

»Transparent Cost Database«, Open Energy Information, Stand von November 2015, https://openei.org/ apps/TCDB/transparent_ cost_database#blank.

»U.S. Crude Oil and Natural Gas Proved Reserve, YearEnd 2017«, U.S. Energy Information Administration, Stand vom 29. November 2018, https://www.eia. gov/naturalgas/crude oilreserves/.

»U.S. Uranium Reserves Estimates«, U.S. Energy Information Administration, Stand von Juli 2010, https://www.eia.gov/uranium/reserves/.

17. Wie man's hinkriegt, sein Haus mit Energie zu versorgen (auf dem Mars)

Boardman, Warren P., u.a., Firestream Ram Air Turbine, U.S. Patent Nr. 2, 986, 219, erteilt am 30. Mai 1961.

»Country Comparison: Electricity – Consumption«, in: *The World Factbook*, Washington, DC (Central Intelligence Agency), Stand von 2016, https://www.cia.gov/ library/publications/ resources/the-world-factbook/ fields/253rank. html.

Hoffman, N., »Modern Geothermal Gradients on Mars and Implications for Subsurface Liquids«, Conference on the Geophysical Detection of Subsurface Water on Mars (August 2001).

Hollister, David, »How Wolfe's Tether Spreadsheet Works«, in: *Hop's Blog*, 16. Dezember 2015, http:// hopsblog-hop.blogspot.com/2015/12/ how-wolfestether-spreadsheet-works.html.

»Sounds on Mars«, The Planetary Society, abgerufen am 29. März 2019, http://www.planetary. org/explore/projects/ microphones/sounds-on-mars.html.

Weinstein, Leonard M., »Space Colonization Using SpaceElevators from Phobos«, AIP Conference Proceedings (American Institute of Physics, 2003), S. 1227–1235.

18. Wie man's hinkriegt, Freunde zu finden

Gallup Organization, Gallup Poll (AIPO), Januar 1990, USGALLUP.922002.Q20, Cornell University, Ithaca, NY (Roper Center for Public Opinion Research, iPOLL).

National Institute for Transforming India, »Population Density (Per Sq. Km.)«, Stand vom 30. März 2018, http://niti.gov.in/content/ population-density-sq-km.

Thomas, Reuben J., »Sources of Friendship and Structurally Induced Homophily across the Life Course«, in: *Sociological Perspectives* (11. Februar 2019).

19. Wie man's hinkriegt, eine Datei zu senden

Cisco, »Cisco Global Cloud Index: Forecast and Methodology, 2016-2021 White Paper«, 19. November 2018, https://www.cisco.com/c/ en/us/solutions/ collateral/service-provider/ global-cloud-index-gci/ white-paper-c11-738085.html.

Erlich, Yaniv, und Dina Zielinski, »DNA Fountain Enables a Robust and Efficient Storage Architecture«, in: *Science*, 355, Nr. 6328 (März 2017), S. 950–954.

Gibo, David L., und Megan J. Pallett, »Soaring Flight of Monarch Butterflies *Danaus Plexippus* (Lepidoptera: Danaidae), During the Late Summer Migration in Southern Ontario«, in: *Canadian Journal of Zoology*, 57, Nr. 7 (1979), S. 1393–1401.

»Intel/Micron 64L 3D NAND Analysis«, in: *TechInsights*, abgerufen am 29. März 2019, https://techinsights.com/technology-intelligence/overview/latest-reports/intel-micron-64l-3d-nand-analysis/.

Mizejewski, David, »How the Monarch Butterfly Population is Measured«, National Wildlife Federation, 7. Februar 2019, https://blog.nwf. org/2019/02/ how-the-monarch-butterfly-population-is-measured/.

Morris, Gail, Karen Oberhauser und Lincoln Brower, »Estimating the Number of Overwintering Monarchs in Mexico«, Monarch Joint Venture, 1. Dezember 2017, https://monarchjointventure.org/news-events/news/estimating-the-number-of-overwintering-monarchsin-mexico.

Stefanescu, Constantí, u.a., »Long-Distance Autumn Migration Across the Sahara by Painted Lady Butterflies: Exploiting Resource Pulses in the Tropical Savannah«, in: *Biology Letters*, 12, Nr. 10 (Oktober 2016).

Talavera, Gerard, und Roger Vila, »Discovery of Mass Migration and Breeding of the Painted Lady Butterfly *Vanessa Cardui* in the Sub-Sahara«, in: *Biological Journal of the Linnean Society*, 120, Nr. 2 (Februar 2017), S. 274–285.

Walker, Thomas J., und Susan A. Wineriter, »Marking Techniques for Recognizing Individual Insects«, in: *The Florida Entomologist*, 64, Nr. 1 (März 1981), S. 18–29.

20. Wie man's hinkriegt, sein Handy zu laden

Jacobson, Mark Z., und Cristina L. Archer, »Saturation Wind Power Potential and its Implications for Wind Energy«, in: *Proceedings of the National Academy of Sciences of the United States of America*, 109, Nr. 39 (September 2012), S. 15679–15684.

Max-Planck-Institut für Biogeochemie, »Gone with the Wind: Why the Fast Jet Stream Winds Cannot Contribute Much Renewable Energy After All«, *ScienceDaily*, 30. November 2011, https://www. sciencedaily.com/releases/2011/11/111130100013.htm.

Rancourt, David, Ahmadreza Tabesh und Luc G. Fréchette, »Evaluation of Centimeter-Scale Micro Wind Mills«, Vortrag auf dem *7th International Workshop on Micro and Nanotechnology for Power Generation and Energy Conversion App's*, Freiburg im Breisgau, November 2007.

Romanov, Anna Macquarie, und David Allen, »A Bicycle with Flower-Shaped Wheels«, Abschlussprojekt im Fach Differentialgeometrie, Colorado State University, 2011.

World Energy Resources, London (World Energy Council) 2016.

21. Wie man's hinkriegt, ein Selfie zu machen

Chang, Hsiang-Kuang, Chih-Yuan Liu und Kuan-Ting Chen, »Search for Serendipitous Trans-Neptunian Object Occultation in

X-rays«, in: *Monthly Notices of the Royal Astronomical Society,* 429, Nr. 2 (Februar 2013), S. 1626–1632.

Colas, F., u.a., »Shape and Size of (90) Antiope Derived From an Exceptional Stellar Occultation on July 19, 2011«, Vortrag auf der Herbsttagung der *American Geophysical Union,* Dezember 2011.

Larson, Adam M., und Lester Loschky, »The Contributions of Central versus Peripheral Vision to Scene Gist Recognition«, in: *Journal of Vision,* 9, Nr. 10 (September 2009), S. 6.1–16.

22. Wie man's hinkriegt, eine Drohne zu fangen

»All-Star Skills Competition 2012: Canadian Tire NHL Accuracy Shooting«, Canadian Broadcasting Corporation, abgerufen am 29. März 2019, https://www. cbc.ca/sports-content/ hockey/nhlallstargame/skills/ accuracy-shooting.html.

»Distance from Center of Fairway«, PGA Tour, fortlaufend aktualisiert, https://www.pgatour. com/stats/ stat.02421.html.

Kawamura, Katsue, u.a., »Baseball Pitching Accuracy: An Examination of Various Parameters When Evaluating Pitch Locations«, in: *Sports Biomechanics,* 16, Nr. 3 (August 2017), S. 399–410.

Kempf, Christopher, »Stats Analysis: Running for Cover«, Professional Darts Corporation, 1. Oktober 2019, https://www.pdc.tv/news/ 2019/01/10/ stats-analysis-running-cover.

Landlinger, Johannes, u.a., »Differences in Ball Speed and Accuracy of Tennis Groundstrokes Between Elite and High-Performance Players«, in: *European Journal of Sport Science,* 12, Nr. 4 (Oktober 2011), S. 301–308.

Michaud-Paquette, Yannick, u.a., »Whole-Body Predictors of Wrist and Shot Accuracy in Ice Hockey«, in: *Sports Biomechanics,* 10, Nr. 1 (März 2011), S. 12–21.

Morris, Benjamin, »Kickers Are Forever«, *FiveThirtyEight,* 28. Januar 2015, https:// fivethirtyeight.com/features/kickers-are-forever/.

Wells, Chris, »Stat Sheet: 10 Facts from Rio 2016 Olympics Entry List«, World Archery, 18. Juli 2016, https://worldarchery.org/news/142029/ stat-sheet-10-facts-rio-2016-olympics-entry-list.

23. Wie man rauskriegt, ob man ein Kind der Neunziger ist

»Figure 6. Yield of Atmospheric Nuclear Tests Per Year Shown by Bars«, Diagramm aus: »Is There an Isotopic Signature of the Anthropocene?«, in: *The Anthropocene Review,* 1, Nr. 3 (Dezember 2014), S. 8.

Goldman, G.S., und P.G. King, »Review of the United States Universal Vaccination Program:

Herpes Zoster Incidence Rates, Cost-Effectiveness, and Vaccine Efficacy Based Primarily on the Antelope Valley Varicella Active Surveillance Project Data«, in: *Vaccine,* 31, Nr. 13 (März 2013), S. 1680–1694.

Gulson, Brian L., und Barrie R. Gillings, »Lead Exchange in Teeth and Bone – A Pilot Study Using Stable Lead Isotopes«, in: *Environmental Health Perspectives,* 105, Nr. 8 (August 1997), S. 820–824.

Gulson, Brian L., »Tooth Analyses of Sources and Intensity of Lead Exposure in Children«, in: *Environmental Health Perspectives,* 104, Nr. 3 (März 1996), S. 306–312.

Hua, Quan, Mike Barbetti und Andrzej Z. Rakowski, »Atmospheric Radiocarbon for the Period 1950-2010«, in: *Radiocarbon,* 55, Nr. 4 (2013), S. 2059–2072.

Lopez, Adriana S., John Zhang und Mona Marin, »Epidemiology of Varicella During the 2-Dose Varicella Vaccination Program – United States, 2005-2014«, in: U.S. Department of Heath and Human Services, *Morbidity and Mortality Weekly Report,* 65, Nr. 34 (September 2016), S. 902–905.

Mahaffey, Kathryn R., u.a., »National Estimates of Blood Lead Levels: United States, 1976–1980 – Association with Selected Demographic and Socioeconomic Factors«, in: *The New England Journal of Medicine,* 307 (1982), S. 573–579.

Stamoulis, K. C., u.a., »Strontium-90 Concentration Measurements in Human Bones and Teeth in Greece«, in: *The Science of the Total Environment,* 229 (1999), S. 165–182.

24. Wie man's hinkriegt, eine Wahl zu gewinnen

»3 Caseys Stirring Confusion«, in: *Pittsburgh Post-Gazette* vom 21. Oktober 1976.

[Referenzen zu den Fragestellungen aus öffentlichen Meinungsumfragen]

(Finden Sie, dass es generell in Ordnung bzw. nicht in Ordnung ist, wenn Menschen ihr Smartphone in den folgenden Situationen benutzen?) … Im Kino oder an anderen Orten, wo alle Übrigen normalerweise ruhig sind.

Sollte das Schreiben einer Textnachricht beim Autofahren Ihrer Meinung nach legal oder illegal sein, egal ob vom Handy oder von irgendeinem anderen elektronischen Gerät?

(Bitte antworten Sie einfach aus dem Bauch heraus, ob Sie von den folgenden Dingen ein positives oder negatives Bild haben.) Was ist mit … kleinen Unternehmen?

Finden Sie, Arbeitgeber sollten oder sollten nicht in der Lage sein, ohne die Erlaubnis ihrer Angestellten Zugang zu deren Gencode bzw. DNA zu erhalten?

Würden Sie es als Teil der Anstrengungen im Kampf gegen den Terrorismus unterstützen oder ablehnen, ... dass Kriminalstrafen für Geldwäsche im Zusammenhang mit Terrorismus eingeführt werden?

Es wurde zuletzt viel darüber diskutiert, unter welchen Umständen es gerechtfertigt sein könnte, dass die Vereinigten Staaten zukünftig erneut in den Krieg ziehen. Haben Sie im Fall, dass ... die USA überfallen würden, das Gefühl, dass ... es sich lohnen würde, in den Krieg zu ziehen, oder nicht?

Finden Sie, dass der Konsum von Methamphetaminen, die bisweilen auch als »Crystal Meth« bezeichnet werden, legalisiert werden sollte oder nicht?

Bitte sagen Sie mir: Sind Sie zufrieden oder unzufrieden mit ... Ihren Freunden?

Wenn es eine Tablette gäbe, durch die Sie doppelt so gut aussehen würden wie jetzt, aber nur halb so schlau wären, würden Sie sie nehmen oder nicht?

(Bitte sagen Sie mir bei jeder der folgenden Aussagen, ob Sie sie für richtig oder falsch halten.) ... Wenn Erwachsene Kinder im Wasser beaufsichtigen, sollten sie sie die ganze Zeit über aktiv beobachten und dabei nicht lesen oder telefonieren.

(Egal, ob Sie gerade einer Beschäftigung nachgehen oder nicht, stellen Sie sich Leute bei der Arbeit vor und sagen Sie mir, ob Sie das Folgende für okay halten oder nicht.) Finden Sie es okay oder nicht okay, eher teure Gegenstände wie Computer oder elektronische Geräte, Telefone oder andere Waren mitzunehmen?

Manche Leute sagen, dass die folgenden Dinge im Lauf der Jahre immer üblicher wurden, und ich wüsste gern Ihre Meinung dazu. Finden Sie es in Ordnung oder nicht in Ordnung, jemanden dafür zu bezahlen, dass er oder sie eine Semesterarbeit für Sie schreibt?

Ich möchte Ihnen ein paar Dinge vorlesen, von denen einige Leuten gesagt haben, dass sie sie gern erleben würden. Würde es Ihnen gefallen, wenn die Zahl der Hungerleidenden drastisch zurückginge, oder nicht?

(Ich möchte Ihnen ein paar Dinge vorlesen, von denen einige Leuten gesagt haben, dass sie sie gern erleben würden.) Würde es Ihnen gefallen, wenn es weniger Terrorismus und Gewalt gäbe, oder nicht?

(Ich möchte Ihnen ein paar Dinge vorlesen, von denen einige Leuten gesagt haben, dass sie sie gern erleben würden.) Würde es Ihnen gefallen, wenn die hohe Arbeitslosigkeit ein Ende hätte, oder nicht?

(Ich möchte Ihnen ein paar Dinge vorlesen, von denen einige Leuten gesagt haben, dass sie sie gern erleben würden.) Würde es Ihnen gefallen, wenn

kein Mensch mehr an Hunger sterben würde, oder nicht?

(Ich möchte Ihnen ein paar Dinge vorlesen, von denen einige Leuten gesagt haben, dass sie sie gern erleben würden.) Würde es Ihnen gefallen, wenn es weniger Vorurteile gäbe, oder nicht?

Bitte sagen Sie mir, ob Sie glauben, dass eine/r der im folgenden genannten Personen/Gegenstände die Zukunft vorhersagen kann.) ... Die magische Zauberkugel von Mattel.

Ich werde Ihnen jetzt eine Liste von Dingen vorlesen, die Leute über Olympia sagen könnten, und wüsste gern, ob Sie der jeweiligen Aussage persönlich zustimmen oder nicht. Die Aussage lautet ... die Olympischen Spiele sind ein großartiges Sportereignis. (Falls nötig, fragen Sie:) Stimmen Sie dieser Aussage zu oder nicht?

25. Wie man's hinkriegt, einen Baum zu schmücken

»Airship Hangar in East Germany«, in: *Nomadic-one*, 18. August 2011, http://www.nomadic-one.com/reflect/ airship-hangar-east-germany.

»CNN/ORC Poll 12«, durchgeführt von ORC International, 18. bis 21. Dezember 2014.

Cohen, Michael P., *A Garden of Bristlecones.* Nevada (University of Nevada Press) 1998.

Foxhall, Emily, »Shopping Center Christmas Trees Compete for Needling Rights«, in: *Los Angeles Times* vom 18. November 2013, https://www.latimes.com/local/lame-tree-20131119-story.html#axzz2lCOwKcfK.

Hall, Carl T., »Staying Alive/High in California's White Mountains Grows the Oldest Living Creature Ever Found«, *SFGate*, 23. August 1998, https://www.sfgate. com/news/article/Staying-Alive-High-in-California-sWhite-2995266.php.

Mahajan, Subhash, »Wood: Strength and Stiffness«, in: *Encyclopedia of Materials: Science and Technology.* Amsterdam/New York (Elsevier) 2001.

»Oldlist, A Database of Old Trees«, Rocky Mounting TreeRing Research, abgerufen am 29. März 2019, http://www. rmtrr.org/oldlist.htm.

Preston, Richard, »Tall for Its Age«, in: *New Yorker* vom 9. Oktober 2006, https://www.newyorker.com/ magazine/2006/10/09/tall-for-its-age.

Ray, Charles David, »Calculating the Green Weight of Wood Species«, Penn State Extension, Stand vom 30. Juni 2014, https://extension.psu.edu/ calculating-the-green-weight-of-wood-species.

Sussman, Rachel, *The Oldest Living Things in the World.* Chicago (University of Chicago Press) 2014.

26. Wie man's hinkriegt, schnell irgendwo hinzukommen

Chase, Scott, u.a., »The Relativistic Rocket«, The Physics and Relativity FAQ, UC Riverside Department of Mathematics, Stand von 2016, http://math.ucr.edu/ home/baez/physics/index. html.

Davis, Tamara M., und Charles H. Lineweaver, »Expanding Confusion: Common Misconceptions of Cosmological Horizons and the Superluminal Expansion of the Universe«, in: *Publications of the Astronomical Society of Australia*, 21, Nr. 1 (März 2013), S. 97–109.

»Plot of Distance (in Giga Light-Years) vs. Redshift According to the Lambda-CDM Model«, Wikimedia Commons, abgerufen am 29. März 2019, https:// en.wikipedia.org/wiki/ Redshift#/media/File:Distance_ compared_ to_z.png.

27. Wie man's hinkriegt, pünktlich zu sein

15 »U.S. Code § 262. Duty to Observe Standard Time of Zones«, in: *Code of Federal Regulations*, 19. März 1918, Kap. 24, § 2, 40 Stat. 451; Pub. L. 89–387, § 4(b), 13. April 1966, 80 Stat. 108; Pub. L. 97–449, § 2(c), 12. Jan. 1983, 96 Stat. 2439.

49 »CFR Part 71 – Standard Time Zone Boundaries«, in: *Code of Federal Regulations*, Abschn. 1–4, 40 Stat. 450, novellierte Fassung; Abschn. 1, 41 Stat. 1446, novellierte Fassung; Abschn. 2–7, 80 Stat. 107, novellierte Fassung; 100 Stat. 764; Gesetz vom 19. März 1918, geändert durch den Uniform Time Act von 1966 und Pub. L. 97–449, 15 U.S.C. 260-267; Pub. L. 99–359; Pub. L. 106564, 15 U.S.C. 263, 114 Stat. 2811; 49 CFR 1.59(a).

Allen, Steve, »Plots of Deltas between Time Scales«, UC Observatories, abgerufen am 20. Mai 2019, https://www. ucolick.org/~sla/ leapsecs/deltat.html.

Morrison, L.V., und F.R. Stephenson, »Historical Values of the Earth's Clock Error ΔT and the Calculation of Eclipses«, in: *Journal for the History of Astronomy*, 35, Nr. 120 (2004), S. 327–336.

Na, Sung-Ho, »Tidal Evolution of Lunar Orbit and Earth Rotation«, in: *Journal of the Korean Astronomical Society*, 47, Nr. 1 (April 2012), S. 49–57.

Nazarli, Amina, »Azerbaijan Cancels Daylight Saving Time – Update«, in: *Azernews* vom 17. März 2016, https://www. azernews.az/ nation/94137.html.

28. Wie man's hinkriegt, dieses Buch zu entsorgen

Caporuscio, Florie, u.a., »Salado Flow Conceptual Models Final Peer Review Report«, Waste Isolation Pilot Plant, U.S. Department of Energy, März 2003.

»The Deterioration and Preservation of Paper: Some Essential Facts«, Library of Congress, abgerufen am 3. Mai 2019, https://www.loc. gov/preservation/care/ deterioratebrochure. html.

Erdincler, Aysen Ucuncu, »Energy Recovery from Mixed Waste Paper«, in: *Waste Management and Research*, 11, Nr. 6 (November 1993), S. 507–513.

Jackson, C.P., u.a., »Sealing Deep Site Investigation Boreholes: Phase 1 Report«, Nuclear Decommissioning Authority, 14. Mai 2014.

Jefferies, Nick, u.a., »Sealing Deep Site Investigation Boreholes: Phase 2 Report«, Nuclear Decommissioning Authority, 23. März 2018.

Pusch, Roland, und Gunnar Ramqvist, »Borehole Project Final Report of Phase 3«, Swedish Nuclear Fuel and Waste Management Co, 2007.

Pusch, Roland, und Gunnar Ramqvist, »Borehole Sealing, Preparative Steps, Design and Function of Plugs – Basic Concept«, in: *SKB Int. Progr. Rep. IPR-04-57* (2004).

Pusch, Roland, u.a., »Sealing of Investigation Boreholes, Phase 4 – Final Report«, Swedish Nuclear Fuel and Waste Management Co., 2011.

Sequeira, Sílvia Oliveira, *Fungal Biodeterioration of Paper: Development of Safer and Accessible Conservation Treatments* (Diss., NOVA University Lissabon, 2016).

Teijgeler, René, »Preservation of Archives in Tropical Climates: An Annotated Bibliography«, International Council on Archives, Jakarta 2001.

Ximenes, Fabiano, »The Decomposition of Paper Products in Landfills«, Appita Annual Conference (2010), S. 237–242.

Wie man's hinkriegt, eine Glühbirne zu wechseln